放送大学叢書　058

人間発達論

人間発達論　目次

◉第一章 ヒトから人間へ

社会的人間の形成

人間は「人間」として生まれるのではない。人間は生物学的個体（ヒト）として生まれ、生まれて後に文化を学習することによって「人間」すなわち「社会的人間」へと発達していく。人間は常に文化を学習しつつ生涯にわたって発達していく。

1 人間の発達と社会

(1)社会からの隔離――アヴェロンの野生児

野生児の話から始めよう。

一七九九年、フランスのアヴェロンの森で十一、十二歳と推定される少年が発見された。素裸でうす汚れ、身体中に多数の傷跡があった。少年はうなり声や叫び声をあげるだけで言葉を使えず、絶えず身体を前後に揺すり、粗暴で、時には噛みついたり引っ掻いたりした。感覚機能は不活発で、眼は表情もなく物を注視することがなく、聴覚も異常で近くでピストルの空砲を鳴らしても無関心だったが、クルミを割る音には敏感に反応した。嗅覚も原始的でベッドの汚物の悪臭にも平気だったし、触覚も物を摑む以外は何もできなかった。冬の冷たい地面にも平気で寝たし、煮え立つ鍋からジャガイモを平気で摑んで取り出したりした。知能も低く、記憶力・判断力・思考力にも欠け、全くの動物的存在だった。

当時著名な精神科医であったピネル（Pinel, P.）は少年を重度の知的障害者と診断し、この少年には如何なる社会の力も教育も不可能と結論づけた。しかし国立聾啞学校に勤務していた若い精神科医のイタール（Itarl, J. M. G.）はピネルの診断に疑問を持ち、村人の証言や

図1-1　12歳か13歳のときのアヴェロンの野生児（Shattuck, R. 1980, 生月雅子訳1982『アヴェロンの野生児』家政教育社, 100頁より）

少年の身体中の傷跡、門歯だけを動かす咀嚼の仕方、社会の生活習慣に無関心なことなどから少年は四、五歳頃に森に遺棄され、その後孤独な生活を送り、その間にそれまで習得していた観念や言葉を忘れてしまったのではないか、だから社会生活に戻して教育すればこの少年も普通の子どもになるのではないかと考えて少年を引き取り、六年間にわたって教育を行った（図1－1）。

　イタールは五つの目標を立てて少年を教育した。①社会生活に興味を持たせること、②神経的感覚力を目ざめさせること、③観念の範囲を広げること、④言葉を使えるようにすること、⑤簡単な心的作業ができるようにすることである。その結果、①視覚・触覚・味覚の観念が広がり、②言葉の意味が少しわかるようになり、③人への感受性が深まった。教育の成果は顕著ではなかったが、無力化していた感覚機能もある程度回復し、発見時と比べると社会生活によく適応するようになった。イタールは少年が「O《オー》」という母音を好むところからヴィクトール（Victor）という名前をつけた。ヴィクトールは名前を呼ばれると走ってくるし、入浴の湯の温度にも反応するようになった。情緒的な反応も示すようになり、イタールとともに彼の世話をしていた女教師が彼が逃げ出して街を歩いていたことを叱ると、その意味を理解して涙を流して泣いた。聴覚が十分機能していないために発音の習得は困難だったが、文字で綴った単語を示せばその物を取ってくるようになったし、自分の要求をジェスチュアで表したり、イタールの命令を理解できるようにもなった。だが、言語を習得することは遂にできなかった。ヴィクトールは正常な人間としての能力を完全に取り戻すことはできず、一八二八年、推定年齢四十歳で死去した。

イタールはこの教育経験から、（1）人間特有の機能・知性・感覚を喪失すると人間は動物にも劣る、（2）人間の道徳性は自然に備わったものではなく文明の賜物である、（3）人間の器官は幼少期において成長し、老化や孤独によって衰退する、（4）幼児期以後の音声の習得は困難であると結論づけている[1]。

（2）発達と環境

生物有機体はすべて自己を環境に適応させつつ生命を維持・存続させている。そして生物有機体の適応は常にその行動を媒介として行われる。すべての生物有機体はその行動を通して環境に適応し、生命を維持・存続させている。しかし環境といっても、ただ客観的に周囲に存在するすべてのものを意味するわけではない。生物有機体の生存に必要、かつ有用な諸要素や諸条件のみを意味する。このような諸要素や諸条件は生物有機体の種や個体によって異なる。したがって生物有機体にとっての環境とは各生物有機体が客観的に存在する周囲の諸事項の中からそれぞれに必要かつ有用な局面を切り取った「特殊な環境[2]」なのである。各生物有機体はそのような「特殊な環境」に適応していくための一定の行動様式を固定化させている。だが、環境も一定不変ではなく、常に変化しているから生物有機体もその環境の変化に応じて行動様式を修正し、新たな適応的行動様式を形成し、獲得していかなければならない。このように各生物有機体がよりよく生存していくために不断に変化している「特殊な環境」に適応していく能力を高め、適応的な一定の行動様式を形成・獲得していく過程を「発達」というのである。人間もこの例に漏れない。ただし、人間の場合、行動とは身体的な外的行動のみではなく精神的な内的行動（思考過程や認知過程など）をも含む生活活動の全体を意味している。そして人間にとって特殊な環境とは、言うまでもなく人間が生まれ、育ち、生活を営んでいる社会である。そしてまたその変化する社会に人間が適応していくことそれ自体が新たな社会の状況を生み出し、社会を変化させていく。

（3）人間の発達——三つの側面

人間の発達は他の生物有機体とは異なり、一面的ではない。人間の発達には三つの側面がある。生物学的側面、心理学的側面、社会学的側面である。生物学的側面の発達とは有機体としての人間の成長を意味する。身長・体重・胸囲など身体的部位の形態の増大、それと並行しての消化器官・循環器官・神経器官など内部構造の形成・増大・機能化、また刺激に対する機械的反応の連鎖・複雑化などである。環境に適応するための有機体の最適の状態、つまり完全な状態（完態）——成人——に近づいていく過程である。心理学的側面の発達とは人間の心的機能が分化し、あるいは統合してより有能化・複雑化していく過程をいう。感覚機能・認知機能・運動機能などが生得的な神経生理のメカニズムによって自己発動化し、有能化・高度化していくのである。しかしこの自己発動化は有機体の生理的過程ではあるが、環境（社会）によって規制され、方向づけられる。心的機能の生理的過程とはいえ、その社会の状況と結びつき、その社会の状況に適合的な方向、つまり社会的に承認された方向に向けられ、その方向に向けて変容し、統合化されていく。

社会学的側面の発達とは、人間が「環境としての社会」の文化を習得していく学習過程を意味する。人間は社会の中で生まれ、社会の中で生活し、生存していくが、しかし社会の中で生きていくための術を身につけて生まれてくるわけではない。人間は生まれて後に社会の中で生活していくための手段や方法、行動様式の一切を習得していかなければならない。この、社会生活に必要な手段や方法・行動様式のすべてが文化なのである。文化は歴史的に継承され、蓄積されてきた人間の生活経験の集合的経験であり、集合的所産であって社会のすべての成員に共有されている行動様式である。言い換えれば文化は社会の行動規準であり、「標準化された行動様式[3]」である。文化を習得していくことが人間にとって環境としての社会に適応していくことなのである。そしてこの文化を獲得した人間を「社会的人間」という。人間は生物学的個体（ヒト）として生まれ、生まれて後に文化を学習することによって社会的人間（人間）となる。

（4）人間の発達と社会

人間の発達は生物学的側面、心理学的側面、社会学的側面が相互に関係しつつ同時的に進行していく。だが、それぞれの比重は同じではない。生物学的側面の発達は人間有機体の個体内部で生起する自然的な生理的過程であり、心理学的側面の発達も有機体内部の神経生理のメカニズムによる自己発動化という生理的過程における変化である。したがってこうした側面の発達だけでは人間は「環境としての社会」に適応していくことはできない。これらの過程は先に述べたように社会の状況と結びつき、社会的に承認された方向に向けて統合されていかなければならない。つまりその社会の文化の学習過程という社会学的側面と結びつけられねばならない。そうでなければ人間は社会的な共同生活を営むことはできない。人間の排泄は生物学的行動であるが、それは排泄の訓練（学習）を受けて特定の場所で行うように習慣化されなければならない。

アヴェロンの野生児ヴィクトールはその置かれた環境からみれば生物学的・心理学的には発達したといえる。森の中で四、五才の頃から数年間孤独な生活を過ごしたけれども、身長も体形も同年齢の他の子どもとほぼ同じで外形的には何らの欠陥もなく、また栄養失調気味ではあったが、健康状態もまず普通で諸感覚器官にも異常は見られなかったから[4]、その間は自然的に発達していったのである。だが、それは森の中という自然環境に適応した発達的変化だった。寒い冬でも地面に寝たり、寒風に長時間身をさらしていたり、また煮えたぎる鍋の中のジャガイモを手で摑んだりしたが、それは皮膚器官が寒熱に耐え得るように変化したのだろう。諸感覚器官に異常はなかったが、一般の人間とは異なり、嗅覚が他の感覚機能よりも敏感で何に対しても臭いを嗅ぐ習性を持っていた。町を歩いていてもたびたび立ち止まったり後戻りして小石や乾いた木片を拾い上げて臭いを嗅ぎ満足な様子を表わした。それは森の中で離れた場所から食べ物を探したり、食べ物の適否を判断するために嗅覚が必要だったからだろう。しかし汚物の悪臭には平気だったし、近くでピストルの空砲を鳴らしても耳元で大きな音を出しても全く関心を示さなかった。一方、クルミを砕く音には敏感に反応した。ヴィクトールの関心はもっぱら食という生物学的欲求を満たすことにあり、そのためにすべての感覚機能が食べ物に集中し、食べ物のみに反応するようになっていたのである。ヴィクトールは森の中での孤独な生活を生き抜くために「人間動物[5]」として生物学的・心理学的に適応していったのである。だからその限りにおいては正常な発達だったといえる。だが、それは「動物にも劣る存在[6]」だった。それは偏《ひとえ》に社会からの隔離によるとイタールは述べている。

　人間の生物学的・心理学的な発達は文化の学習という社会学的発達の文脈に結びつけられ、社会的に統合されていかなければならない。人間の発達は「環境としての社会」に決定的に枠づけられ、方向づけられているのであって人間は社会的所産なのである。

2　社会的人間の形成

（1）社会化と社会化のメカニズム

　人間は現に進行している相互に関連した対人関係のネットワークの中に生まれ、その対人関係に依存し、保護されることによってのみ生存していくことができる。人間は生まれた瞬間から社会的存在なのである。そしてその対人関係における他者との相互作用を通して文化、すなわち社会の行動規準、標準化された行動様式を習得していく。この、他者との相互作用を通して人間が文化を習得していく過程を「社会化」という。だから社会化された人間が「社会的人間」なのである。

　しかし、社会の文化の学習といっても人間はあらゆる文化を習得することはできない。実際に習得できる文化は人間が取り結ぶ対人関係の範囲に限られる。社会化は他者との直接的な相互作用という対人的状況において進行していくからである。そしてその範囲は主体としての人間（以下、個人と呼んでおく）の、社会における位置（地位）によって制約されている。個人の位置（地位）を基点とした対人関係の範囲がその個人の日常生活の範囲であり、具体的・現実的に社会化が進行していく範囲である。いわばその個人の

「特殊な環境」なのである。

社会化は同一化や模倣、学習、役割学習、役割取得などのメカニズムを通して進行していく。同一化は個人がある特定の親密な他者の態度や行動、感情をあたかもその他者になったかのように無意識のうちに取り入れることをいう。そうすることによってその他者の価値観や行動様式を身につけていく。模倣は個人がある特定の対象（モデル）の表情や態度、行動と同じような表情や態度、行動を意識的に取ることであるが、そのことによってモデルである他者の感情状態を感じ取り、態度・行動の意味を知り、他者の立場を理解するようになる。模倣には眼前にモデルがいる直接模倣（即時模倣）と眼前にモデルがいないが、そのモデルの態度や行動をイメージして再現する間接模倣（延滞模倣）がある。いずれも自分よりも優位性を示している他者をモデルにして意識的に真似るのである。間接模倣はイメージとしての他者を真似て象徴的に表現しようとするから個人の象徴機能（第二章）が発達し、思考が活発化して多様な表現活動を促すことがある。そして学習は新たな知識や技能、情報や行動様式を獲得していく過程である。

（2）役割学習と役割取得

　子どもが言葉を使うようになると役割学習と役割取得のメカニズムを通して社会化が進行していくようになる。役割とはある地位（位置）を占めている人々に期待されるパターン化された一群の行動様式であり、その実際の、現実的行動を役割行動という。そして人々から期待されている役割行動を学んでいくことを役割学習という。例えば子どもは周囲の人々とのコミュニケーション（相互作用）を通して自分に期待されている行動様式、つまり子どもとしての役割を理解し、「子どもらしい」役割行動を身につけていく。そしてその役割行動に対する人々の評価によって「子どもらしくない」行動は否定され、「子どもらしい」役割行動が促進されていく。子どもという社会的地位にふさわしい行動を期待し（役割期待という）、その行動を評価するのは最も身近な親であろうから、子どもは両親の期待と評価に合わせて役割行動パターンを習得していくのである。

　役割取得は子どもが他者の態度や役割を自己の内に取り入れること、言い換えれば子どもが他者の位置に身を置いて、その他者の視点から自分自身の行動を眺め、評価し、自分の役割行動パターンを習得していくことである（その意味では役割取得は他者によって確定されている役割をとること、つまり受動的な適応だといってよい。自由裁量の幅の広い役割形成とは意味を若干異にする。第二章参照）。このことを深く考察していったのが社会哲学者のミード（Mead, G.

H.）である。ミードの「役割取得」には二つの意味がある。「他者の態度を取得する」（take the attitude of the other's）ということと「他者の役割を取得する」（take the role of the other's）ということである。[7]

子どもは特定の他者の特定の態度を認識して、その態度の意味を理解するようになるが、その際、その他者の態度を自己の内に取り込むようになる。特定の他者の特定の態度を取得するわけである。例えば、子どもが悪戯《いたずら》をしたとき、それを見た母親は怒りの態度を示して子どもを叱るが、それは言葉で表現されるだけでなく、言葉の意味、つまり悪戯をするのは良くないことだという意味をも伝えている。だから子どもは母親の怒っている態度を見て、その言葉と言葉の意味を理解するのであるが、同時にその言葉に内包されている感情をも習得していく。子どもは怒っている母親の態度を自己の内に取得することによって、つまり子どもは母親の位置に立ち、母親の視点を取ることによって母親の怒りという態度の意味や感情を経験し、自分のものにしていくのである。母親の態度を取得すると子どもは母親がいないときでも母親の態度を取り、自分自身に対して母親を演じるようになる。母親の立場に立って母親の言葉遣いで自分自身に対して怒りの態度を示し、次に子どもとしての自分が母親に対応するように、そのように対応する。子どもは母親と子ども（自分）の両方の立場に立って内的に相互作用を演ずるわけである。内面の独り言である。このような過程を経て子どもは母親の思考や価値観、感情を身につけていく。これが「他者の態度を取得する」ということである。

子どもはある特定の他者の態度を取得するだけでなく、その特定の他者の一連の役割をも自己の内に取り入れていく。この一連の役割を役割群という。医者という社会的地位（位置）には患者との関係、看護師との関係、薬剤師との関係など一連の関連する役割がある。子どもはこうした役割群をも自己の内に取り入れていく。だから「お医者さんごっこ」という遊びができるのである。その遊びにおいて医者としての一連の役割を演じることによって、つまり医者という立場に自分自身を置くことによって子どもは医者としての思考や価値観、感情を経験し、自分のものにしていく。子どもは種々の役割を演じることによってそれぞれの役割に内包する思考や価値規範・感情を経験し、身につけていくというわけである。「他者の役割の取得」である。

(3) 微視的世界と巨視的世界――「特定の他者」から「一般化された他者」へ

先に述べたように社会化は個人の位置（地位）を基点とした直接的対人関係の範囲、

つまり日常生活の範囲の中で種々の人々との接触（相互作用）を通して具体的・現実的に進行していく。しかし接触するすべての人々が子どもの社会化にとって同等に重要なわけではない。子どもにとって何らかの意味のある人々だけが社会化に大きな影響を及ぼす。こうした人々を「重要な他者」という。子どもにとって「重要な他者」とは母親であり、父親であり、きょうだいであり、そして一定年齢に達すると遊戯仲間や同級生、学校の教師が「重要な他者」になる。子どもにとって「重要な他者」とは日常生活における具体的な「特定の他者」である。

　子どもはこのような「特定の重要な他者」に同一化し、彼らを模倣の対象とし、役割学習や役割取得の対象とする。しかし年齢とともに対人関係が広がり、多様化していくと、子どもは「特定の重要な他者」の期待や評価は他の人々、さらには大人の世界一般に共有されている態度であることを認識するようになる。悪戯をすることに怒りの態度を示すのは母親だけではなく、父親も同じであり、幼稚園や学校の先生も同じである。そうなると「特定の重要な他者」によって形成された子どもの個別的な態度は社会全体の普遍的な態度に変容していくことになる。こうした社会全体の普遍的な態度をミードは「一般化された他者」と呼んだ。[8]

このことは子どもは二つの世界に住んでいると考えればわかりやすい。対面的な相互的関係の範囲という日常的経験の世界とその範囲を越えた、より大きな包括的な世界、つまり全体社会である。社会学者のバーガー（Berger, P. L.）に倣って前者を「微視的世界」、後者を「巨視的世界」と呼んでおこう。[9] 巨視的世界の文化や規範、慣習は微視的世界の日常的な相互作用や対面的関係を規定し、日常的事象を形づくるが、微視的世界のそれは巨視的世界の文化や規範、慣習の意味や価値を日常的な経験的次元において具体化し、現実化する。微視的世界の日常的な出来事はそれを包み込んでいる巨視的世界を背景に理解してこそ、その意味や価値がわかるのであり、巨視的世界は微視的世界の日常的な経験的次元において具体化されない限り、現実性、具体性を持つことはない。子どもは母親との相互作用における種々のメカニズムを通して母親の価値規範・態度・行動様式を自己の内に取り入れるが、つまり母親という「特定の重要な他者」の態度や役割を取り入れるが（微視的世界）、そのことは母親の背後の、より大きな社会一般の文化や価値規範、共有的な態度や行動様式であることを理解するようになり、その結果、社会成員としての普遍的な態度、すなわち「一般化された他者」を形成するようになる（巨視的世界）。母親は子どもにとって巨視的世界の「社会化の代表者」なのである。母親が悪戯をしないように子どもをしつけるのは、母親が属している社会が、そのようなしつけをすることを正当なこととして承認している文化なのである。

3　社会的人間と社会的役割

(1) 生涯にわたる社会化

子どもにとって両親は「特定の重要な他者」であり、かつ圧倒的な力を持っている他者である。しかも子どもはいま自分が置かれている状況以外の他の状況を全く知らない。子どもにとってはいま現に生存している、この状況が唯一絶対の世界である。だから子どもは社会的人間として自立的な行動がとれるようになるまでは、その「特定の重要な他者」(両親)が期待し、要求する行動様式を絶対とし、そのような行動様式を習得して実際の行動に出るわけである。「特定の重要な他者」は子どもが期待通りに行動することを期待し、要求し、別の仕方で行動することを期待しないし、要求もしない。子どもが期待に沿わない行動をとった場合には否定的サンクション(制裁)を加えることもある。優越的な力を持ち、サンクションを加えるような重要な他者を「権威ある他者[10]」という。子どもの行動は「特定の重要で権威ある他者」によって統制され、子どものとるべき行動は明確に規定される。子どものとるべき行動とは子どもが自立した社会的人間になるために社会成員として必要な価値規範・思考・態度・行動様式、すなわち文化を習得していくことである。子どもの役割とは「自立した社会的人間になること」なのである。

　このように生存のための手段や方法、行動様式を一切持たない、いわば「白紙状態」（タブラ・ラサ）の子どもが社会的人間へと形成されていく社会化の過程を「第一次社会化」という。基礎的な社会化の過程であり、先の言葉で言えば、「特定の重要な他者」によって形成された子どもの個別的な態度が社会全体の普遍的な態度、すなわち「一般化された他者」へと変容していく過程である。

　そして第一次社会化によって形成された社会的人間が自立した社会成員としての、新たな役割（社会的役割）を獲得し、その役割遂行に要請される文化を習得していく過程を「第二次社会化」という。社会的人間としての新たな役割とは社会を維持・存続・発展させていくために社会から期待されるパターン化された一群の行動様式である。これを「社会的役割」と呼んでおこう。社会的人間としての社会的役割とは具体的には「職業的役割」と「家庭的役割」である。いずれも社会の維持・存続・発展にとって必須の役割であり、社会的人間が社会の成員として担うべき役割である。

職業的役割は生産的活動に関連する一群の活動である。ただし生産的活動といっても財とサービスの生産と分配を第一義的な目的にする経済的領域の活動だけを指すのではない。どのような活動であろうと、その活動に従事する人間に「代償が払われていれば[11]」職業である。生活のための収入源としての報酬が得られ、自立した生計を維持することができるような活動を職業的役割というのである。現代の産業社会では職業的活動は社会の分業体系に組み込まれ、特殊的・専門的な知識や技能を要求されるようになってきたから、職業的活動を遂行していくためにはそうした特殊的・専門的な知識や技能、さらにその職業が求める価値規範や態度・行動様式といった、いわゆる職業文化（第六章）を新たに習得し、獲得していかなければならない。だが、社会的人間がそれぞれに職業的役割を遂行していくことによって全体社会の経済的秩序が維持され、全体社会の維持・存続・発展が進むのである。

家庭的役割は親役割と家事役割に分けられる。親役割とは出産、育児およびそれに関連する一群の活動であり、それは個人に対しては子どもを産み育てたいという欲求の充足をもたらし、全体社会に対しては社会成員の継続的補充という機能を果たす。成員補充は社会の維持・存続の必須条件であり、家族を供給源とする。先に述べたように子どもの役割は「自立した社会的人間になること」であるから、親はその間の子どもの心身の健康を保証しなければならない。そのためには子どもの心身の健康、発育や成熟、子ども期の課題や基本的な生活習慣等に関する知識や情報――育児文化（第七章）――を得て育児能力を高め、親役割を形成していかなければならない。一方の家事役割とは家庭生活の営みに必要な日常的諸作業（炊事・洗濯・掃除・買物）をいう。しかし社会的役割としての家庭的役割は親役割が中核を成す。

職業的役割と家庭的役割は社会の維持・存続・発展にとって必要不可欠な活動であるから、その重要性と日常性のゆえに反復・強調され、そのために規則的となって社会の枠組みの中に明確に位置づけられ、確定されて、標準化された客観的事実として存在するようになる。そうなれば職業的役割と家庭的役割は社会成員に対して外在的な拘束力を持つようになり、社会的人間が社会成員として遂行すべき責務となり、明確な社会的役割モデルとなる。

このように社会的人間が職業的役割と家庭的役割の遂行のために必要な、それぞれの文化を習得していく過程を「第二次社会化」というのである。

しかし、そうした社会的役割も同一内容のままに連綿と続けていくことはできない。社会的人間も生物学的・心理学的条件や社会学的条件が異なれば社会的な立場（地位）から退き、それに伴う社会的役割を縮小するか、放棄するか、あるいは変容していかざるを得ない。それは時間差はあれ、誰しもが経験することである。したがって社会的地位を退いた後の社会的役割の縮小・放棄・変容という急激な生活変化、言い換えれば新たな生活状況に個人は適応していかなければならない。しかし、そのことは逆に言えば、社会的役割義務からの解放であり、個人にとってはそれだけ自由な活動領域が拡大することになる。だからそのような生活変化、新たな生活状況に個人がどのように対応していくかは全く当の個人の自由意思による。社会的地位から退いた後、新たな職業的活動を選択するか、ボランティア活動や地域活動といった社会参加活動に参加するか、余暇活動や学習活動など趣味の活動を楽しむか、それがどのような選択であろうと新たな生活状況に適応していくためには、その生活状況に応じた価値規範や態度・行動様式、つまり新たな文化を身につけていかなければならない。たとえ類似的な職業的活動を選択したとしても組織が異なれば、その組織の文化の習得が求められる。このように社会的地位から退いた後の生活変化、新たな生活状況に適応していくために新たに社会的役割を選択し、その役割を発揮していくための文化を習得していく過程を「第三次社会化」と言っておこう。なお社会的人間は既に社会の文化を獲得した人間であるから、これまで担ってきた社会的役割を放棄し、喪失したとしても社会的人間であることに変わりはない。

このように社会化は、第一次社会化から第三次社会化に至るまでの生涯にわたって生起する文化の習得過程なのである。

(2)社会的人間の条件

これまで述べてきたように社会的人間は社会の文化を習得し、自立した社会成員として社会の維持・存続・発展にとって必要不可欠な社会的役割を遂行していく人間であるが、言い換えれば、そのような社会的役割を遂行できる資質・能力を備えてこそ社会的人間として受け入れられる。そのためには四つの資質の獲得が必要である。自律性、関係性、規範性、認知性である。

自律性とは他者に依存することなく、自らの意思によって判断し、行動し、その行動に対して責任を持つ能力のことである。社会的役割を遂行するのに他者に依存するようなことでは、その役割遂行や結果に対して他の人々は不安を覚え、信頼することはできない。そうなれば他の人々との間にも信頼関係を確立することはできない。役割はどのような役割であろうと単独では成立せず、必ず他者との関係において成立する。だから社会的役割を遂行していくためには他者との協働関係を確立し、連携していくという関係性の能力が必要となる。

そしてそのような関係性を維持して社会的役割を遂行していくためには役割遂行者は認識や判断を他の人々と共通にする枠組を共有していなければならない。つまり社会の価値、倫理、道徳、ルールを遵守するという態度を習得していなければならない。これが規範性（規範的文化）である。このような規範的態度が確立していなければ、他の人々からの信頼は得られず、協働関係は成り立たない。そしてまた社会的役割はどのような内容・性質のものであろうと一定の知識と技能を伴っている。認知性（認知的文化）である。だから社会的人間は社会的役割遂行に必要な一定の知識と技能を有していなければならない。文化の習得である。文化は後述（第三章）のように認知的文化と規範的文化に大別される。

このような四つの資質は、言うまでもなく相互関連的である。第一次社会化において子どもは社会生活にとって基本的な、このような四つの資質を獲得していき、社会的人間へと形成されていくのである。

文献

[1] Itard, J. M. G., 1894（古武彌正訳『アヴェロンの野生児』牧書店、一九六七年、三–五二頁）
[2] 清水幾太郎『社会的人間論』河出書房、一九四〇年、五頁
[3] 北川紀男『文化社会学研究』八千代出版、一九九九年、三三頁
[4] Lane, H., 1976（中野善達訳編『アヴェロンの野生児研究』福村出版、一九八〇年、四四–四九頁）, Shattuck, R., 1980（生月雅子訳『アヴェロンの野生児』家政教育社、一九八二年、六八–六九頁）
[5] Itard, J. M. G., 1894（前掲訳、五六頁）
[6] Itard, J. M. G., 1894（前掲訳、五七頁）
[7] Berger, P. L. & Berger, B., 1972（安江孝司他訳『バーガー社会学』学習研究社、一九七九年、六六–六七頁）
[8] Mead, G. H., 1934（稲葉三千男他訳『精神・自我・社会』青木書店、一九七三年、一六六–一六九頁）
[9] Berger, P. L. & Berger, B., 1972（前掲訳、一七–一八頁）
[10] Gerth, H. & Mills, C. W., 1953（古城利明他訳『性格と社会構造』青木書店、一九七〇年、一一〇頁）
[11] Gerth, H. & Mills, C. W., 1953（前掲訳、三一八頁）

◉第二章　自我のめばえ
言語の獲得と自我の形成

言語は人間発達の基盤であり、かつ社会を形成する最も基本的な用具である。言語を獲得することによって人間は他者とのコミュニケーションが可能になり、そのコミュニケーションを通して自他を明確に区別するようになって自我を形成していく。子どもはどのようにして言語を獲得し自我を形成していくのだろうか。

1　言語の獲得

(1) シンボルとしての言語

子どもは現に進行している対人関係のネットワークの中に生まれ、その対人関係における相互作用を通して社会化されていく。そしてその対人関係はコミュニケーションから成り立っており、そのコミュニケーションは言語を媒介としている。したがって言語を理解できなければ子どもは他者が自分に対してどのような行動を期待し、要求しているのか、自分はどのような行動をとればよいのかを知ることができない。言語は子どもの社会化を遂行していく媒体であり、子どもの社会化の過程は言語を習得していく過程なのである。社会化の社会学的研究は言語を習得し、認知能力が向上していく幼児期から始まる。[1]乳幼児期の発達上の特徴は有意味言語の獲得にある。

言語を獲得するためには大脳皮質の言語中枢の発達、発声器官と聴覚器官の発達を条件とする。これらの器官が発達していくことによって人間はさまざまな音声を発することができるようになり、その中から発音の明瞭な一定の音声（単語）が選択され、一定の意味を与えられて、それが一群の人々の間に定着していくようになる。したがってその一群の人々の間では同じ音声が同じような反応を引き起こすようになる。いわゆる「言語共同体」[2]を形成しているのである。この言語共同体の中で成員が統制的な行動をとる限り、一定の音声は同じ一定の意味を持つ。人々は同一の言語によって同じ内容を伝達するようになり、相互に共通の意味を伝達しあうことができるようになるわけである。

言語が共通の意味を伝達できるのは言語が個々具体的な事物・事象を直接に指示する

のではなく、その事物・事象を抽象化して規定している記号（サイン）だからである。サインはある事物・事象の代わりに用いられるもので、その事物・事象の性質を指示する合図や刺激である。視覚や聴覚という人間の感覚に訴えて事物・事象を指し示すのである。電車の発車の際に鳴り響く警笛は電車の発車時間を知らせ、危険だから電車から離れるようにという注意を促すサインであり、学校のチャイムは授業開始または（心待ちにしていた）授業終了を示すサインであり、赤信号は止まれというサインである。

記号（サイン）は信号（シグナル）と象徴（シンボル）とに分けられる。シグナルはそれが指し示す事象と何らかの関係を持つサインであって、例えば、火が燃えていることを示す煙、雨が降ることを知らせる黒雲、降雨を示す濡れた地面などである。あるいはよく知られているパブロフ（Pavlov, I. P.）の条件反射の実験（犬にベルの音を聞かせた後に餌を与えるという刺激を繰り返すとベルの音を聞くだけで反応するようになる）の際のベルの音などである。学校でのチャイムの例もシグナルである。

シンボルはある事物・事象を全く関係のない別のものに置き換えてイメージし、再現するサインである。黒ネクタイが弔意を表し、黄色いハンカチが幸福を表し（一九七七年公開の映画「幸福の黄色いハンカチ」）、ハートマークが愛情を表すようにである。しかしシンボルの中心は言語である。言語は音声をある意味とその意味が指し示す事物・事象とに結びつける。言語がこのようにある事物・事象を表象し、表現する働きを言語の象徴機能（シンボリック機能）という。表象とは頭の中に思い浮かべることであり、象徴機能とはいま眼前にないものをそのシンボルによって頭の中に思い描く働きのことである。端的に言えばあるものを別のもので表すことである。幼児が長方形の積み木を電車に見立てて遊んでいるとき（見立て遊び）、その積み木は電車のシンボルとしての働きをしている。実際に目の前に電車がいるわけではない。幼児は電車を表象化し、長方形の積み木を電車の代わりにして遊んでいるのである。このように事物・事象（電車）、その表象（電車のイメージ）、それを表現するシンボル（長方形の積み木）という三つの間に相互の関係が成り立ったときに象徴機能が生まれる。そしてシンボルである長方形の積み木が「デ・ン・シャ」という音声に置き換えて用いられるようになったときに言葉になる。

しかし幼児は電車と長方形の積み木との間に何らかの類似性を感じて、例えば電車の全体的な形をイメージして長方形の積み木を電車と見立てたのであろうが、この類似性は幼児が自らの個人的経験から、そのように結びつけたものであって、別の幼児であれば別のイメージを思い浮かべて表象化し、別の形の積み木を電車と見立てるかもしれない。電車の丸屋根をイメージしてかまぼこ型の積み木を電車と見立てたかもしれないし、電車の連結車両をイメージして四角の積み木を繋ぎ合わせるかもしれない。だが、電車と「デ・ン・シャ」という音声との間には何の類似性もないし、何の関係もない。電車を「デ・ン・シャ」と呼ばなければならない理由は何もない。恣意的に結びつけられているに過ぎない。しかしその恣意性は社会の慣習にしたがっている。電力で車輪を動かしレールの上を走る車両を「デンシャ」と命名するのは個人的経験ではなく、その社会の慣習にしたがったものである。言葉というのは、われわれが直接に見たり、聞いたり、体験したりする個々の事物・事象そのものから導き出されるものではなく、社会の慣習という文化によって規定されているものなのである。だから同じような事物・事象であっても社会が異なれば異なった言葉が使用される。言語能力はすべての人間に共通の生物学的特徴だが、使用する言葉は社会によって異なる。日本の「デンシャ」は、英語圏では〝train〟であり、スウェーデンでは〝tåg〟、ドイツでは〝Zug〟、ポルトガルでは〝comboio〟、中国では〝火车〟である。言語は社会的所産なのである。

(2)言語の表象形成

言語が共通の意味を伝達できるのは先に述べたように個々の具体的な事物・事象そのものを直接に指すのではなく、その事物・事象を抽象化して構成された「一般的表象」[3]を指すからである。一般的表象とはある事物・事象からある特性を抽出して構成した共通性質である。「イヌ」という言葉は現に目の前にいる大きさ、形、毛色などさまざまに異なった一匹一匹の実物の犬を指すのではなく、どの犬にも共通する特性を抜き出して構成した一般的な性質を指す。四足歩行で移動し、「ワンワン」と鳴き、嗅覚と聴覚が鋭く、体温調節のためにいつも舌をベローと出し、嬉しいときには尻尾を上げてフリフリする哺乳動物というのが「イヌ」の一般的性質である。一匹一匹の実物の犬はこの「イヌ」という言葉の指し示す具体的な事物・事象として、その言葉の中に包含される。

しかしある事物・事象の一般的表象といっても、その事物・事象のすべての性質を包含できるものではないから一定の仕方によってその事物・事象のある特定の部分のみを取り出して抽象化せざるを得ない。だからその事物・事象のどの側面に注目して抽象化するかによって内容は異なってくる。そしてその一定の仕方とか注目する側面というのは、その社会、すなわち言語共同体によって異なる。言語共同体によって、その事物・事象についての価値感情、解釈の仕方、表現方法や表現態度が異なるからである。逆にいえば、ある事物・事象に対する価値感情、解釈の仕方、表現方法や表現態度を共通にし、表象の形成が類似的であることが言語共同体なのであり、したがってその範囲においては同一の言語によって同一の反応を人々に呼び起こすのである。言い換えれば、言語を獲得するということは、その言語共同体における価値感情、解釈の仕方、表現方法や表現態度といった思考、態度、行動様式を習得することなのである。そのような言語の表象形成における慣習を習得しなければ、その言語の意味を理解できず、言語共同体に参加することはできない。「すみません」という言葉はその使われ方の文脈によって謝罪を表したり、感謝を表したり、依頼を表したりするし、「結構です」という言葉は、その文脈によって相手の提案を肯定する場合（「それでよい、結構です」）と逆に否定する場合（いいえ必要ないので結構です）がある。そしてその意味によって関係する人々の態度、行動は異なる。したがってその文脈を理解し、その意味を解釈できなければ、嘲笑、面罵、譴責の対象にされ、その言語共同体から排斥されることになる。社会学者のミルズ（Mills, C. W.）は次のように述べている。「言語範疇を習得することによって、われわれは集団の構造化された『風習』を習得し、言語と一緒に、それらの『風習』の価値内容を習得する。われわれの行動と知覚、論理と思想は言語体系の統制下に入る。言語に従って、われわれは一群の社会規範と価値を習得するのである。語彙とはたんなる単語の連鎖ではない。そのなかには社会的織地――制度的、政治的座標――が内在している。語彙の背後に一連の集合的行為が存するのである」[4]。

異なった言語は、異なった価値感情、異なった思考・行動様式を生む。日本人の敬語は長い間の身分制社会の中で培われてきたものであるが、しかしそうした敬語の慣習を習得していくことによって日本人は自分と相手との関係や相手の社会的地位を知り、その敬語に対応する慣習的な思考・態度・行動を習得して全体的な文脈を理解し、安定的な人間関係を維持してきたのである。

したがって子どもは誕生と同時に社会（言語共同体）の中で言語の表象形成における慣習、すなわち文化を習得していかなければならない。先に述べたように子どもの社会化の過程は子どもがその社会に特有の言語を獲得していく過程なのである。

(3) 言語の獲得

子どもは出生と同時に所属する社会（言語共同体）の言語とその表象形成を習得していくが（社会化）、しかしその共同体の一群の人々が子どもの言語習得に直接関与するわけではない。関与するのは子どもに直接接触している周囲の人々に限られる。そのなかでも特に「重要な他者」(親、取り分け母親)が大きな意味を持つ(第一章)。乳幼児期の子どもは泣き声や表出的動作によって有機体的欲求や感情を表出するが、その意味を経験から判断し、理解できるのは常に接触している母親である。子どもは母親という「重要な他者」を媒介として有機体的欲求を直接充足するとともに、言語をはじめ直立歩行や排泄訓練といった人間としての最も基本的な行動様式を習得していく。だが、「重要な他者」といっても実際にはそれぞれに個性と経歴を異にする具体的な人間であるから子どもに対する接触態度や欲求充足方法も個々に異なり、したがって「重要な他者」がどのような価値感情や思考・態度を持った人間なのかということが子どもの言語習得の上で、また文化習得の上で極めて重要となる。しかも子どもは「重要な他者」を選ぶことができない。子どもにとって初期の、乳幼児期の社会化は宿命的である。

言語の習得には親や家族を中心とした「重要な他者」から繰り返し語りかけられるという言語的刺激、つまり言語環境が必要である。言語環境に接触することによって子どもはさまざまな形の音声を耳にしつつ、その音声がある特定の事物・事象を指し、一定の意味を含んでいることを知るようになる。特に母親は子どもの言語能力や反応に応じて語りかける調子や内容、また態度を調整しつつ抑揚をつけて子どもに話しかける。「育児語」である。擬音語や擬態語、単純な子音、鼻音、反復、音の転用や省略、抑揚の誇張などを特徴とする言葉である。犬を「ワンワン」、目を「おめめ」、ご飯を「まんま」、駄目なことを「め」と言ったりする。あるいは子どもの不完全な言葉をその言葉が使われる脈絡から理解して補ったり、大人の慣習的な言葉を子どもの理解の程度に応じて育児語に翻訳して子どもとの対話を重ねていく。幼児の言葉には一つの単語ではあっても文と同じ機能を果たす「一語文」がある。幼児が子犬を指差して（「指差し」という）「ワンワン」と言っても、その意味は一様ではない。ワンワンがいるよ、ワンワンが座ってるよ、ワンワンと遊びたい、カラフルボーダーの犬服なんか着て生意気だよというように多様な意味を含んでおり、実際の意味は状況によって異なる。そこで母親は幼児が話す場面、状況、表情、態度、身振りなど全体の脈絡から理解して子どもの不完全な言葉を補って子どもに話しかけるのである。母親は幼児が指差した子犬を一緒に見て（「共同注視」という）「犬の赤ちゃんね。かわいいね」などと語りかけるのである。

　子どもが言語を獲得していくためには言語的刺激、つまり言語環境が不可欠である。

2　言語獲得の臨界期

しかし子どもの言語獲得はいつ、いかなるときでも可能だというわけではない。子どもは早い時期に言語共同体の言語とその意味、表象を獲得しなければならず、その時期を逸すると言語獲得がきわめて困難となる。

アヴェロンの野生児ヴィクトールはイタールから六年間にわたって言葉の使用を教えられたが、四十歳で亡くなるまで遂に言葉を獲得できなかった[5]。それは先に述べたように、言語の一般的表象ということが理解できなかったからである。イタールは言葉を覚えさせるためにペン、鍵、小刀、箱など簡単なものをその名前を書いたカードの上にのせ、実物と言葉の関連を理解させようとした。そしてイタールがカードを示すとヴィクトールはその名前の事物を持ってくるようになった。さらに複数のカードを同時に示すと、それらのものを持ってくるようにもなった。しかし同じ名前でも形の違うものがある。本といっても形、大きさ、色、厚さ、素材がそれぞれに異なる。そこで指示対象の「本」以外の他の本も本だと教えた上で、本というカードを示すとヴィクトールはもう混乱してしまい、一束の紙でも雑記帳でも新聞でも記録簿でもパンフレットでも紙類をかまわず差し出した。本の持つ共通性質、すなわち概念が理解できなかったのである。[6]ヴィクトールにとっては初めに示された特定の本のみが「本」なのである。箒であろうとブラシであろうと彼にとっては細くて長い木片はすべて「棒」だった。

　このような野生児の事例を見ると言語獲得はいつでも可能なわけではないことがわかる。子どもが言語を獲得するためにはまさに適した時期（「適時性」という）があり、言語獲得の臨界期があるといってよい。臨界期とは生物の発達過程においてある特性の学習効果が限られている期間のことである（ただし、臨界期説にも諸説があり、未だ明確な結論には至っていない。最近では臨界期も厳密なものではなく緩やかな幅をもった期間ではないかという説もある。そのため「敏感期」とも呼ばれている）。だからその期間を過ぎると学習効果が困難になるのである。言語の場合、通常は四歳くらいまでに所属する社会集団の主な言語的カテゴリーや意味を獲得し、言語の基礎的能力が形成されるとされている。[7]

　ヴィクトールは四、五歳のときに遺棄されたと推測されるから、それまでに何らかの観念や言葉を習得していたと思われる。だが、十一、十二歳頃までの数年間にわたる孤独な生活のために習得した観念や言葉を使用する機会もなく、そのために発声器官は退化し、記憶から消去されてしまい、言葉を習得することができなかったのだとイタールは考えた。イタールはヴィクトールの教育経験から、第一章で述べたように、人間の器官は幼少期において成長するが、使用しなければ衰退する、幼児期以後の音声の習得は困難であると結論づけたのである。[8] イタールはもちろん臨界期という言葉を使ってはいないが、「幼児期以後の音声の習得は困難」であり、「喋ることを習得するのは幼児期の初期である」[9]という結論はまさに臨界期の仮説である。

3　言語の獲得と自我形成

(1) 自我の形成

子どもは言葉を習得するとともに、それを使用することを学ぶ。つまり話すようになる。子どもが幼児期の初期に話すことの多くは「自己表現や自己刺激の性質」[10]を強く持っている。子どもは親に話しかけるだけでなく、一人で遊んでいるときなどに自分自身に対しても話しかける。しかし親に話しかけると親が反応するし、自分自身に話しかけていても親や家族が反応したりする。そうしたことが繰り返されているうちに、子どもは自分が使う言葉に親や家族が反応することに気づくようになる。そしてその反応

（親や家族の言葉）が自分自身に向けられていることから、子どもは次第に自分という存在を意識するようになり、自他の区別をするようになっていく。

　このように子どもは言語を獲得すると、自分の状態や感情を言葉を用いて表現するようになり、自分という存在（自我）を意識するようになる。自分自身を対象化して考え、自分自身の状態や感情を持つようになっていくのである。自我の意識のめばえである。自我の意識とは自分自身を対象化して意識することであり、自分自身を客観視することである。

　この自他の区別を明確に意識させていく手がかりとなるのが名前である。名前は自他の区別にとって最も重要な言語である。自分自身に名前（シンボル）が貼られることによって表示対象となり、周囲の人々から繰り返し自分の名前を呼ばれることによって子どもは次第に自分自身を意識するようになる。自分自身を他から区別して一人の独立した存在として意識するようになるのである。一般に命名（ネーミング：事物や概念などに名前を付与すること）はその対象を周囲の事物から区別して、その場面から取り出すという機能を持っている。その命名された対象を「一つの恒常的なもの、定常的なものとして保持する」[11]という機能を持っているのである。人名も同じである。

周囲の人々とコミュニケーションができるようになると、子どもはコミュニケーションの相手にも名前があることを知り、互いに名前を呼びあって会話を取り交わすようになる。あるいは相互に人称代名詞を使っての会話を交えるようになる。「わたし―あなた」、「ぼく―きみ」、「あの人―この人」などの人称代名詞である。このような会話が進展していくことによって自己と他者との分化が明確になり、自他関係が成立して、その関係の中で子どもは自我を形成していく。

ところが人称代名詞は、客観的に実在する事物の名称とは異なり、話し手と聞き手の関係によって指し示す対象が異なる。「リンゴ」とか「どら焼き」とか「イヌ」という客観的事物の名称は普通名詞で、子どもはその名称を直接に模倣して使うことができる。話し手が誰であろうと聞き手が誰であろうと指し示す事物は同じであり、意味が異なることはない。誰が見ても誰が指し示しても「リンゴ」は林檎であり、「どら焼き」は銅鑼焼きであり、「イヌ」は犬である。しかし人称代名詞は子どもとコミュニケーションの相手との関係によって使い方が異なる。話し手が誰なのか、聞き手が誰なのかによって使い方が異なるわけである。だから子どもは会話の都度に、それぞれの立場を解釈しなければならない。そうでないと人称代名詞を正確には使うことができない。自分が話し手の会話であれば自分が「わたし」「ぼく」で、相手は「あなた」「きみ」であるが、相手が話し手の会話の場合は「わたし」「ぼく」は相手で、「あなた」「きみ」は自分である。だから子どもにとって人称代名詞を使用することは難しい。人称代名詞には一人称（自称）、二人称（対称）、第三者を指す三人称（他称）があるが、幼い男児に「きみ」と呼んだりすると、男の子はそれを聞いて自分自身を「キミ」と二人称で呼んだりするし、母親が女の子に「真理ちゃん、公園に行こうか」と声をかけると、女の子は「まりちゃん、公園に行く」と三人称で答えたりする。子どもが人称代名詞を正確に使うことができないのは未だ他者の視点、他者の立場を理解することができないからである。自分自身を他者の目を通して見る能力が未だ形成されていないのである。

しかし、こうした自他の関係が会話の中で繰り返されることによって、子どもはその関係の中で自分自身を個人的な視点、すなわち感情や意図を持った一人の人間として意識するようになる。その関係の中で自分自身についての観念を形成するようになるわけである。このことはその関係の相手、つまり他者の視点から自分自身を眺めているということを意味する。「わたし−あなた」、「ぼく−きみ」という代名詞を使うことができるのは自分を相手の立場に置き、その相手の視点から自分自身を見ているということである。他者の視点を通して自分自身についての観念を持つようになるのである。そしてこのことは子どもが自己中心性から脱却していくことを意味する。[12] 子どもが未だ相手の立場、他者の視点に気づいていないときは、子どもの知覚や判断は絶対的で自己中心的である。それが相手の立場、他者の視点に気づき、それを理解するようになると子どもの思考は次第に相対化し、自己中心性から脱却して非自己中心的になっていく。自分自身を非自己中心的な視点から見ることができるようになっていくのである。

　このように子どもは自分の名前や周囲の人々の名前、そして人称代名詞を手がかりにして自己を他者から分離して自他の関係を的確にとらえるようになっていく。「わたし―あなた」、「ぼく―きみ」などの人称代名詞を正確に使えるようになるということは、それだけ自己と他者との、それぞれの立場を十分に認識できるようになったということである。幼児の語彙に人称代名詞が存することは「行為者としての自我の言語的概念が造られていることの明瞭な証拠[13]」なのである。

　子どもの自我が形成されるということは子どもが自分自身を一貫する存在として、つまり時間的変化の中においても同一の存在として意識するようになることを意味する。自我が形成される以前は子どもは自分自身を一貫した存在として意識することがなく、その出来事の瞬間に意識する自分でしかなかった。いま現在の自分でしかなかったのである。食事をしているときの自分と、その後で玩具で遊んでいるときの自分との間には何の関わりも感じない。それぞれが別個の出来事を経験している自分なのである。自我形成以前の子どもの状況について発達心理学者の岡本夏木は次のように述べている。「それまでは自己はそのときそのときに内に体験されている感覚的情動的一体物にしかすぎず、状況の変化とともに自己はとどまるところなく変化して、およそ恒常性の欠如した、そのときそのときの瞬間的存在でしかありえなかった。乳を飲んでいるときの自分と、歩いているときの自分と、絵本を見ているときの自分が経験している内容は別個であり、それらの自分のあいだには何らのかかわりあいも一貫性もなく、状況の無数の変化によって無数の自分があるといった状態に近いだろう[14]」。

人間は自我を形成することによって状況や時間を越えた一貫した存在としての自分、つまり自身の統一性・連続性の感覚を得ることができ、行動主体としての自分を意識することができる。そして、それは言語を通してこそ可能なのである。

（2）自我形成と役割形成

自我の意識とは自分自身を対象化して意識することであり、自分自身を意識するとは自分はどのような人間か、どのような人間であったか、またどのような人間でありたいかというように自分自身を客観視することである。それは自分自身を他者の視点から見る、他者の立場に立って自分自身を見る、他者の目を通して自分を見ることであり、平たく言えば自分を外側から見るということである。そのように自分自身を客観視し、外側から自分を見ることができるということが、すなわち自分自身を統制しているということなのである。自分で意識しつつ外側から自分の思考、態度、行動を判断し、自分自身を統制（自己統制《セルフコントロール》）するようになるわけである。この、自我の意識という「自分自身を客観視できる能力こそが人間を人間たらしめている特性[15]」なのである。自我の意識が形成されるからこそ自己と他者の区別が明確になり、時間や状況を越えて定常的な同一人としての一貫した自分自身を理解することができる。その手がかりとなるのが言語（名前）なのである。

このように自我は他者との関係の中でこそ形成される。自分はどのような人間なのかということは他者との関係の中でこそ形成されるものなのである。他者との関係がなければ自我は存在しない。「ボクが一番ケンカが強いんだ」、「私は真面目で正直な人間です」、「オレは村中で一番モボだと言われた男」（昭和初期の大ヒットソング。エノケンこと榎本健一の「洒落男」の唄で有名）と言われても、それは他者との関係の中で他者によって承認されていなければならない。そうでなければ自分が勝手にそのような観念を持ち、そのように思いこんでいるに過ぎない。ボクが一番ケンカが強いんだと言われてもトモオくんやトモヒロくんやタカユキくんの方がもっと強いと仲間は思っているかもしれないし、サトミちゃんの方が強いと仲間は思っているかもしれない。いくら青シャツに真っ赤なネクタイをし、山高シャッポにロイド眼鏡をかけても村の人たちは村一番のモダンボーイとは見なしていないかもしれない。自分がどんな人間なのかということは他者が自分をどのように見ているのかということなのである。だから子どもは自分自身を他者の視点に立って見ることができなければならない。他者の視点を通して見た自分自身を知らなければならない。それゆえ、子どもの周囲の人々がその子どもをどのように見ているのかということが重要なのである。

この、他者が自分（子ども）をどう見ているかということは具体的には、その他者の自分に対する期待と評価のことである。他者がその子どもをどのように見なし、どのように評価しているのか、そして何を期待し、どのようにすることを要求しているのか、さらにその期待や要求に対する反応としての子どもの態度・行動をその他者はどのように評価しているのかということなのである。子どもはこの他者の期待と評価を自覚するようになるにしたがって自我を形成していく。しかし、先に述べたように、こうした他者の中でも特に「重要な他者」の期待と評価だけが子どもの自我の形成と維持に大きな影響を及ぼす。幼児期や児童期の子どもにとって重要な他者は両親、特に母親であろうから、この時期の子どもの自我は母親の期待と評価から構成されているといってよい。

そして第一章で述べたように、役割とは他者から期待されるパターン化された一群の行動様式である。子どもは他者との対人関係における相互作用、すなわち言語を使ってのコミュニケーションを通して他者から期待される行動様式（＝役割）――その意味では他者によって確定されている、言い換えれば受動的な適応としての行動様式――を取得し（役割取得）、さらにその取得した役割に基づいて自分が遂行すべき役割を自身の理解と判断によって形成していく。役割形成である（役割取得は個人に他者の期待の範囲内という一定程度の幅の役割しか認めていないが、役割形成は個人の自由裁量の幅が広い役割の形成を意味する。第一章参照）。「他者の期待は自分のことを自分で決める人間の自己期待になる」[16]とミルズは述べている。子どもが自らの理解と判断によって形成した行動様式が他者の期待に沿ったものかどうかは、その子どもの行動様式を他者がどのように評価するか、承認するか拒否するか、肯定するか否定するかによって表される。子どもが形成した行動様式が他者の期待に沿うものであれば子どもは承認され、肯定され、その行動は規則性を伴ったパターン化された行動様式、つまり役割として是認されるだろうが、他者の期待に沿うものでなければ子どもは拒否され、否定され、その行動は否認され、非難される。

このように考えてくると、自我形成も役割形成も他者との対人関係における相互作用の過程の中で同時進行していくものだといえる。自我形成の過程は同時に役割形成の過程なのである。[17] 自我の意識とは他者との対人関係における他者の視点を通して自分自身を対象化し、客観視することであるから、したがって子どもはそのような自分自身についての観念に基づいて、思考し判断するようになる。同時に子どもは先に述べたように、その他者との対人関係において他者から期待されている（既に確定されている）パターン化された行動様式（＝役割）を取得し、それを自らの理解と判断によって修正し、自分が遂行していくべき役割（＝行動様式）を形成していく。そして、その役割形成の過程において子どもはその他者の視点を通して得た自分自身についての観念に基づいて他者の期待を理解し解釈し、その解釈に基づいて他者の期待を選択的に取り入れて修正し、自分のとるべき行動を形成していくのである。

言い換えれば子どもは自分自身を客観視して、自分自身を統制しつつ――それが自我の機能であるが――自分の遂行すべき役割（＝行動様式）を形成していくのである。他者の役割期待に沿った行動様式、それに基づいた行動様式＝役割を形成していくというのは、そのような行動様式がとれるように自我が自分自身を統制しているということを意味する。しかしその形成された役割を実際に実現していくことによって、そしてそれは他者から承認され、肯定されたことを意味するから、子どもは自己を再確認し、自我を高め、より安定的に自我を確立していくのである。このように自我形成と役割形成は一体なのであり、「役割形成は自我形成なしにはあり得ず、また自我形成は役割形成なしにはあり得ない[18]」のである。自我形成も役割形成もその源泉は他者との対人関係における相互作用にある。そしてその対人関係における相互作用を可能にしているのはコミュニケーションであり、そのコミュニケーションを可能にしているのはシンボル、特に言語である。

そして子どもに期待する他者というのは、先にも述べたように子どもの成長とともに個々の「特定の他者」、特に「特定の重要な他者」から「一般化された他者」へと広がっていく（第一章）。その「一般化された他者」が組織であり集団であり、広く社会を意味することは先に述べた。役割は（特定の）他者との相互作用の過程において形成されるが（微視的世界）、それが繰り返されて規則性を帯びてくるとその他者を含む多数の特定の他者の期待として一つの様式に組織され、つまり組織や集団全体の役割の体系の一環として客観的に確定されたものと見なされるようになる。そうなると子どもは組織や集団全体の役割の体系の中に自分自身を位置づけ、多数の特定の他者、すなわち一般化された他者からの期待に沿うように行動することを習得するようになる（巨視的世界）。このように子どもは一般化された他者の組織的な役割の体系を次第に取得するようになっていくわけである。

子どもはこうした過程において社会的人間としての条件、すなわち自律性、関係性、規範性、認知性という資質を獲得していく。社会的役割遂行に必要な資質を自身の内面に形成していくのである。

文献

[1] Gordon, C., 1972（関三雄・浦野和彦訳「ライフ・サイクルを通じての役割と価値の発展」浦野和彦他訳『役割・人間・社会』梓出版社、一九八五年、一四一頁）
[2] Gerth, H. & Mills, C. W., 1953（古城利明他訳『性格と社会構造』青木書店、一九七〇年、九七頁）
[3] 森好夫『文化と社会的役割』恒星社厚生閣、一九七二年、五〇頁
[4] Horowitz, I. L. (ed), 1963（青井和夫他監訳『権力・政治・民衆』みすず書房、一九七一年、三四一頁）
[5] Itard, J. M. G., 1894（古武彌正訳『アヴェロンの野生児』牧書店、一九六七年、六九−八九頁）
[6] Itard, J. M. G., 1894（前掲訳、七七−七九頁）
[7] Lindesmith, A. R., Strauss, A. L. and Denzin, N. K., 1978（船津衛訳『社会心理学』恒星社厚生閣、一九八一年、二五八頁）
[8] それぞれ第一章の（3）と（4）にあたる。Itard, J. M. G., 1894（前掲訳、三−五二頁）。
[9] Itard, J. M. G.（前掲訳、八八頁）
[10] Lindesmith, A. R., Strauss, A. L. and Denzin, N. K., 1978（前掲訳、一二一頁）
[11] 岡本夏木『子どもとことば』岩波書店、一九八二年、一四六頁
[12] 岡本夏木、前掲、一六六頁
[13] Lindesmith, A. R., Strauss, A. L. and Denzin, N. K., 1978（前掲訳、三一二頁）
[14] 岡本夏木、前掲、一六三−一六四頁
[15] May, R., 1953（小野泰博他訳『失われし自己をもとめて』誠信書房、一九九五年、八八頁）
[16] Gerth, H. & Mills, C. W., 1953（前掲訳、九九頁）
[17] 富永健一『環境と情報の社会学』日科技連出版社、一九九七年、一一一頁
[18] 富永健一、前掲、一一三頁

◉第三章　家族から仲間、そして学校へ

子どもの社会的世界

子どもは相互に関連した対人関係における相互作用を通して社会化されていくが、それは具体的には子どもが日常的に所属している集団に見られる。家族集団、仲間集団、学校集団である。子どもの社会的世界を構成する、このような所属集団の中で子どもはどのように社会化されていくだろうか。そしていま、子どもの社会化にどのような問題が起きているだろうか。

1　子どもの集団生活と社会的世界

子どもは対人関係の中で社会化されていくが、その対人関係は子どもが所属している集団の中に見られる。集団とは対人関係の集合体であり、持続的な対面的相互作用の堆

積した場である。人々の現実の日常生活とはさまざまな所属集団の中での対人関係における交渉の過程であり、持続的な相互作用の過程である。人々の日常生活とは具体的には集団生活なのである。だが、人々の生活欲求は多様であるから単一の集団のみでは充足されず、したがって人々はさまざまな集団に所属し、それぞれの集団の中でそれぞれの生活欲求を満たしながら日常生活を営んでいる。同じように子どもの社会化は日常的に所属している集団の中で進行していくのであるが、しかし、子どもの社会化にとって所属する集団のすべてが重要なのではない。第一章で述べたように子どもの社会化に何らかの意味を持つような「重要な他者」を成員とする集団が重要なのである。社会学者のクーリー（Cooley, C. H.）は子どもの社会化にとって基本的に重要な意味を持つ集団を「第一次集団」と呼んだ。

　クーリーによれば「第一次集団とは親密で対面的な結合と協同という特徴を持った集団であり、第一次的とは個人の社会性と理想とを形成する上で基本的であるという意味である[1]」という。つまり第一次集団は成員間の対面的接触による親密な結合、その結果として生じる連帯感と一体感、そして「われわれ感情」（同情と相互の同一視）を特徴とする集団である。それだけに第一次集団において形成された子どもの社会性と理想は強く刻印され、人間性の原型として機能し、成長した後においても持続されていく。クーリーは第一次集団を「人間性の養成所[2]」と呼び、その例として家族集団、子どもたちの遊戯集団（仲間集団）、大人たちの地域集団をあげている。

　しかし、子どもは出生と同時に種々の第一次集団に所属するのではなく、成長の順序にしたがってさまざまな第一次集団を通過していく。ある成長段階ではある集団に所属して社会化されるが、次の成長段階ではその集団から離脱して別の集団に所属して社会化されていく。このように子どもの成長の順序を追って所属し、社会化され、そして離脱していく集団を通過集団という。ただし、離脱といっても完全に離れ去るというのではなく、同時並行的に次の成長段階の通過集団に所属し、その通過集団における社会化の比重が増していくという意味である。社会化の比重がある通過集団から次の段階の通過集団へと順次移行していくのである。個人が思考や態度・行動の拠り所にしている集団を準拠集団というが、そうすると通過集団は個人の準拠集団が時間的順序にしたがって移行していく集団であるといえる。

　このような第一次集団の通過集団を選び出すと、主要には家族集団—遊戯仲間集団—学校集団—職業集団という系列が得られる。他の種々の通過集団もあるが、子どもの成長の順序性に沿って考えれば、基本的にはこのような通過集団が重要な意味を持つ。ただし、学校集団と職業集団は厳密には第一次集団ではなく第二次集団である。第二次集団とは特定の目的のために合理的に組織された集団であり、第一次集団と対概念を成す。しかし、学校集団においても職業集団においても実際の日常生活はそれぞれの下位集団（より大きな集団〔＝上位集団〕内の部分となる集団）である学級集団や職場集団において営まれており（後述）、これらの下位集団が第一次集団的性格を有しているために学校集団も職業集団も第一次集団の社会化系列におかれるのである。

しかし、職業集団は第一次社会化によって形成された社会的人間が所属する集団であるから子どもの社会的世界には含まれない。したがって主要には、家族集団―遊戯仲間集団（以下、仲間集団）―学校集団が子どもの社会的世界を構成する。こうした集団はそれぞれに固有の集団的価値と集団規範を持っており、子どもはそれらを集団成員との直接的な対人関係を通して自己の内に取り入れていく（内面化という。内面化は個人が対象を意識して主体的に取り入れることであり、同一化〔第一章〕は自己と対象とが区別できず、無意識の内に対象を取り入れることをいう）。子どもは集団での生活を通して集団的価値と集団規範（集団の文化）を習得し（内面化し）、社会化されていくわけである。言い換えれば子どもはそうした集団に適応していくわけである。こうした集団への適応過程が子どもの社会化なのである。

2　子どもの社会的世界の諸相

(1) 家族集団の様相

①家族集団の特質

家族集団は子どもが最初に所属する通過集団である。家族集団には定位家族と生殖家族という二つのタイプがある。定位家族は子どもが生まれ、育っていく家族であり、生殖家族は成人になった男女が配偶者を選択し結婚して形成する家族である（第七章）。言うまでもなく、ここでいう家族集団とは定位家族のことである。子どもは選択の余地なくある定位家族の中に生まれ、自立した社会的人間として社会化されていくまでの長期にわたって定位家族に所属する。如何なる定位家族に生まれるかは運命的な巡り会いでしかない。定位家族は生まれてくる子どもにとっては運命的な集団なのである。

子どもは生まれたその瞬間から家族集団（以下、定位家族のこと）の成員である成人（親）の庇護と世話と助力に全面的に依存しなければ生きていくことができない。生まれてから数年間の乳幼児期は全く無力な存在であるが、しかしこの期間は人生で最も可塑性に富んだ時期であり、社会的人間としての最も基礎的、かつ基底的な思考・行動様式を一挙に獲得していく時期である。ここで基礎的というのは乳幼児期の社会化内容が人間の生涯にわたって、いわば土台となるような生活習慣としての思考・行動様式だという意味である。食事、排泄、睡眠、言語、歩行などは人間の社会生活における最も習慣的な行動様式であり、こうした行動様式を習得しない限り人間は社会生活に入っていくことはできない。また基底的というのは乳幼児期の社会化内容が、その後の社会化を方向づけ、社会化の内容を選択していく枠組になるような思考様式だという意味である。乳幼児期において習得した物事の是非や善悪の区別、性差、情緒的関係や生理的安定性は、それが思考・行動様式の基底をなし、その後の社会化を方向づけていく。

　しかも乳幼児期の子どもにとって家族集団は唯一の社会的世界である。子どもは所属する家族集団以外の他の社会的世界を一切知らないため、親の庇護と世話と助力に対して批判する知識も能力もなく、能動的な行動を一切とることができず、ただ親の為すがままに身をまかせるしかない。第一章で述べたように社会化は生涯にわたって継続する現象であるが、しかし生涯にわたって同一程度に進行していくわけではないし、その社会化の内容も生涯にわたって同一程度に重要だというわけではない。子どもが最初に所属する家族集団における社会化は、いわば「白紙状態《タブラ・ラサ》」（第一章）の子どもに経験からの印象を刻み込みつつ白生地を染めていくようであり、その意味で基礎的、かつ基底的な社会化であって、その後の社会化の方向と強度と輪郭を決定づけるのである。子どもは生まれながらにして家族集団の文化や生活様式に枠づけられ、その後の人生の方向を定められ、人生の軌道を敷かれるのである。

②子どもの社会化過程

口唇危機から愛着期まで

家族集団の中での子どもの社会化の過程について詳細に検討していったのは社会学者のパーソンズ（Parsons, T.）である。[3] ここではパーソンズの考え方に依拠しつつ子どもの社会化過程について考えてみよう。

家族集団の中での子どもの社会化の過程といっても連続的にスムーズに進行していくわけではない。危機的な段階とそれを克服しての安定的な段階への移行というように危機的段階と安定的段階が交互に螺旋状的に展開されることによって社会化は進行していく。パーソンズは精神分析学者のフロイト（Freud, S.）の考え方を下敷きに危機的段階を口唇危機、肛門位相、エディプス位相、青年期の四段階に分け、安定的段階を口唇依存期、愛着期、潜在期、成熟期の四段階に区分した。時間的順序にしたがえば、①口唇危機、②口唇依存期、③肛門位相、④愛着期、⑤エディプス位相、⑥潜在期、⑦青年期、⑧成熟期となる（位相とは変化の過程における局面というほどの意味）。

「口唇危機」は胎児から新生児への転換である。胎児は母胎では臍帯（へその緒）から栄養を摂取していたが、出生と同時に栄養摂取の器官を口唇に移行する。これは新生児にとって大きな危機である。生理的依存から生理的分離への移行の危機だといってよい。

しかしこの口唇危機は早々に克服されて次の「口唇依存期」に移行する。この段階では子どもはただ口唇から栄養を摂取さえしていれば安定的であり、生存に必要な一切の欲求は母親（あるいは母親代わりの人。以下同様）が充たしてくれる。子どもの「良き状態」は母親に全面的に依存しているわけである。この母と子の一体融合的な関係を「母子一体性」という。だが、離乳の頃になると母親は子どもの欲求に合わせて、つまり子どもの生理的リズムに合わせて世話をするのではなく、自分の生活リズム（家族生活のリズム）に合わせて世話をしていこうとする。だから子どもはその母親の世話のリズムに適応していくための新たな行動パターンを学習していかなければならない。そのために子どもは口唇によって自分の欲求や感情を表現していくことを学習していく。そうすると口唇は単に乳を飲むという有機体的欲求を充足させる器官というだけではなく、目下の状況に対する満足・不満足、快・不快といった感情や要求を表現するシンボル的な働きをする器官となってくる。

次の「肛門位相」は最初の「しつけ」である排便の訓練を受ける時期である。排便の訓練とは子どもにとっては肛門括約筋をコントロールし、自己の欲求を抑えて自律的に行動することを学習することである。この排便の訓練は子どもの側から見れば、(a)自分に排便のしつけをする母親、(b)そのしつけの対象になっている自分という関係になる。つまり(a)自分に自己の欲求を抑えて自律的行動を要求する母親、(b)その要求の対象であり、自律的行動をとろうとする自分という関係であり、したがって子どもはここにおいて自分自身を母親と区別してとらえるようになる。〈母―子〉関係の成立である。この関係はさらに進んで愛情の交換関係を形成するようになる。その過程は、子どもが(a)母親の要求通りに、(b1)自律的行動をとれば、(c1)母親は肯定的に反応し(賞賛)、(b2)自律的行動をとらなければ、(c2)母親は否定的に反応するが(拒否、嘆き)、さらに（d）そのように賞賛し、または拒否するという母親の反応の対象になっている自分という対応関係の繰り返しである。しかし子どもは当然に（c1）母親から受容され、賞賛してもらおうとして自律的行動をとるようになる。この自律的行動をとることが子どもにとっては母親に対する愛情表現となる。自律的行動をとることによって母親を喜ばすことができるからである。ここにおいて子どもは母親の愛情の対象から母親に愛情を示す主体となり、母親と愛情を交換することができるようになる。子どもにとっては正に「排泄は愛情の表現[4]」なのである。

このように母親と子どもとの愛情の交換関係が形成されるようになることから、この時期を「愛着期」と呼ぶ。肛門位相は自律的行動という課題の達成を要求される危機的段階だったが、それを克服すれば安定した愛着期に入るのである。

エディプス位相と潜在期

しかし、次の「エディプス位相」の段階になると、この母親と子どもとの愛情に満ちた相互関係は父親の登場によって乱される（エディプスは運命の手に導かれて父を殺し、母と結婚するというギリシャ神話に登場する主人公。同性の親に対する敵意と憎悪、異性の親に対する愛情を示している）。それまでは子どもにとって親と言えば自分を庇護し世話をしてくれる母親であった。もちろん父親もいるのだが、子どもにとって意味があるのはもっぱら母親であり、父親は母親の補助的な存在でしかないから母親の陰に隠れて子どもの目前には親として現れてはいないのである。だが、このエディプス位相の段階になると父親が母親とは異なった役割を持った存在として子どもの前に登場する。そのために子どもは親を父親と母親とに分けて意識するようになる。つまり性を意識するようになるわけである。そして親の性別にしたがって子どもは自分の性をも意識するようになる。元より性は出生時に既に生物学的に決定されているのだが、愛着期までは子どもは、いわば無性的存在、没性的存在であって性を意識することはなかった。しかし、エディプス位相という、およそ三〜五歳になると子どもは認知的にも情緒的にも飛躍的に発達し、行動範囲も拡大してくるから子どもをしつけようとすれば母親の力では及ばず、父親の力を必要とするようになる。「強要」[5]である。子どもを統制し、規律や道徳を教え込み、社会生活に適応させていこうとすれば「強要」という子どもを追従させる力を必要とする。それが父親の役割である（第七章）。父親は「強要」という強いパワーを持った存在として子どもの前に立ち現れるわけである。第七章で述べるように父親の、このようなパワーを背景に子どもをしつけていく活動を手段的役割といい、母親の、これまでのような安心感や温かさといった愛情の表出によって子どもの世話・養育を遂行していく活動を表出的役割という。エディプス位相の段階で父親が登場し、手段的役割を受け持つようになると、母親は表出的役割という情緒的な側面に役割を傾けていく。

子どもはこうした親の性と役割にしたがって自分と同性の親をモデルとして同一化し、性役割（ジェンダー：社会的・文化的に規定された性別の役割）を身につけていく。性の社会化である。子どもは自分と同性の親を同一のカテゴリーに入れ[6]、その同性の親の行動規範を相応しいものとし、異性の親の行動規範を相応しくないものとする周囲の人々の期待や評価にしたがって性役割を習得し、社会化されていく。

こうして子どもは性役割を内面化していくが、しかしそうして習得した性役割を親と同じように成人行動として行うことはできない。それは早熟な役割行動として両親から拒否される。男児が父親と同じような役割行動をとること、例えば父親と同じように母親と交渉することは近親相姦のタブーにふれ、家族の統合を崩壊させることになるからである。ここにおいて子どもは両親の力の優位性を知らされる。しかしそのことによって子どもは両親に対して自分と同じ立場にいる「きょうだい」の存在を意識するようになる。もちろん、きょうだいの存在はもっと早くに認識しているのだが、きょうだいも自分と同じ立場にあって同じような行動規範を親から期待されている存在であることを知るのは、この段階においてである。そして「きょうだい」という同世代の存在を通して子どもは平等・対等・公平・公正といった感覚・観念を学んでいく。このようにエディプス位相の段階において子どもは「性の社会化」と「世代の社会化」を進めていくのである。

次の「潜在期」は性に対する興味・関心が昇華されて子どもの性的関心が一時的に低下し、表面には現れない時期であるところから潜在期と呼ばれている。この時期の子どもはこれまで依存していた親の権威（＝家族）から離れ、家族外の仲間集団や学校集団という外の世界へと関心を向けていく。事物への興味・関心、知識や技能に対する欲求、また同性の仲間への関心や集団活動への関心が高まり、性の社会化がさらに進行していく時期である。

(2) 仲間集団の様相

① 仲間集団の特質

子どもの仲間とはある共通の関心を契機にして相互に選択され、共通の集団行動をとる同世代の他人をいう。[7] そして相互に選択された仲間が寄り集まって自然発生的に形成された小集団が仲間集団である。ある共通の関心とは集団的遊戯活動である。

こうした仲間と仲間集団の規定から子どもの仲間集団の性質が導き出されてくる。第一に、仲間集団の成員は同世代であるから知識や技能、権威やパワーに関して同等であり、したがって成員間の関係は対等であるから、家族集団の親子関係が年齢差による優位–劣位、保護–依存、権威–服従という垂直的構造を成すのに対して、子どもの仲間集団は水平的構造を成すという特質がある。ただし、仲間が同世代といっても、その範囲の中で能力差があり、その能力差にしたがって仲間集団内での地位・役割が決定されていく。しかも仲間は他人であり、無条件に親密性や保護を期待できる関係ではなく、したがって仲間集団内においては、子どもはそれぞれに独立性が要求され、独立した主体として行動しなければならない。これが第二の特質である。

第三に、子どもの仲間集団はそもそも葛藤の発生誘因を内包した集団だということである。子どもは既にそれぞれの家族集団において社会化されているから欲求やパースペクティブ（考え方、視点、ものの見方）は個々に異なり、態度・行動の取り方もそれぞれに異なる。だから仲間集団内においては仲間相互の間に認識のズレがあり、期待のズレがあり、評価のズレがあり、行動のズレがある。あるいは目標や手段のズレがある。そうしたズレが相互の欲求充足の妨害となり、対立や葛藤を生む。子どもの仲間集団は常に葛藤の契機を内に含んでいるのである。第四に、仲間集団は子ども自身の意思によって選択可能だということである。ただし、幼児期や児童期にあってはその選択範囲は日常生活圏内の近隣地域に限られる。その範囲を越えて仲間を選択することは実際にはできない。だが、家族集団が運命的集団であり、学校集団が後述のように行政区域によって所属する学校が決定されるのに比すれば、仲間集団は仲間を選択する自由がある集団といえる。

こうした特質から子どもの仲間集団はまさに「子どもの社会」であり、「子どもの世界」だといえるだろう。

②仲間集団の社会化機能

自律性と規範性の形成

子どもは仲間集団の中では自分の意思で判断し、行動し、その行動に対する責任を負わなければならない（自律性）。独立の主体として行動しなければならない。独立の主体として行動することが仲間から期待され、要求され、そしてその行動に対して仲間が反応し、評価するが、その仲間の期待や要求、反応や評価を考慮することによって子どもは自分自身を対象化し、客観化することができるようになっていく。自分自身を仲間という他者のパースペクティブから見ることができるようになるわけである。こうした過程を繰り返すことによって子どもは漸進的に自己中心性から脱却していき、非自己中心的になっていく。非自己中心的な自律性を形成していくわけである。自律性といっても自己中心的であっては仲間と協同して集団的遊戯活動を進めていくことはできない。仲間に承認された自律性でなければならない。

　子どもの遊びを規範性との関連から考察していったのは、社会哲学者・社会心理学者のミードである[8]。ミードは子どもの遊びを「ごっこ遊び」の段階と「ゲーム」の段階に分けて考察した。幼児期の「ごっこ遊び」の段階では子どもは身近な、特定の他者の行動を模倣して遊ぶが、それはその特定の他者の態度と役割を取得していくことであり、それが子どもの社会化であることは既に第一章で述べた。ままごと遊びで母親を演じる子どもは母親の立場に身を置いて母親の態度と役割を取得するようになる。しかし、児童期になって野球などの組織的な「ゲーム」をするようになると、子どもは特定の他者ではなく、ゲームに参加しているメンバー全員の態度と役割を取得しなければならない。野球であれば、そのチーム全員の態度と役割、つまりチーム全体を組織化している規範やルールを知り、そのチーム全体の規範やルールとの関連において自分の態度や行動を決定していかなければならない。このチーム全体の期待や規範が第一章で述べた「一般化された他者」である（規範性）。

このように仲間と一緒になって集団的遊戯活動を展開していくことによって、子どもは仲間集団の規範を内面化するとともに、集団的遊戯活動を進行していく過程での仲間との交渉過程の中で独立の主体としての自律性を形成し、協同的な関係性を築いていくのである。

多様な仲間関係――関係性の形成

先に見たように子どもの仲間は対等な、同世代の他人であるからそれぞれに欲求やパースペクティブは異なり、思考・態度・行動様式もそれぞれに異なる。したがって仲間の期待や評価にもズレがあり、仲間との関係もその場面や状況によってその都度に異なる。仲間と肯定的な関係を保って集団的遊戯活動を継続していくこともあれば、集団的遊戯活動の進め方やルールを巡って仲間間に齟齬が生じ、対立や葛藤が起こって否定的関係が強まっていくこともある。仲間集団内での子ども同士の関係は肯定的関係から否定的関係にいたるまで多様であるが、そうした多様な仲間との関係を調整しつつ集団的遊戯活動を展開していくことによって、子どもは関係性の基盤を形成していくのである。

仲間集団内で葛藤や対立が生じたとしてもそのまま継続することはないし、集団的遊戯活動が中断されたまま終わってしまうことはない。子どもの興味・関心は集団的遊戯活動にあり、集団的遊戯活動を繰り広げていくことから生じる集団的興奮にあるから、いつまでも葛藤や対立を続けていくわけにはいかない。

だが、葛藤や対立を経験することによって子どもはそれまで自明とされてきた自己の思考・態度・行動様式が他人である仲間との世界では通用しないことを知る。そのために子どもは自己の態度・言動を直視するとともに、仲間のパースペクティブを考慮せざるを得なくなる。そして仲間と一緒に集団的遊戯活動を進めたければ、その仲間のパースペクティブを考慮し、受け入れていかなければならないことを理解するようになる。

言い換えれば仲間に承認されるように自己のパースペクティブを修正していかなければならないわけである。子どもの仲間集団は、このように家族集団において形成されてきた狭小なパースペクティブ、つまり個別的な、限定的な思考・態度・行動様式を仲間という他人の世界、すなわち仲間集団という「子どもの社会」に通用するような、より包括的な、より客観的な、そしてより普遍的なパースペクティブに向けて修正していく機会を提供するのである。

　集団的遊戯活動を展開していく過程で子どもは殊更に意識することなく自然な形で「仲間との協力、競争、妥協といった関係性の能力[9]」を発達させていくのである。これが仲間集団の特有の社会化機能である。

(3) 学校集団の様相

①学校集団の特質

　子どもは児童期になると学校集団に所属し、社会的人間へと形成されていくための教育を受ける。教育とは意識的・計画的な社会化であり、学校はその目的のために設立された機関である。しかし社会化はこれまで見てきたように家族集団においても仲間集団においても作用するし、他の通過集団においても作用するから、いわば子どもの日常生活過程そのものが社会化過程だといってもよい。それにもかかわらず学校教育が必要なのは、日常生活による社会化だけでは多様化・複雑化する変動の激しい社会に適応していくことが困難だからである。単純な社会であれば日常生活がそのまま全体社会と結びついているから、つまり〈微視的社会＝巨視的社会〉（第一章）であるから日常の社会化過程を経るだけでその社会の成員として生活していくことができる。だが、激しく変動する社会にあっては社会が急激に変動するほど日常生活（＝微視的世界）とそれを包括する全体社会（＝巨視的世界）は乖離していき、個人が全体社会の生活に適応していくためには日常生活における社会化経験だけでは追いつかない。したがって全体社会での生活に適応していくための能力、つまり社会成員としての資質を子どもに身につけさせようとすれば、一定の意識的・計画的な社会化の期間、すなわち教育期間が必要になる。そのために現代社会にあっては教育期間が長期化するようになって青年期が延長され、「モラトリアム人間の時代」[10]と称されるようになった。

　ところで子どもが学校集団に所属するといっても、先に述べたように実際の教育活動はその下位集団である学級集団において行われる。学級集団は教師と児童・生徒から成る集団であるから、家族集団が垂直的構造、仲間集団が水平的構造を成しているのに対して、〈教師―児童・生徒〉関係という垂直的構造と〈児童・生徒間〉関係という水平的構造という二つの側面を持つ。

学校は国家の管理運営の下におかれ、教育法規に基づき「公の性質」を持つものとして組織された集団であり、教師はその組織としての教育活動に携わる。したがって教師の背後には公的な権力があり、児童・生徒にとっては教師は権力の具現者となる。だから学級集団における〈教師―児童・生徒〉関係は厳格に秩序づけられた関係となり、児童・生徒はその一定の秩序と規律の下に教師の教育活動にしたがって行動しなければならない。そして児童・生徒の所属学校は居住地の属する行政区域によって選択の余地なく決定されるから、児童・生徒は学校集団に所属する以前は互いに面識がなくても、同一の学校集団、同一の学級集団に所属することによってクラスメートとなれば、互いに友好関係を築くことが期待されている。だが、〈児童・生徒間〉関係といっても他人同士であるから相互に好悪の感情が生まれ、そうした感情に基づいて学級集団内で対人選択が行われ、さまざまな下位集団が生まれる。自然発生的な仲よしグループなどである。

学校集団に所属するようになると子どもの生活は時間によって明確に区切られ、学校生活と家庭生活とに分化される。幼児期までは家庭生活がすべてであり、その家庭生活は遊戯がすべてであったが、児童期以降は学校生活と家庭生活との二つに明確に区分され、しかも学齢が高くなっていくにしたがって日常生活は学校生活が中心になっていく。

このように国家の教育制度（＝巨視的世界）は具体的に日常の学級集団（＝微視的世界）に浸透し、子どもの日常生活に現実性をもたらすようになるのである。

②学校集団の社会化機能

教育機関としての学校が子どもに伝達する文化は国家によって「公の性質」を持つものとして編成された普遍的文化であるが、この文化は認知的文化と規範的文化とに分けられる。認知的文化は社会生活に必要な知識や技能、芸術、言語や思考といった知的な働きに関わるものをいい、規範的文化は社会の規範・態度・行動様式、また価値や道徳性といった社会生活における行為の仕方、行為の指針に関わるものをいう。学校の教育活動はこの文化の区分にしたがって認知的文化に関わる学習指導（授業）と規範的文化に関わる生徒指導とに分けられる。学習指導は各教科の授業（教科指導）であり、生徒指導は集団活動の指導（教科外指導）として、実際には学級活動（ホームルーム活動）や児童会・

生徒会活動、学校行事、クラブ活動という特別活動として営まれる。

しかし学習指導と生徒指導は機能的には相互補完的である。学習指導によって児童・生徒の認知的文化の習得が進めば規範的文化に対する理解も深まり、受け入れやすくなるし、生徒指導によって規範的文化の習得が進めば認知的文化を学習していくための準備性が形成され、児童・生徒の学習に対する動機づけも高まっていく。だが、規範的文化は他者との人間関係を通して習得されていくものであるから児童・生徒は特別活動の時間に限らず、学校生活の至る所で常に規範的文化を習得していく。授業中の教師の態度や言動は児童・生徒の学習意欲や学習態度に影響するだろうし、休憩時間における児童・生徒間のやり取り、教師との何気ない会話、あるいは教師の何気ない態度でさえ児童・生徒に影響を与えることもある。その意味では学校集団に所属して集団生活を送ること自体が規範的文化の習得過程だといえる。

学校は子どもを社会的人間へと形成し、将来の社会生活に適応できるように意識的・計画的に認知的文化と規範的文化を学習させていく機関であるから、その意味で学校教育は「前もっての社会化」だということになる。社会化は一般に個人が現に所属している集団の文化を習得していく過程を意味するが、しかし集団に所属する以前に、その集団に所属することが予定されている場合、その集団の文化を前もって習得していくことがある。これを「予期的社会化」という。「将来を見越した社会化」ともいう。だから予期的社会化の内容としての認知的文化は、子どもにとって将来の社会生活に有用かつ適切なものでなければならない。教育内容としてのカリキュラム（教育課程）はそのような視点から、無限に多様な社会の文化の中から一定の選択をして系統的に編成された認知的文化である。カリキュラムは子どもの成熟段階、つまり学校段階に応じて順序的に編成されており、子どもはその順序性にしたがって学習していく。しかし、現実の社会は激しい変動の中にあるから、カリキュラムの内容もその変動する社会の能力要求に応じて変えていかざるを得ない。将来の社会生活が現在の社会生活の延長線上にあるとは限らない。

　このような条件下で学校の教育活動は公的な権力によって支えられながら、子どもの社会化に強固な輪郭の枠をはめ、子どもを強力に社会化していくのである。

　これまで述べてきたように、子どもの社会的世界は主要には家族集団、仲間集団、学校集団という通過集団によって構成され、それぞれの通過集団によって子どもは社会化されていくが、その方向は個別主義的な社会化から普遍主義的な方向に向けての社会化に転じていく。どのような所属集団であれ、それぞれに特有の個性を持っているから子どもはそれぞれの家族集団の個性にしたがって個別主義的に社会化されていくが、しかし学校集団は「公の性質」を持つ機関として、そのような子どもの個別主義的な社会化を修正しつつ普遍主義的な方向に向けて社会化していき、子どもを社会的人間へと形成していく。仲間集団はその間にあって同世代の「他人」という仲間との多様な関係を通して、家族集団による個別主義的な社会化を自然な形で軌道修正しつつ、学校集団における普遍主義的な社会化へと繋げていくのである。

3　子どもの社会的世界の現代的状況

次に、子どもの社会的世界の今日的状況について簡潔に述べ、子どもの社会化を巡る今日の問題状況を明らかにしておこう。

(1) 家族集団の状況

①私生活化への傾斜

現代社会は、一言でいえば私生活化の方向に流れている。私生活化とは公的事象に対して私的事象を優先するという生活意識や生活態度のことである。社会や政治、地域といった公的事象の問題よりも自分の個人生活や家族生活といった私的事象を優先させるという私生活優先主義的な生活スタイルである。このような社会的潮流は子どもの社会的世界にも及び、いまなおその流れの中にある。

子どもの日常生活に直接影響を及ぼす私生活化の要因として家族集団の機能変化がある。過去の家族集団は経済的、宗教的、保護的、休息的、教育的という日常生活に関わるあらゆる機能を持っていたが、現代の家族集団はそうした機能の多くを外部の諸機関に委譲してしまい、いま残されているのは休息と慰安の機能のみである。それも過去の家族集団の休息と慰安の機能は他の諸機能と結びついての機能だったが、現代の家族集団のそれは他の機能を喪失しての、残された機能であるがゆえに、ただそれだけが強化され、独立的に機能するようになった。産業構造の変化に伴い労働形態が肉体労働から頭脳労働へ、さらに感情労働（顧客の満足を得るために感情を抑制・制御する必要のある労働）へと変化してきたために肉体的疲労よりも精神的疲労や苦痛、精神的負担や重圧が増え、人々は休息と慰安を家族集団に求めるようになったのである。現代の家族集団は巨視的世界からの「避難所[11]」になっている。

表3－1の(A)は人々の生活目標について見たものであるが、「③身近な人たちとのなごやかな生活」と「①その日その日の自由な楽しい生活」が一貫して増加傾向にあり、また(B)の望ましい生き方も「⑤社会への貢献」よりも「⑥自分や家族の生活を優先」が遥かに多く、人々の私生活優先主義的な生活意識や生活態度がはっきりと示されて、私生活化へと大きく傾斜していることがわかる。

②子どもの社会化の問題

親が家族集団に休息と慰安を求めようとすれば家族集団の中に緊張や対立、葛藤があってはならない。家族集団は穏和的、親和的、慰撫的

（　）内は人数、（%）

		1973年 (4,243)	2003年 (3,319)	2018年 (A＝2,751) (B＝1,419)
(A) 生活の目標	①その日その日を自由に楽しく過ごす	21.0	24.1	25.6
	②しっかりと計画をたてて、豊かな生活を送る	32.5	26.0	23.5
	③身近な人たちと、なごやかな毎日を送る	30.5	41.4	45.9
	④みんなと力を合わせて世の中をよくする	13.8	6.7	4.2
(B) 望ましい生き方	⑤社会に貢献できることを考え、行動する	—	—	36.5
	⑥社会のことに関わるよりも自分や家族の生活を優先に考え、行動する	—	—	62.2

注　「その他」、「わからない」、無回答を除く。
出典　(A) NHK放送文化研究所『現代日本人の意識構造［第九版］』(2020), p.70.
(B) NHK放送文化研究所『放送研究と調査』2018年9月号, p.71.

表3-1　生活の目標と望ましい生き方

な優しい関係に満ちていなければならない。そうでなければ身近な家族員と「和やかに自由に楽しく」日々の家族生活を送ることはできない。だから親は子どもに対して厳格に接するのではなく、愛情的・理解的に、穏和的に接しようとする。子どもの育て方の調査によれば、[12]「子どもを良くするには厳しい訓練やしつけが必要」とする親は五五・〇％（父親・母親合わせて。「思う」＋「そう思う」）であるが、「子どもの自発性を尊重すれば子どもは健全に成長する」とする親は七〇・九％である。だからほとんどの子どもは「お父さんもお母さんも自分の気持ちを分かってくれている」と思っているし（お父さん八二・一％、お母さん九〇・四％）、反発を感じることもない（父親に対して反発を感じない七三・〇％、母親に対して七二・八％）。先に家族集団の親子関係は優位－劣位、保護－依存、権威－服従という垂直的構造を成すと述べたが、いまやその構造は覆って対等でフレンドリーな水平的構造を示すようになった。親子関係はタテからヨコへと変わったのである。今日の親子の関係は頗る仲が良い。父親も母親も多くが（それぞれ八七・一％、九二・二％）子どもとの関係は良いとしているし、子どもも多くが父親との関係も母親との関係も良い（それぞれ七七・九％、九〇・九％）としている。[13]

　このような家族生活のあり方から、子どもの社会化のさまざまな問題が生じてくる。

第一に「しつけの喪失」という問題がある。「しつけ」とは親が子どもに社会生活に必要な生活習慣を習得させることであるから、親は子どもの欲求を抑えて子どもの行動に枠を嵌め込んでいかなければならない。だが、それは子どもにとっては欲求を抑え込まれ、態度や行動を制限されることであるから不満であり、不服であり、それが高じて反発し反抗することもある。そうした緊張や対立が生じれば家族集団は休息や慰安の場とはならない。だから親は子どもとの間に摩擦を生じさせるような「厳しい訓練やしつけ」を避け、子どもの気持ちを思いやって「子どもの自発性を尊重する」のである。しかし、社会化過程の途上にある子どもの自発的行動が社会の規範や生活習慣と合致するわけではないから「子どもの自発性を尊重する」という方針のままでは、子どもの規範性や自律性、関係性といった社会的人間としての資質の形成は困難になる。

　このことと関連して第二に、親の「しつけからの逃避」という問題がある。親子関係の仲が良好だからといって親が子どもを理解しているとは限らない。「子どもを理解している」とする父親は六三・六％、母親は七七・六％であって[14]、親子関係は良好とする親との間にギャップがある。つまり子どもを理解している自信がないから「子どもの自発性の尊重」という形をとりつつ家族集団内の緊張や対立を避けて休息や慰安の家庭生活を維持しているというわけである。父親のあり方の調査によれば「子どもを信頼して干渉しない」という「不干渉」型が漸次的に増加しているが[15]、その背景には父親の私生活優先主義的な生活意識や生活態度がある。「子どもの自発性を尊重」し「子どもを信頼」するという形をとっての、実は「しつけからの逃避」である。

第三に「反抗期の喪失」という問題がある。中学生・高校生といった青年期になると自己意識が高まり、何事も親からの支配や援助を受けず自己決定したいという自律性・独立性への欲求を強く持つようになる。そのために従来の伝統的な慣習や権威を否定し、特に身近な親（＝権威）に反抗的な態度や行動をとるのである。これが「反抗期」である。だが、親という権威への反抗を梃子にして、子どもは精神的な自律性・独立性を確立していく。その意味で反抗期は子どもの正常な発達過程の一段階なのである。だが、今日の親子関係は対等でフレンドリーな水平的関係にあるから今日の子どもには反抗期が見られない。自分の欲求を妨げ、あるいは否定するような親（＝権威）ではないから反抗の対象とはならないのである。それは親に反抗してまでも自己を押し通そうとする強い自己主張、つまり自律性・独立性への欲求が生じる機会が与えられないことを意味する。表3−2に見るように親世代の反抗期は中学生時代が多いが、子ども世代では「反抗期はない」が多くなっている。

第四に今日の子どもは「自己愛」的な特性を持つようになっているということがある。「自己愛」には健全な自己愛（セルフラブ）と不健全な自己愛（ナルシシズム）があるが、ここでいう「自己愛」はナルシシズムのことで、自己誇大感、過度の自己中心性、共感性の欠如を特徴とする性向のことである。それは今日の親子関係がフレンドリーな対等な水平的関係にあること、子ども数（きょうだい）が少ないことのために親は子どもを幼少時から大事に育て、ひいては過保護的、甘やかし、過大評価的になり、そのために子どもは何事も自分中心で他の人のことには無関心で共感することがないという「過度の自己中心」と「共感性の欠如」という性向を持つようになる。また何でも思い通りにできるという「自己誇大感」（＝万能感、全能感）、努力することなく願望が叶うという「誇大的幻想」を持つようになる。今日の子どもは自己愛的な性

（%）

		小学生時代	中学生時代	高校生時代	高校卒業以降	反抗期と思える時期はなかった
親	男性（4,314人）	5.1	46.9	17.8	2.1	28.1
	女性（4,285人）	4.0	45.3	19.3	4.9	26.4
子ども	男性（2,713人）	5.5	37.6	11.5	2.7	42.6
	女性（3,090人）	5.8	37.4	17.3	3.9	35.6

注　親＝35～59歳の男女（子どもが中学生～29歳）、子ども＝15～29歳の未婚男女
出典　明治安田生活福祉研究所「親子の関係についての意識と実態」（2016），p.56.

表3-2　反抗期の時期

向を有するようになってきているのである。精神科医の町沢静夫は今日の子どもは「自分は特別であるはずであり、特別であらねばならない」という自己愛性傾向を有していると述べているし[16]、長年教職に携わってきた諏訪哲二は自身の体験から「今日の親は子どもに対して『愛情を持って接すること』の方が大事だと思い、『厳しさ』の面を忘失しているから子どもは自分の欲望や衝動を規制されることなく育ってきたために幼児期からの『全能感』がそのまま温存され、そのために自他を比較することがなく自己を客観視することができずに自己中心的となり『オレ様化』している」と述べている[17]。自己愛化しているわけである。

　第五に親の私生活化に伴って子どもの生活も私生活化し、それが学校教育にも及んできているということがある。親子にとっては学校は「公」であり、家族は「私」であるが、私生活優先主義的な生活スタイルが浸透すると親子ともに学校よりも家族を優先するようになる。そうなれば子どもはいつまでも親の元での「子ども」であって学校に行っても自分を〈教師－児童・生徒〉関係という枠の中に位置づけない。つまり自分を「児童・生徒」という地位に位置づけて行動しないということになる。諏訪は「教師は生徒を生徒として遇するのだが……教師（たち）の考える生徒の位置に生徒がいなくなってしまった。教師は生徒としてのある子に話しているつもりなのに、その生徒は生徒の位置に立っていない」と述べている[18]。

表3−3は小学生・中学生の態度や行動について教職員が以前よりも増えていると感じていることを見たものである。「②集中して授業に取り組めない」、「⑦教師の言うことを素直に聞けない」、「⑨学校の決まりを守らない」というのは子どもが自分を学校集団の〈教師−児童・生徒〉関係という枠（公的領域）の中に位置づけないからであり、「⑧自己中心的で他の人に無関心」、「⑥何事にも努力したがらない」は子どもが自己愛的な性向を帯び、誇大的幻想を抱いているからである。だからいつまでも自己中心性から脱却できず、そのために他の児童・生徒との「①コミュニケーションもうまくいかない」

（%）

	小学校（450人）	中学校（447人）
①コミュニケーション能力が低下している	81.8	86.8
②集中して授業に取り組めない	80.9	72.0
③宿題忘れや忘れ物が多い	79.4	77.2
④自己有用感に乏しい	76.9	77.6
⑤自分の身の回りの整理整頓ができない	74.9	71.1
⑥何事にも努力をしたがらない	73.6	75.1
⑦教師の言うことを素直に聞けない	73.1	66.2
⑧自己中心的で他の人に無関心である	66.9	69.6
⑨学校の決まりを守らない	59.4	39.8

注　とても感じる+少し感じる
出典　日本教材文化研究財団『家庭教育と親子関係に関する調査研究』（調査研究シリーズNo.63）（2016）pp.254-255より作成

表3-3　児童・生徒のことで以前より増えていること（教職員）

し、他の児童・生徒との関係の中で感じる「④自己有用感も乏しい」ということになる。さらに親のしつけや訓練も厳しくはないから自己責任感が乏しく、セルフコントロールができないために「⑤身の回りの整理整頓ができず」、「③学校の宿題を忘れたり忘れ物が多」くなる。自律性が未熟なのである。

(2) 仲間集団の状況

仲間集団形成の条件には客観的条件と主観的条件がある。前者は仲間との集団的遊戯活動を成立させるための時間、空間、仲間であり、後者は集団的遊戯活動に対する欲求である。このうち客観的条件については既に各種の豊富な調査データがあり、ほぼ同一の傾向が示されている。[19]今日の子どもは学校から帰宅後も塾や習い事のために仲間との共有時間を持つことができず、共有時間があったにしても集団的遊戯活動に興じるほどの余裕のある時間ではない。集団的遊戯活動に興じることのできるほどの空間も近隣地域にはない。その一方で近年はコンピュータゲームが流行し、子どもは少数の仲間と室内や公園の片隅で短い時間を利用してゲーム遊びをするようになった。子どもの遊び調査[20]によれば（小学生・中学生九〇〇人対象。複数回答）、小学生・中学生全体で主な遊び内容については、「スマートフォン・タブレット端末・パソコンで遊ぶ」四五・三％、「家庭用ゲーム」四〇・一％、「携帯用ゲーム」が三八・二％であり、遊び場所（遊ぶと回答した八六九人）は「自宅」九二・一％、「公園」四九・三％、「友達の家」四八・〇％、遊び相手は「一人」七四・三％、「学校の友達（同学年）」七〇・五％となっている。子どもの遊戯活動は個人化・室内化してきたのである。もちろんコンピュータゲームでも一人で遊ぶのではなく、仲間と一緒に興じるものもある。だが、それは仲間集団としての集団的遊戯活動ではなく、仲間と一緒にいるものの相互に直接関係交渉することのない、いわば「集合的遊び」といってよい。そうなれば子どもは仲間との集団的遊戯活動の過程で自律性、関係性、規範性を形成する機会を逸することになる。特に仲間集団に特有の社会化機能は自然な形で仲間との協力、競争、妥協といった関係性を形成していくことであり、その過程で幼児期の自己愛性傾向や全能感は修正され、変容し、思考の客観性が可能になっていくのであるが、それができない。

　関係性についてさらに言えば、今日の子どもはそもそも友人・仲間に対する関心が希薄化している。中学生や高校生にとっての関心は「友だちづきあい」が最も多いが、それが二〇〇二年から二〇一二年の十年間の間に、中学生では五六・八％→五〇・五％、高校生では六六・九％→六〇・六％と減少傾向を示している。[21]この傾向は悩み事の相談相手という極めて親密な人間関係にも表れている。中学生・高校生という青年期の悩み事の相談相手は、かつては表3−4のように「友だち」（＝親友）が多かった。だが、いまは母親が相談相手になってきている。児童期後期から青年期にかけては先に述べたように、親への依存を嫌い、何事も自己決定したいという自律性・独立性への欲求が高まる時期であり、同時に家族外において仲間との「親密性」を高めて親友関係を築き、その「親友の眼を通して自分自身を見つめるようになる時期[22]」である。自己をより客観的なパースペクティブから見ることができるようになり、それまでの社会化の歪みが修正される。だが、最も私秘性と親密性を要する悩み事の相談相手が母親だということは、児童後期や青年期の社会化が家族集団という個別主義的な次元に留まったままであることを意味

（%）

		1982年 （中：1,764人） （高：1,350人）	2002年 （中：650人） （高：671人）	2012年 （中：570人） （高：557人）
①友だち	中学生	61.6	51.7	41.8
	高校生	74.2	66.8	59.6
②お母さん	中学生	20.0	24.8	38.4
	高校生	11.0	17.1	25.0

注　他の項目は6％以下の少数のため省略した。
出典　NHK放送文化研究所『中学生・高校生の生活と意識調査2012』（2013）付:25より一部抜粋。

表3-4　悩み事の相談相手

する。

しかし、中学生や高校生が私生活優先主義的な傾向を示しているからといって友人がいないわけではない。「一緒に行動」する友人もいるし（中学生では「四〜九人いる」四五・八%、「二〜三人いる」三一・八%、高校生ではそれぞれ四八・三%、二八・九%）、「悩み事を相談できる」友人もいる[23]（中学生では「二〜三人いる」五五・一%、「四〜九人いる」二〇・七%、高校生では五三・七%、四〜九人＝二九・三%）。一番仲の良い友だちは「学校の友だち」である[24]（小学校五年生七八・〇%、中学校二年生八四・一%）。だが、その「仲の良い友だちに好かれているか」と問われると「とても好かれていると思う」と親友関係を確信しているのは小学校五年生では三四・六%、中学校二年生では二一・三%であり、「少しは好かれていると思う」と確信を欠いているのはそれよりも多く、それぞれ四八・二%、五九・七%となっている[25]。つまりその子ども本人は親密な友人・仲間だと思っていても、その親密性を友人・仲間も共有して自分に対しても親近感を抱いているはずだと確信できるほどの信頼性の高い、緊密な親友関係を確立していないのである。友人・仲間の親密性を確信できないのである。

このように見てくると、悩み事を相談できる親密な友人がいるといっても、その親密性や信頼性は高くはないから日常的な問題、例えば友人関係や異性との関係、趣味、外見といったことについては友人に相談するが、成績や受験、将来のことといった重要な問題については母親に相談するというように問題の内容によって相談相手を分けているのではないかと思われる。

今日の子どもは仲間との集団的遊戯活動の経験が乏しく、そのために自律的に行動し、集団規範を内面化していく機会も減り、仲間との集団活動の過程で体得していく協力、競争、妥協といった関係性の機会も乏しい。仲間関係も狭小で結びつきも強くはないのである。

(3) 学校集団の状況

学校の教育活動には先に述べたように、認知的文化の習得（学習指導）と規範的文化の習得（生徒指導）があり、「生徒指導は学習指導と並んで学校教育において重要な意義を持つ[26]」とされているが、実際には学習指導に大きな比重が置かれている。学校は複雑化・多様化する変動の激しい社会に適応できるように子どもを意識的・計画的に社会化していくための教育機関であり、その変動とは科学、知識、技術、芸術といった認知的文化の飛躍的な発展の結果であるから学習指導に比重が置かれるのも当然なのである。

しかし認知的文化の習得（学習指導）の比重が大きくなり、その習得が学業成績として評価されるようになると子どもはその成績評価順に、すなわち子ども相互間の比較という相対的評価によって序列化されていく。そしてその序列化にしたがって高等教育への機会が左右されるようになり、さらにその高等教育の機会が将来の職業的地位、社会的地位を規定し、生活水準を規定するようになる。学校集団における認知的文化の習得という社会化（認知的社会化という。規範的文化の習得は規範的社会化という）の過程は同時に選別の過程でもある。そして誰もが将来の良き生活を目指して高等教育への機会を得ようとするから進学率は上昇し、そうなれば〈「人並み」の教育→「人並み」の生活〉を目指すようになって選抜過程は一層厳しくなっていく。何も立身出世しようというのではない。だが、いまでは「人並み」の生活を送るためにも高等教育が必要とされるのである。しかも、その選抜過程は相対的な評価の過程であるから一定の到達目標がなく、子どもは互いに競争心をあおられやすい。だから学業成績が下位の子どもは脱落感や無力感、疎外感を抱きやすく、自己貶降感や自己否定感に襲われるのである。

　そして学校集団内での評価基準がこのように学業成績に置かれると学業成績がその人物の全体的な評価基準になっていく。人にはさまざまな側面があるにもかかわらず、学業成績に引きずられて他の側面も学業成績と同じように評価されてしまう。ハロー効果（人物評価の際に一つの顕著な特徴を他の側面にまで広げて評価すること。後光効果、光背効果）である。学業成績が劣っていれば他の側面も劣っていると評価されやすい（ネガティブ・ハロー効果という）。そのために逸脱行動に走ることもある。表3−5−1および表3−5−2は逸脱少年（平均年齢一六・七歳）の学校生活と日頃の生活で感じていることについて

（%）

	① 勉強が分からないことが多かった	② 先生から理解されていた	③ 周りから悪く思われていた	④ 学校に行くのがいやだった
とてもあてはまる	49.0	15.0	14.6	15.1
ややあてはまる	33.7	35.0	30.9	31.2
あまりあてはまらない	14.2	32.9	35.5	27.6
まったくあてはまらない	3.2	17.1	19.0	26.0

注　N=730（少年鑑別所入所者、回答者の平均年齢16.7歳）。以下同様。
出典　法務総合研究所『研究部報告46−青少年の生活意識と価値観に関する研究』（2012）pp.130-131より一部抜粋

表3-5-1　中学時代や高校時代の学校生活

（%）

	⑤ 自分は何をやっても駄目な人間だという感じが	⑥ 自分の性格が嫌になるという感じが	⑦ 自分は世の中から取り残されているという感じが	⑧ 自分だけが悪く思われているという感じが
よくある	16.6	28.7	12.6	18.2
ときどきある	41.9	44.9	24.2	34.6
あまりない	29.2	19.7	41.2	32.1
まったくない	12.3	6.7	22.1	15.2

出典　法務総合研究所『研究部報告46−青少年の生活意識と価値観に関する研究』（2012）pp.130-131より一部抜粋

表3-5-2　日頃の生活で感じること

見たものであるが、八二・七％が「①勉強が分からず」（「とてもあてはまる」＋「ややあてはまる」）、半数が「②教師から」も「③周囲からも」理解されていないと思い込み、自己貶降感や自己嫌悪感、疎外感や脱落感（⑤～⑧）を感じて自己否定的になっている。

また先に見たように、親や子の生活にも私生活化が深く浸透して学校よりも家族を優先するようになったから子どもは学校集団への所属意識が希薄であり、「児童・生徒」としての意識が薄く、そのために学校集団規範が身につかないのであるが（表3－3）、親についても同様に家族を優先するために自分の子どもを守り、庇おうとして学校にさまざまな要求をするようになる。表3－6は小学校・中学校の教職員が保護者のことで最近感じていることの主なものを取り出したものであるが、ほとんどの教職員がいまの親は「①わが子を中心にものを考える傾向」があり、そ

（％）

	小学校（450人）	中学校（447人）
①わが子を中心にものを考える傾向がある	87.8	87.5
②保護者が過保護・過干渉になっている	72.7	81.9
③学校への過剰な依存傾向がある	67.8	70.7
④学校への保護者からの苦情が増えた	66.7	69.8
⑤保護者が何を考えているか理解できないことがある	59.1	65.3

注　とてもそう思う+ある程度そう思う
出典　日本教材文化研究財団『家庭教育と親子関係に関する調査研究』（調査研究シリーズNo.63）（2016）.pp.255-256より作成。

表3-6　保護者のことで日頃感じること（教職員）

のために自分の子ども中心になって「④学校への苦情」を言うようになってきたとしている。そして自分の子どもを守り、庇おうとして「②子どもに対しては過保護・過干渉」になるとともに学校に対しても自分の子どもを守るために「③過剰に依存」するようになってきているとしている。だから教師はこうした私生活優先主義的、私生活第一主義主義的な「⑤保護者の考え方が理解できない」のである。私生活化の進行に伴い、親にとって家族はますます内集団化し、学校は外集団化していく（内集団は個人が所属し所属感や愛着心を抱いている集団。外集団は集団成員を「よそ者」と感じるような集団）。しかし、そうとすれば学校は本来は公的権力によって支えられ、子どもに普遍的文化を習得させるために強力に社会化していく機関であるにもかかわらず、その社会化は効果的に遂行されているとはいえない。

文献

[1] Cooley, C. H., 1909（大橋幸他訳『社会組織論』青木書店、一九七〇年、二四頁）
[2] Cooley, C. H., 1909（前掲訳、二五頁）
[3] Parsons, T. & Bales, R. F., 1956（橋爪貞雄他訳『家族』黎明書房、二〇〇一年）
[4] Parsons, T. & Bales, R. F., 1956（前掲訳、一一〇頁）

[5] Parsons, T. & Bales, R. F., 1956（前掲訳、一一九頁）
[6] 自己範疇化という。Parsons, T. & Bales, R. F., 1956（前掲訳、一三五頁、第七章）。
[7] 住田正樹『子どもの仲間集団の研究』九州大学出版会、一九九五年、一八頁
[8] 第一章、Mead, G. H. 1934（稲葉三千男他訳『精神・自我・社会』青木書店、一九七三年、一六六–一七五頁）
[9] Sullivan, H. S.,1953（中井久夫他訳『精神医学は対人関係論である』みすず書房、一九九〇年、二六〇–二六一頁）
[10] 小此木啓吾『モラトリアム人間の時代』中央公論社、一九七八年、八–七五頁
[11] Berger, P. L. & Berger, B., 1972（安江孝司他訳『バーガー社会学』学習研究社、一九七九年、九五頁）
[12] 内閣府『小学生・中学生の意識に関する調査報告書』二〇一四年、一三九–一四一頁
[13] 明治安田生活福祉研究所『親子白書』きんざい、二〇一七年、四六–四七頁
[14] 明治安田生活福祉研究所、前掲、四八–四九頁
[15] 一九七八年＝一三・九％→二〇〇三年＝二一・七％→二〇一八年＝二九・五％。ＮＨＫ放送文化研究所『現代日本人の意識構造［第九版］』二〇二〇年、六一–六二頁。
[16] 町沢静夫『居場所を失った子どもたち』小学館、一九九八年、一五九–一七一頁
[17] 諏訪哲二『オレ様化する子どもたち』中央公論新社、二〇〇五年、五七–六五頁、二二七–二三〇頁
[18] 諏訪哲二『自己チュー親子』中央公論新社、二〇〇九年、八〇頁
[19] 例えば、日本子ども家庭総合研究所『日本子ども資料年鑑』各年度版などを参照。
[20] バンダイ『小中学生の〝遊び〟に関する意識調査』「バンダイ子どもアンケートレポート」Vol. 243、二〇一八年
[21] ＮＨＫ放送文化研究所『中学生・高校生の生活と意識調査２０１２』二〇一三年、付:13
[22] Sullivan, H. S., 1953（前掲訳、二八七頁）
[23] ＮＨＫ放送文化研究所、前掲、二〇一三年、付:25
[24] 埼玉県『子どもの生活に関する調査』二〇一九年、対象は小学校五年生八、四三九人・中学校二年生六、四二九人。
[25] 埼玉県、前掲、二〇一九年、九〇頁

［26］文部科学省『生徒指導提要』二〇一〇年、一頁

◉第四章

自己の探索
アイデンティティの形成

青年期は心身ともに急激に変化する時期であり、それまでの子どもの社会的世界から抜け出して、しかしまだ社会人として自立して生活していくことのできない過渡期にあって、新たな自己を模索する時期である。青年はどのように自己を形成し、その仕上げであるアイデンティティ（自己同一性）をどのように確立していくのだろうか。

1　青年期の発達的位置

児童期を終え、青年期に入ると、子どもは生物学的・心理学的・社会学的に急激に変化していく。身長・体重の急激な増加、性的成熟による身体的変化、自我意識の高まりと内省的傾向、親離れと仲間志向、職業の専門化に伴う教育機会の拡大とモラトリアム化などである（モラトリアムとは社会的役割の遂行を猶予される期間のこと。猶予期間）。その変化は急激であり、かつ質的であるために啓蒙思想家のルソー（Rousseau, J. J.）は青年期を「第二の誕生」と呼び、青年心理学の父と呼ばれたホール（Hall, G. S.）は「疾風怒濤の時代」と呼んだ。精神分析学者のエリクソン（Erikson, E. H.）は青年期を確実な自己定義を見いだす重要な時期であるとして「アイデンティティの危機」という言葉を作った[1]。アイデンティティとは自己同一性と訳され、一個人の人格的統合性・統一性を意味する。青年期は自己同一性をめぐっての危機の段階であるとエリクソンはいう。

青年期に関してはさまざまな理論があるが、いずれの理論も青年期は単なる児童期の延長ではなく、児童期までに形成された思考・行動様式の再構成の時期であり、人生の新たな局面に踏み込む時期であるとしている。そのために困難と混乱が生じるのである。

（1）青年期の身体的発達と性的成熟

青年期は年齢的には児童期の終わる十代初期から二十代初期あるいは中期までのおよそ十数年くらいの間であるが、この期間の、特に十代初期から中期にかけての青年期の前半は思春期と呼ばれ、身長が急伸し、胸囲が広がり、体重が急増して男女ともに成人の身体に達するようになる時期である。そのために思春期は、乳児期が第一発育急進期と呼ばれるのに対して、第二発育急進期と呼ばれる。またすべての器官系が発達し、男女の身体的差異が著しくなり、脳下垂体から分泌される性腺刺激ホルモンが活発化して男子では精巣が発達し、女子では卵巣が発達して生殖能力が備わってくる。第二次性徴である（性徴とは性別を示す身体的特性のこと。出生時の生殖器官の差異を第一次性徴という）。第二次性徴の発現を契機として形態的・機能的な変化が生じる。特に形態的な変化は著しく、男子では筋骨が逞しくなり、髭・腋毛・陰毛などの体毛が発生し、女子では乳房が膨らみ、骨盤が拡張し、月経が始まる。このような形態的な変化は目に見える具体的な性的成熟の徴候であるから、青年はその性的成熟の具体的な変化にしたがって自分が男であること、あるいは女であることを受け入れていかなければならない。自分が性的に成熟していることを認めなければならない。性の目覚めである。その性的成熟の発現のために青年は不自然な違和感を感じ、戸惑いや不安といった心理的動揺を感じるのである。しかもこの時期の発育や第二次性徴は個人差が大きく、そのために周囲との比較による自己の位置づけに敏感になり、身体的発育や性的成熟に遅れを感じると、実際はそうでなくても、不安や動揺を覚え、精神的ストレスを感じるようになる。

表4－1は中学生（一〜三年生）の性的成熟に対する心理的受容について見たものである。女子では胸（乳房）の発育については中立的反応（「③何とも思わない」）と肯定的反応（「④当たり前」＋⑤「うれしい」）が多く、否定的反応（①＋②）は少ないが、発毛や初経については否定的反応（「②嫌だが仕方がない」＋「①とても嫌」）が多く、中立的反応や肯定的反応を上回っている。男子では声変わり、発毛、髭のいずれの身体的発育についても中立的反応が過半数で、次いで肯定的反応が三割近くあり、否定的反応は少ない。したがって大方の青年は性的成熟をありのままに受け入れているといえる。ただし、女子においては発毛や初経に否定的に反応する傾向があるから、性的成熟の心理的受容には男女差が見られる。だが、女子の場合、全体的に見れば肯定（④＋⑤）、中立（③）、

（%）

	男子			女子		
	声変わり	発毛	ひげ	胸の発育	発毛	初経
①とても嫌で、できればそうなってほしくないと思った	1.9	1.4	3.0	3.4	7.2	8.4
②嫌だったが、しかたないと思った	6.0	13.4	15.6	15.4	30.2	30.8
③別に何とも思わなかった	59.2	53.6	56.3	41.7	34.8	24.9
④大人になるうえであたりまえだと思った	28.5	28.2	22.9	35.8	27.1	32.8
⑤大人になれて、とてもうれしかった	4.4	3.3	2.0	3.6	0.7	3.2

注　対象は、中学1〜3年生の1,274名（男子693名、女子581名）
出典　上長然『思春期の身体発育を契機とした不適応行動の発生を助長／抑制する要因の解明』2015（2014年度科学研究費助成事業研究成果報告書），pp.2-3.

表4-1　思春期の身体発育の発現に対する心理的受容

否定（①＋②）がほぼ等分しているから性的成熟による心理的受容には個人差も見られる。また男子においても発毛と髭には若干の否定的反応があるから、女子ほどに明確ではないが、個人差が見られる。

このような身体的成長と性的成熟という急激な外見的変化によって青年は否応なしに自分自身に目を向け、自分自身の変化に意識を向けざるを得なくなってくる。自己を男性として、あるいは女性として自覚せざるを得ず、そして「もう子どもではない自分」、「大人になっていく自分」を意識せざるを得ない。そうなれば当然のことに「自分はどのような人間になっていくのか」、「男性になる、あるいは女性になるとはどういうことなのか」といった自分自身のあり方についての懐疑的な、不安な感情が湧き起こってくる。内省的傾向が高まってくるわけである。青年は「子どもではない自分」、さりとて「まだ大人とは言えない自分」の間に挟まれて不安や緊張を覚え、未知の大人の世界に対する恐れにとらわれるようになる。

（2）青年期の社会的位置

青年期は児童期から成人期へと移行する過渡期である。だが、スムーズに移行していくわけではない。青年は急激な身体的成長と性的成熟によって成人と同様の外形を成すようになるが、しかし生活は児童期のままに親に依存しているし、青年自身も「子どもではない」という自負心を持ちながらも将来の生活設計を確立しているわけでもなく、社会的経験を積んでいるわけでもないために自立的な生活営為に自信が持てず、もどかしくも不安定な、曖昧な位置に立っている。そのために社会的にはその時々の状況によって「まだ子ども」と見なされたり、「もう大人」と見なされたりする。子どもとしての態度・行動を期待されるかと思えば大人としての態度・行動を期待されたりする。青年はいままで所属していた「子ども社会」（＝子どもの社会的世界）とこれから所属するべき「大人社会」との、互いに矛盾する価値や規範、態度、つまりアンビバレンス（両面価値：相矛盾する内面的な態度や心理のこと）に直面しているのである。青年が持つようになるさまざまな関心や価値には矛盾や葛藤が内包されているというわけである。表4－2は十七～十九歳の青年に「自分を大人と思うか、子どもと思うか」とその理由を尋ねた調査結果である。大人と思うのは三七・一％、子どもと思うのは六二・九％、そしてその理由は同じ内容であるにもかかわらず、その意味は相反している。同じ「判断力」を根拠としつつも大人と回答した者は「②十分な判断力があるから」とし、子どもと回答した者は「③十分な判断力があるとはいえない」としている。同じ事項を理由としつつもその事項に対する判断が青年によって全く異なっている。青年に対する社会の矛盾する価値や規範が青年の内面に投影されているのである。

社会学者のマートン（Merton, R. K.）はこのような「二つ以上の社会に生活し、そのために相異なった系統の文化的価値に志向するようになった人々」、つまり社会的なアンビバレンスを伴った人々を「マージナル・マン」（境界人）と呼んだ。[2] 青年はまさに文化の異なる「子ども社会」と「大人社会」の境界に位置するマージナル・マンである。マージナル・マンは相異なった文化

（%）

「大人」と回答（297人）	37.1	「子ども」と回答（503人）	62.9
①身体は「大人」と変わらないから	42.8	①経済的に自立していないから	61.8
②十分な判断力があるから	42.1	②法律上、成人ではないから	52.1
③選挙権があるから	31.3	③十分な判断力があるとはいえないから	36.0
④自分の身の回りのことができるから	30.0	④自分の身の回りのことでも自分でできないことがあるから	35.4
⑤責任感があるから	26.3	⑤責任感がないと思うから	28.6
⑥一人暮らしをしているから	14.5	⑥一人暮らしをしていないから	19.1
⑦経済的に自立しているから	4.4	⑦結婚していないから	10.5
⑧結婚しているから	2.7	⑧「大人」と言えるほど身体が成長していないから	9.9
⑨自分の子どもがいるから	2.7	⑨選挙権がないから	8.5
—		⑩自分には子どもがいないから	7.4

注1　「その他」を除く。
注2　調査対象：全国の17～19歳男女800人
出典　日本財団コミュニケーション部『18歳意識調査「第1回─18歳成人─」調査報告書』（2018），pp.5-6.

表4-2　「自分を大人と思うか子どもと思うか」とその理由

的価値を志向しているために言動に一貫性を欠き、精神的に不安定な状態に陥りやすい傾向があるとされるが、青年も同様である。青年は社会的人間として自立していくために既に内面化し、習慣化している「子ども社会」の思考様式や行動様式を放棄し、新たな「大人社会」の価値規範や行動様式に同調し、それを習得していかなければならない。これまで自明とされ、当然とされてきた児童期の思考・態度・行動の枠を取り除き、新たな大人社会の価値・態度・行動の枠組みを構築しなければならないが、その新たな枠組みが未だ見ぬ将来のことであるだけに不安や戸惑いを覚え、確信に至らず、葛藤が生じるのである。さらにそこに周囲から社会成員としての態度・行動を期待されるから焦燥感や不安が一層高まってくることになる。「青年期危機」と言われるのはそのためである。

　そうなれば青年は自分の立場や位置、自分の置かれた状況や境遇、自分に対する周囲の人々の期待や評価について考えざるを得なくなる。青年は自己に関心を集めて「いったい自分は何者なのか」、「自分はどういう存在なのか」、「自分は将来どうすべきなのか」、「自分は何を目指すべきなのか」といったように自己を社会の中に位置づけて自己の存在意義や価値観、自己の将来について考えざるを得なくなるというわけである。青年期は「自分自身が一つの課題となる時期、あるいは自分自身についての探求と再検討によって自己の発見に導かれる時期[3]」なのである。

このような自分自身に関する問いの、自分なりの解答、すなわち「自分は……である」、「自分は……という存在だ」、「自分は……すべきなのだ」といった自己確信に近い感覚を「アイデンティティ」という。この概念を提唱したのは前述のエリクソンであるが、彼はアイデンティティを個人が自己の内部に自分自身の斉一性と時間の流れの中での連続性とを直接的に知覚すること、と同時にその自分の斉一性と連続性を他者が認めてくれているという事実を知覚することであると定義している[4]。斉一性とは自分が自分であるという一貫性を持っていること、つまり自分を同一の存在として認識していることであり、連続性とはその一貫性が過去から未来にかけて時間的に連続しているという感覚を持つことである。簡単に言えば、アイデンティティとは「私とは誰であるか」という一貫した感覚が時間的・空間的に成りたち、それが他者や共同体から認められているということである[5]。そしてエリクソンは、「自分は何者なのか」という問いに対して「自分は……である」、「これが本当の自分なのだ」という「自分らしさ」の自覚を持つことを「アイデンティティの確立」と言い、このアイデンティティの確立こそが青年期の課題であるとした。

2　青年期の誕生と長期化

青年期が児童期と成人期との間に位置するライフ・ステージと見なされるようになったのは産業革命期の後期、すなわち二〇世紀になってからのことである。産業革命による工業化によって社会全体の生産力が向上すると、それまで生産年齢人口とされていた年少者は労働から解放されて就労を猶予され、保護者の下で将来の仕事に向けての準備期間を過ごすようになった。生産活動の機械化・動力化によって未熟練で無知な年少者は労働力としては必要ではなくなり、一定の知識・技能を有する労働力が必要とされるようになったからである。そのために学校が設立された。

しかし、社会の生産性が著しく向上し、科学・技術が飛躍的に進歩してくるにしたがって教育期間も長期化し、その間は生産年齢人口でありながらも就労を猶予される期間となり、「青年期」が成立した。もちろんどのような社会でも当初は中産階級以上の子弟が教育を受け、就労を猶予された。それが次第に労働者階級の子弟にも教育が広がるようになり、こうしてすべての年少者が就労を猶予されて教育を受けるべき時期としての青年期が制度的に確立したのである。だが、現代社会の産業構造はさらにグローバル化、情報通信産業の興隆、ＩＴ革命の進展よって急激に変化してきたから、これまでの青年期という期間において獲得した知識や技能だけではもはや安定した職業生活を送ることはできなくなった。産業構造の変化によって分業は際限なく拡大し、職業の分化・専門化が急速に進んだのである。今日ではどのような職業に就くにせよ、高い水準の知識・技能を必要とするようになり、そのために教育期間が大幅に延長されるようになった。

　近年の学歴別就職者数の推移を見ると、[6] 一九五〇（昭和二十五）年代から一九六〇（昭和三十五）年代前半までは中学校卒業者が新規学卒就職者の中心であったが、一九六〇年代後半からは高等学校卒業者の方が多くなり（一九六五〔昭和四十〕年三月卒の就職者数は中学校卒六二四、七三一人に対して高校卒は七〇〇、二六一人と逆転）、一九九八（平成十）年以降は大学卒業者が最も多くなった（一九九八〔平成十〕年三月卒の就職者数は高校卒三二七、六七二人に対して大学卒は三四七、五六二人と逆転）。新規学卒就職者の高学歴化が急速に進んできたのである。中学校卒業者や高校卒業者の職業選択の幅が限定されるようになる一方で、大学卒業者の就職領域が拡大する傾向を示すようになってきたわけである。それは大学卒業者の就職領域がこれまでの高校卒業者の職業領域に、高校卒業者の就職領域がこれまでの中学校卒業者の職業領域に侵入してきたということであるが（「学歴ラダーの下降現象」という）、逆にいえば高い水準の知識・技能を要する職業が増えてきたということでもある。かつて中学校卒業者が多かった生産工程職においても、今日では生産工程を合理化する知識や技能、設備の保全・改善の知識や技能、品質管理や安全の検査に関する知識や技能等が要求されるようになった。

　こうした高学歴化によって青年期は成人期の方向に向けて拡大するようになった。だが、その一方で青年期は発達加速現象によって児童期の方向に向けても拡大するようになった。発達加速現象には身長・体重・胸囲などの量的側面の加速化という成長加速現象と、初潮・精通など性的成熟あるいは乳歯・永久歯の初歯・生歯完了といった質的変化の早期化という成熟前傾現象とがある。いま十四歳と十七歳の全国平均身長を一九五五（昭和三十）年と二〇一五（平成二十七）年の時点で比較すると、六十年間の間に十四歳男子では一五一・七センチメートル→一六五・一センチメートル、十七歳男子では一六三・四センチメートル→一七〇・七センチメートルとそれぞれ一三・四センチメートル、七・三センチメートル伸び、十四歳女子では一四八・九センチメートル→一五六・五センチメートル、十七歳女子では一五三・二センチメートル→一五七・九センチメートルとそれぞれ七・六センチメートル、四・七センチメートル伸びている。[7] 表4－3は女子生徒の平均初潮開始年齢を見たものであるが、一九六一（昭和三十六）年から二〇一一（平成二十三）年の五十年間に開始年齢が一歳〇・三ヶ月早くなっている。このような発達加速現象は栄養状態や医療・衛生状態の改善といった生活条件の向上、都市化による多様な心理的刺激、特に性的刺激（視床下部や自律神経系への影響）が要因として指摘されている。

　青年期は高学歴化によって大人の方に向けて遅延化し、発達加速現象によって児童の方に向けて早期化して現代社会においては次第に長期化しているのである。これを「青年期延長」という。

　このように青年期は身体的成熟には達してはいるものの未だ社会成員として遇されず、社会的人間としての責任や義務を一時延期され、猶予されている時期なのであって、この一定の猶予期間を「モラトリアム」という。青年はこのモラトリアムの期間に自分自身について現実的に考え、自分自身をさまざまに試みて自己を確認しようとする。先に述べたよ

1961（昭和36）年	13歳2.6ヶ月
1972（昭和47）年	12歳7.6ヶ月
1982（昭和57）年	12歳6.5ヶ月
1992（平成 4）年	12歳3.7ヶ月
2005（平成17）年	12歳2.6ヶ月
2011（平成23）年	12歳2.3ヶ月

出典　日野林利彦「発達加速現象に関する進化発達心理学的研究」（科学研究費助成事業研究成果報告書（2013）

表4-3　平均初潮年齢の推移

うに青年は、この時期にこれから参加すべき未知の「大人社会」の中で「どのように生きるべきか」、「何を成すべきか」、「何を目指すべきか」、そもそも「一体自分という人間はどんな人間なのか」といったように自己を社会の中に位置づけて自己の存在意義や価値観、自分らしい生き方や自己の将来について考えるようになる。「アイデンティティの確立」に向けての模索である。

3　青年の自己探求とアイデンティティの確立

大人社会の中での自己の位置づけの問題は、青年にとっては自己理解と自己認識に基づいての人生の価値の選択であり、「生き方」や「生きがい」の問題でもある。青年期は大人社会に適応していくためにさまざまなことを経験し、模索しつつ自分の価値観を確立し、将来に向けての生き方や人生目標を決めなければならない時期なのである。

このアイデンティティの確立の基本的な構成要素に自身の性についての認識がある。自分が男であること、あるいは女であることの認識であり、「性の自己認知」、あるいは「性自認」と呼ばれる。そして社会には性に基づいた行動様式があり、性別によってそれぞれに相応しいと見なされる行動特性がある。「性役割」である（第三章）。青年期はこれまで述べてきたように性的成熟による生理的・身体的変化に直面して自己の性の受容に向き合わなければならない時期であるが、そうした自己の性を認識した上で、青年は社会から相応しいと見なされる行動様式＝「性役割」を取り入れつつ、その行動を自己評価し、主体的に変容させながら社会に適応していこうとする。これを「性アイデンティティ」（またはジェンダー・アイデンティティという）という。

青年はアイデンティティを確立することによって自己の安定感を得、大人社会における具体的な行動（配偶者選択、進路選択、職業選択、親役割の形成など）に向けての準備を整え、大人社会に適応していこうとするのである。

（1）青年の生き方と価値観

表4－4は高校生、大学生および二十歳代の青年を対象とした「暮らし方」についての調査結果である。[8] 二十歳代の青年の暮らし方では、一見して明らかなように近年においては「③趣味にあった暮らし方」や「④のんきにクヨクヨしないで暮らす」という個人生活志向が顕著な増加傾向を示し、逆に「⑤清く正しく暮らす」や「⑥社会のた

めに身を捧げて暮らす」という社会的価値志向は大幅な減少傾向を示している。「①金持ちになる」や「②名をあげる」という世俗的成功志向も若干の増加を示すが、これも大別すれば個人生活志向の内の生き方であるから現代の青年は個人生活優先、個人生活重視という個人主義的な生き方、つまり私生活優先主義的な生き方を選択しているわけである。高校生や大学生も今日では同様の傾向を示している。

　このような私生活優先主義的な生き方は青年層だけではなく既に第三章で述べたように（表3―1）、そしてまた表4―4右欄に見るように全体的な社会的趨勢となっている。それは第二次世界大戦後の日本経済の急成長、いわゆる高度経済成長（一九五五（昭和三十）年～一九七三（昭和

（　）内は人数、（%）

	高校生 (721)	大学生 (615)	20歳代（全体）		全体（全年齢層）	
			1953年 (768)	2013年 (150)	1953年 (2,254)	2013年 (1,591)
①一生けんめい働き、金持ちになること	18	14	11	17	15	18
②まじめに勉強して、名をあげること	3	6	4	7	6	4
③金や名誉を考えずに、自分の趣味にあったくらし方をすること	36	40	29	42	21	36
④その日その日を、のんきにクヨクヨしないでくらすこと	28	25	9	25	11	26
⑤世の中の正しくないことを押しのけて、どこまでも清く正しくくらすこと	5	6	31	7	29	5
⑥自分の一身のことを考えずに、社会のためにすべてを捧げてくらすこと	3	5	11	2	10	4

注　「その他」・無回答を除く。
出典　統計数理研究所『日本人の国民性』（2016）

表4-4　暮らし方（2013年）

四十八）年）によって人々は物質的な豊かさを享受したけれども、その反面において公害や環境破壊の深刻化、また会社人間や仕事人間と揶揄されるような滅私奉公的な生き方に疑念を抱くようになり、物質的な豊かさよりも「精神的な豊かさ」や内面的充実感、すなわち個人生活のゆとり、個人生活の幸福感や充足感を求めるようになってきたからである（表3－1（B）「望ましい生き方」）。それまでの国家や社会を重視した人々の社会的価値志向は減少し、個人生活志向が増加して人々の価値観は多様化してきた。青年の生き方も私生活化へと大きく傾斜してきたのである。

　このような青年の私生活優先主義的な生活志向は自分の自由な時間、すなわち余暇生活を重視していることを意味する。表4－5は青年（十六～二十九歳）が自由な時間にいま一番多くしていることを一九七三（昭和四十八）年と二〇一八（平成三十）年の二時点で比較したものである。「①

（%）

	1973年（1,244人）		2018年（270人）
①好きなことをして楽しむ	54		56
②友人や家族との結びつきを深める	13	<	18
③体をやすめて、あすに備える。	15		15
④知識を身につけたり、心を豊かにする	9	>	3
⑤運動をして、体をきたえる	7		7
⑥世の中のためになる活動をする	1		0

注　不等号は両側の数字を比較した検討結果（信頼度95%）
出典　NHK放送文化研究所（編）『現代日本人の意識構造』（第九版）(2020), p.161.

表4-5　余暇の過ごし方（16～29歳の若年層、現状1番目）

好きなことをして楽しむ」がいずれの年も過半数で最も多いが、この項目と「②友人・家族との結びつきを深める」は増加の傾向にあり、「④知識を身につけ心を豊かにする」は減少傾向にある。自由時間の余暇活動といってもその内容は多様であるが、大別すれば現在の生活を楽しむことを目的とする享楽的活動と自己の内面的充実や人生設計を図ろうとする自己向上的活動とに大別されよう。休養や静養、レジャーや趣味・娯楽などは前者の例であり、自己の可能性への挑戦、自己の人間性の開発、人生の意味の探求、人生哲学の実践、将来の生活設計などは後者の例である。前者を現在志向とすれば、後者は将来に向けての活動であるから未来志向といってもよい。そうとすれば現代青年には「①好きなこと」や「②友人・家族との親睦」という享楽的な現在志向の活動が多く、「④知識の習得」や「⑤運動して鍛錬」といった将来に向けての自己向上的な活動は少ないという傾向が見られる。自由時間を積極的にとらえて自己向上を図ろうとするのではなく、そのときの享楽を追うという私的生活欲求の充足という現在志向、すなわち私生活化に大きく傾斜しているわけである。

現代の青年が望む暮らし方、つまり「③自分の趣味にあった」、「④クヨクヨしないのんきな生活」（表4－4）とは具体的には「①自分の好きなことをし」、「②友人や家族との親睦を深める」（表4－5）という生き方なのである。

（2）性アイデンティティの形成

先に述べたようにアイデンティティの確立の基本的な構成要素に「性の自己認知」がある。青年が性的成熟による生理的・身体的変化をどのように受容しているかについては既に見たように（表4－1）、肯定的反応から否定的反応に至るまで幅広い反応が示され、性差と個人差による差異が見られた。では社会的・文化的な性差である性役割についてはどうか。

表4－6は青年層の性別役割分担意識の変化について見たものである。「男は外で働き、女は家庭を守る」という固定的な性別役割分担の考え方

（%）

			1992年	2004年	2019年
青年層	男 性	賛 成	52.3	40.7	33.3
		反 対	41.5	49.7	65.8
	女 性	賛 成	48.0	34.8	29.0
		反 対	47.1	62.9	69.4
	全 体	賛 成	—	—	31.1
		反 対	—	—	67.6
全年齢層（全体）		賛 成	60.1	45.2	35.0
		反 対	34.0	48.9	59.8

注1　該当者数：1992年＝20～29歳（男195、女221）、全体（3,524）。
2004年＝20～29歳（男177、女178）、全体（3,502）。
2019年＝18～29歳（男117、女124）、全体（2,645）。
注2　賛成は「賛成」＋「どちらかといえば賛成」。反対も同じ。無回答・不明を除く。
出典　1992年調査は文部科学省『男女平等に関する世論調査』（1992），2004年および2019年は内閣府『男女共同参画社会に関する世論調査』（2004）および（2019）．

表4-6　「男は外で働き、女は家庭を守る」という考え方に対する意識（青年層）

は近年著しく減少してきた。性別役割分担の考え方は高度経済成長期には高い支持を得ていた。工業化が進展し、企業が発展していく中で終身雇用、年功序列という雇用形態がとられ、男性（夫）の雇用は安定し、企業も家族ぐるみの生活を保障したから女性（妻）が就労しなくても生活は安定していたのである。当時（一九七九年）の調査によれば[9]、全体（全年齢層）で性別役割分担に「賛成」は七二・六％（「どちらかといえば賛成」四〇・八％を含む）、「反対」は二〇・四％（「どちらかといえば反対」一六・一％を含む）であって、性別役割分担意識が広く社会に浸透していることを示している。

しかし以後は減少傾向を示し、青年層においては、とりわけ青年女子においては、性別役割分担に否定的で、一九九二（平成四）年では表4－6に見るように肯定（四八％）と否定（四七・一％）が半々にまでなっている。だが、全体的にはまだ性別役割分担意識が支配的で、全体では「賛成」（六〇・一％）が「反対」（三四・〇％）を大きく上回っている。高度経済成長期以後も男性従業員を前提とした労働形態、女性の単純補助的な労働、女性の深夜業の原則禁止、男女間の賃金格差、性別役割分担という核家族イメージの広がり、地域移動（都市化現象）による核家族化といった社会経済状況が続いたためである。

しかし、このような女性の就労に不利な条件があったにもかかわらず、高度経済成長による労働力不足のために女性が労働市場に進出してきたこと、以後働く女性が増えてきたこと、また政策として女性の家庭生活と職業生活との両立を図るために「勤労婦人福祉法」（一九七二年）が制定され、さらにそれに代わって男女平等を確保するための「男女雇用機会均等法」（一九八五年）が制定されたこと、女性差別を撤廃し女性の地位向上を目指す国連の「女子差別撤廃条約」に批准したこと（一九八五年）、男女共同参画社会の実現のための男女共同参画社会基本法が施行されたこと（一九九九年）等によって、そしてまた学校教育において家庭科の男女共修が実施されたこと（中学校では一九九三年から高等学校では一九九四年から実施）によって、性別役割分担に対する否定的な考え方が広く浸透してきた。そして二〇一九（令和元）年現在では性別役割分担に否定的な考え方が優勢になってきたが（全年齢層では「反対」五九・八％）、特に青年層は顕著な傾向を示し、青年女子では七割（六九・四％）が否定している。表4－7は性別役割分担についての青年の肯定・否定の理由を見たものである。否定的な理由は「⑥性別役割分担を押しつけるべきではない」が多く（青年全体で六六・三％）、次いで「⑨男女平等に反する」が多くなっている（四一・七％）。要するに「男女平等であるべきだ」というのが反対の理由である。そして実際に「⑩家事・育児と仕事との両立は可能」（二二・二％）であり、だから「⑦妻が働いて能力を発揮した方が個人や社会にとってよい」（二七・六％）と考えているのである。

しかし一方で青年層においても依然として性別役割分担意識が継続している。今日においても（二〇一九年）男女ともに三割が肯定的で（表4−6、男性三三・三％、女性二九・〇％）、その理由には「②家事・育児と仕事との両立は困難」（青年全体で四六・七％）と「①妻が家庭にいた方が子どもの成長にとって良い」（三八・七％）が多い。青年層であるから「②介護」を除けば、要するに「育児のため」が肯

（複数回答）（％）

		18～29歳			全体（全年齢層）（2,645人）
		男性（117人）	女性（124人）	全体（241人）	
賛成の理由	①妻が家庭を守った方が子どもの成長などにとって良いと思うから。	43.6	33.3	38.7	55.2
	②家事・育児・介護と両立しながら妻が働き続けることは大変だと思うから	51.3	41.7	46.7	44.7
	③夫が外で働いた方が多くの収入を得られると思うから	23.1	44.4	33.3	32.3
	④日本の伝統的な家族のあり方だと思うから	15.4	8.3	12.0	19.2
	⑤自分の両親も役割分担をしていたから	35.9	36.1	36.0	17.1
反対の理由	⑥固定的な夫と妻の役割分担の意識を押しつけるべきではないから	64.9	67.4	66.3	56.9
	⑦妻が働いて能力を発揮した方が、個人や社会にとって良いと思うから	29.9	25.6	27.6	43.3
	⑧夫も妻も働いた方が、多くの収入が得られると思うから	36.4	29.1	32.5	42.1
	⑨男女平等に反すると思うから	45.5	38.4	41.7	40.0
	⑩家事・育児・介護と両立しながら妻が働き続けることは可能だと思うから	19.5	25.6	22.7	34.3
	⑪自分の両親も外で働いていたから	22.1	34.9	28.8	16.1

注　「その他」・「特にない」・「分からない」は省略した。
出典　内閣府『男女共同参画社会に関する世論調査』（2019年）

表4-7　「男は仕事、女は家庭」という考え方に賛成および反対の理由

定的理由である。「④日本の伝統的な家族のあり方」という理由は多くはないから、ただ伝統的な考え方にしたがっているわけではない。つまり「育児」を現実の問題として考えているというわけである。したがって大雑把な言い方をすれば、(A)性別役割分担を肯定する群は育児という現実的問題を理由とし、(B)性別役割分担を否定する群は男女平等という理念的問題を理由にしている。

もう一つ、両親の生活スタイルの問題がある。両親の生活スタイルが青年のモデルになり、それが青年の生活観を形成し、性別役割分担意識を分化させている。(A)性別役割分担を肯定する群は「⑤両親も役割分担をしていた」(三六%)から、そのような両親の生活を見て「②家事・育児と仕事との両立は困難」(四六・七%)であり、「①妻が家庭にいた方が子どもの成長にとって良い」(三八・七%)と判断するのであるが、(B)性別役割分担を否定する群は「⑪両親も外で働いていた」(二八・八%)から、そのような両親の生活を見て「⑩家事・育児と仕事との両立は可能」(二二・七%)であり、「⑧夫も妻も働いた方が多くの収入を得られる」(三二・五%)と考えているわけである。だから両親の生活スタイルが青年に少なからぬ影響を与えていると考えられよう。そしてそれはさらにいえば、これまで見てきたように私生活化が進行し、家族集団が休息と慰安の機能に集中して家族関係が親密化しているから、それだけ家族のあり方が青年に影響を与えているのではないか。そしてまた（B）性別役割分担を否定する群には「⑧夫も妻も働いた方が多くの収入を得られる」（三二・五％）が多いが、そして実際ダブルポケット（夫婦共働きのこと。ダブルインカムともいう）の方が収入は多いだろうが、にもかかわらず（A）性別役割分担を肯定する群では「③夫が外で働いた方が多くの収入を得られる」（三三・三％）としている。特に女性に多い（四四・四％）。実際に男性の方が女性よりも収入が多いかもしれないが、しかしそうであったとしてもダブルポケットの収入には及ばないだろう。だが、それでも「女性は家庭を守るべき」という性別役割分担肯定の女性が多いのは「⑤両親も役割分担をして」（三六・一％）いても余裕のある生活を送っていたか、「③夫が働いていれば（妻は無理に働かなくても）」（四四・四％）平穏に暮らすことができると考えているのだろう。つまり男性は社会成員として性別役割分担の賛否にかかわらず仕事が義務とされているが、女性は社会成員として自身の性別役割分担意識にしたがって仕事か家庭かを選択できる立場にあるというわけである。

しかし、性役割が社会的・文化的に規定された性別分担であるとしても生物学的な性を無視することはできないから（妊娠・出産）、青年、特に女子はそのことをも含め、また周囲からの役割期待を認識しつつ自身の性役割の方向性や生き方に対する確信を打ち立てていかなければならない。それだけに青年女子にとってアイデンティティの確立は困難を伴う。

　このような性別役割分担意識は当然のことに男女の地位の平等感にも関わってくる。表4−8は青年を対象に男女の地位の平等感について見たものであるが、家庭生活においてさえ三割の青年が（全体で三二・八％）、特に女子では四割（三九・五％）が「男性優遇」としている。さらに職場や社会全体においても青年全体でそれぞれ四九・八％、六五・六％と半数から三分の二が「男性優遇」と評価している。青年女子の不平等感は強く、アイデンティティの確立困難はここにも表れている。男女平等ではないと評価し位置づけている、そのような社会に入っていかざる

（％）

		男性（117人）	女性（124人）	全体（241人）
家庭生活	男性の方が優遇	25.6	39.5	32.8
	平等	65.0	49.2	56.8
	女性の方が優遇	8.5	8.9	8.7
職　　場	男性の方が優遇	49.6	50.0	49.8
	平等	35.0	37.9	36.5
	女性の方が優遇	10.3	5.6	7.9
社会全体	男性の方が優遇	63.2	67.7	65.6
	平等	33.3	28.2	30.7
	女性の方が優遇	3.4	3.2	3.3

注　優遇＝「非常に優遇」＋「どちらかといえば優遇」
出典　内閣府『男女共同参画社会に関する世論調査』（2019）

表4-8　男女の地位の平等感（18〜29歳）

を得ない状況の中で青年女子は自らの生き方や将来に向けての目標を設定していかなければならない。それに比すれば青年男子は男性優遇の社会においては自己の行動や立場を妨げるものは少ないからアイデンティティの確立といっても青年女子ほどに困難を伴うことはない。こうした性別役割分担意識の傾向は自己の性受容にも関連してくる。表4―9は「生まれ変わるとしたら男と女のどちらに生まれてきたいか」という二十歳代の青年の意識調査の結果である。非現実的な質問だが、自己の性受容や性の位置づけには有効である。青年男子は一貫して「男に生まれたい」が多いが、青年女子では一九六三（昭和三十八）年には「男に」が多く（五一％）、それが次第に「女に」が増加し、二〇一三（平成二十五）年には七割（六九％）になった。高度成長の終わる一九七〇年代では伝統的な性別役割分担意識や男女の地位の不平等感のゆえに青年女子であっても「男に」生まれ

（%）

	1963年		1988年		2013年	
	男に	女に	男に	女に	男に	女に
男 性	89	6	89	7	83	8
女 性	51	43	39	54	28	69
全 体	68	26	65	29	54	40

注1　「その他」・「無回答」は省略した。
注2　調査対象：1963年＝男性316人、女性380人、全体696人
1988年＝男性157人、女性166人、全体323人
2013年＝男性149人、女性162人、全体311人
出典　統計推理研究所『日本人の国民性』（2016）

表4-9　男・女の生まれ変わり（20歳代）

たかったとし、自己の性を否定的にとらえていたが、一九八〇年代になって漸く青年女子も自己の性を肯定的にとらえるようになったわけである。だが、今日においてもなお三割近い青年女子（二八％）は自己の性を肯定的にはとらえていない。

このような背景には依然として男女の能力差を肯定する意識が根強く残っていることがある。表4－10は青年を対象に「物事を考えたり、まとめたりする能力」について問うた調査結果であるが、かつては男女に能力差ありとされ、青年女子であっても多くが能力差を認めていた。一九五八（昭和三十三）年では青年女子の六割（五九％）が「能力差」を認めていたし、高校生や大学生でさえ能力差を認めていた。「能力差なし」が漸く過半数を占めるようになったのは一九八〇年代後半からであるが、しかし二〇一三（平成二十五）年では青年女子においてさえ再び能力差を認めるよ

(%)

		1958年		1988年		2013年	
		能力差あり	能力差なし	能力差あり	能力差なし	能力差あり	能力差なし
20歳代	男性	57	37	40	57	42	57
	女性	59	32	39	59	50	50
	全体	58	34	39	58	46	53
大学生		55	37	43	51	46	51
高校生		60	34	55	42	48	46

注　「その他」・「無回答」および調査対象者数は省略した。
出典　統計推理研究所『日本人の国民性』（2016）

表4-10　男女の能力差（20歳代）

うな傾向にあり、高校生や大学生をも含めて半数近くが能力差を肯定している。そのために青年女子の自己受容感は青年男子に比すると乏しい。高校生の意識調査によれば[10]、自分の能力を肯定的に評価している男子高校生は六〇・九％だが（「私には人並みの能力がある」）、女子高校生は五〇・一％であり、自分自身を肯定的に評価している男子高校生は五八・五％だが（「自分自身に満足している」）、女子高校生は四六・六％であり、逆に自己否定的な評価は男子高校生は六七・九％（「自分はダメな人間だと思う」）、女子高校生は七七・三％となっている（いずれも「とてもそう思う」＋「まあそう思う」）。

青年はアイデンティティを確立することによって大人社会に向けての準備を整えていくが、しかし青年女子は青年男子に比するとアイデンティティの確立に困難を伴っている。

文献

[1] Erikson, E. H., 1968（岩瀬庸理訳『アイデンティティ』金沢文庫、一九七三年、三―八頁）

[2] Merton, R. K., 1963（森東吾他訳『社会理論と機能分析』青木書店、一九六九年、三七八―三八一頁）

[3] 梶田叡一『自己意識の心理学』東京大学出版会、一九八〇年、二〇一頁

[4] Erikson, E. H., 1980（西平直他訳『アイデンティティとライフサイクル』誠信書房、二〇一一年、七頁）

[5] 前掲訳、用語解説、二二四頁
[6] 厚生労働省人材開発統括官「若年者雇用対策の現状等について（資料）」二〇一九年
[7] 文部科学省『学校保健統計調査』、二〇一八年
[8] 統計数理研究所『日本人の国民性調査』、二〇一六年
[9] 内閣府『婦人に関する世論調査』一九七九年
[10] 対象者は男子高校生九二四人、女子高校生は九二一人。二〇一四年調査。国立青少年教育振興機構『高校生の生活と意識に関する調査報告書』二〇一五年、男女別集計結果。

◉第五章　人生の決断

職業と配偶者の選択

学校教育を終えると青年は職業に就き、配偶者を得て新たな家族を形成し、社会的人間として自立した社会生活を営むようになる。職業的役割と家庭的役割は社会の維持・存続・発展にとって必要不可欠な役割であり、社会的人間として担わなければならない社会的役割である。青年はどのように職業を選択し、配偶者をどのように選択するのだろうか。職業の選択と配偶者の選択は青年期の最後の仕事であり、その後の人生を決定的に左右する。

1　職業の選択と配偶者の選択

(1) 職業的役割と職業の意味

職業については社会学者の尾高邦雄の概念規定が最も標準的である。尾高は職業を三つの側面から規定した。[1] 経済的、個人的、社会的な側面である。職業は経済的側面から見れば人間が衣食の資を得て生計を維持するための継続的な活動であり（生計の維持〈生業〉）、個人的側面から見れば人間がその個性を発揮して他に寄与するところの活動であり（個性の発揮〈天職〉）、社会的側面から見れば人間として尽くすべき本分あるいは使命という役割の実現（役割の実現〈職分〉）である。職業とは「個性の発揮、役割の実現および生計の維持をめざす継続的な人間活動[2]」なのである。そして個性の発揮、役割の実現、生計の維持という三要素の関係が調和的であること、つまりこれら三要素の間に一定の均衡関係が存在することが職業の理想形態であると尾高はいう。[3]

「個性の発揮」は個人がその個性と能力に応じて自ら職業を選択し、その職業が要求する活動を遂行していくことによって自らの個性や能力を伸ばし、可能性を最大限に生かしていくことを意味する。「自己充足の願望[4]」を実現していくこと、すなわち自己実現の欲求を満たしていこうとすることである。そしてその自己実現を目指す過程が「生きがい」なのである。「役割の実現」は産業構造の変化によって複雑に専門化した社会的分業の、その一端を担う役割（職業）を個人が果たすことによって社会に参加し、社会の維持・存続・発展に寄与していくことを意味する。個人が職業に就くことは、すなわち社会に参加することであり、その職業を通して社会に寄与し貢献することである。「生計の維持」は個人が職業に従事することによって、その代償として一定の報酬を得、これによって必要な生活物資を獲得して日々の生活を営んでいくことを意味する。職業は生計維持のための手段的活動である。したがって職業から得る報酬の多寡が生活程度や生活機会を決定することになるから報酬は人々の大きな関心事となりやすい。

　しかし、現実の職業は多くの場合、これら三要素の均衡関係を欠いている。[5] 生計維持の経済的要素が他の要素に比して優勢な職業もあれば、個性の発揮という個人的側面の比重が大きい職業もある。だが、それは均衡を欠いているだけであって、ある要素が全く欠如しているというわけではない。どのような職業であっても、この三要素は不可欠である。

　また現実の問題としてみれば、個人の個性や能力に応じた職業選択といっても、その機会は誰にも平等に配分されているわけではないから誰もが志望する職業に就けるわけではない。そして産業化に伴い社会的分業はますます複雑高度化し、職業は専門分化して細分化・断片化されていくから、人々は職業活動に個性の発揮や自己実現を図るという積極的な意味を見いだすことができず、疎外的状況に陥ったり、限界的な状況に追い込まれたりすることもある。さらに職業は生計維持のための手段的活動として収入や財産を規定するだけではない。職業は社会的に評価されて、つまり威信の格付け（職業威信）をされて社会的地位と結びつき、権力とも結びついて生活様式を規定し、社会階層を決定する。職業は経済的資源（収入・財産など）、関係的資源（地位・威信・権力など）、文化的資源（学歴・知識・情報など）といったさまざまな社会的資源と密接に関係しているのである。

しかし職業といっても、その種類は実に多い。厚生労働省編職業分類[6]では職業名を大分類十一、中分類七十三、小分類三百六十九、細分類八百九十二に分類しており、総計で一万七千二百九の職業名が掲載されている。しかも産業構造の変化や社会情勢の変化によって職業は絶えず変遷しているし、同一の職業であっても、その業務内容や活動形態は変化している。

青年期はアイデンティティの確立を重要な発達課題とするが（第四章）、そのアイデンティティの形成過程において自己の職業的適性を見極めつつ職業活動に自己の存在感覚を覚え、それを確認していくことも重要な課題の一つである。この、アイデンティティ形成の中での職業についての自己定義、あるいは自己の位置づけを職業的アイデンティティという。職業的アイデンティティが確立されていれば青年は将来を見据えた人生設計を立てて進路を選択し、職業を選択していくことができる。だが、アイデンティティが確立されず、自分自身に対して肯定的な社会的自己定義ができないような状態、平たくいえば「自分らしさ」がわからないような状態に陥ると[7]、青年は自分では自己の職業的適性に合った進路選択も職業選択もできない。

（2）家庭的役割と配偶者の選択

社会の維持・存続のためには社会成員の補充が不可欠である（第一章）。そしてこの社会成員の補充は家族を供給源としている。家族が形成されるためには未婚の男女が互いに配偶者を選択し、結婚しなければならない。結婚し、家族を形成することによって人間の基本的な三つの活動が規制される。性と出産と育児である。

結婚によって男女の性関係は社会的に正当な関係として承認される（第七章）。性は人間の行動の動機・欲求として無類に強いために過剰な性衝動を起こしやすいから、結婚という形をとって放縦な性の無規律や乱雑性を規制し統制して、性的秩序を社会的に維持しようとするのである。その性関係の結果として出産という生物学的事実が生じる。

出産に至る女性の妊娠期間は十ヶ月にも及び、また誕生後の乳児の無力な状態は長期間に及ぶから、その間は女性の保護と援助、乳児の庇護と世話が必要であり、そのための安定的な生活が必要である。そしてその間の生活の保障と安定化は男性に期待されている。結婚によって夫婦間に権利・義務関係が生じ、男性（夫、父親）はその間の女性（妻、母親）と乳児を扶養するための義務を負うからである。殊に乳児の庇護と世話は乳児期以降においても長期にわたって継続し、基礎的に社会化して社会の基本的生活習慣を身につけさせていかなければならない。これが育児であり、子どもにとっては第一次社会化である。そして第一章で述べたように、この出産と育児およびそれに関連する一群の活動が親役割であり、家庭的役割の中核を成している（第一章）。

結婚は社会的人間として成熟した男女の自由意思（愛情）による結合であるから、その限りではインフォーマルな要因によって結ばれた関係である。しかしその過程において社会制度としての婚姻の規制を受ける。結婚相手の選択範囲、婚姻の適齢、結婚の儀礼や儀式、入籍手続き、夫婦同姓、住居の選定や居住規制、同居義務や協力義務・生活保持義務、貞操義務や子どもの養育義務、財産の帰属といった規制を受ける。結婚は慣習や法律、信仰といった社会規範によって統制されているのである。その意味で結婚は社会制度として存在している。

結婚をして家庭的役割を遂行していくためには家庭生活を安定的に維持させていかなければならないが、そのためには配偶者の選択が重要であることはいうまでもない。配偶者として互いに相手に抱く役割期待とその相手の実際の役割行動との齟齬が小さければ、あるいはその齟齬が互いに許容範囲内にあれば「相応しい相手」として互いに満足し合い、その選択過程はスムーズに進行していく。そのためには青年男女は配偶者の選択者であると同時に被選択者でもあるから自分自身の立場を自覚すること、確立した自我を持つこと、つまりアイデンティティを確立しておくことが必要である。精神分析学者のエリクソンは「適切なアイデンティティの感覚が確立されて初めて異性との本当の親密さが可能になる[8]」と述べている。

2　職業選択の過程

(1) 職業選択の社会的要因

どのような職業に就くかは個人の自由である。憲法は職業選択の自由を保障している

（憲法第二十二条）。しかし実際には個人の自由意思だけで職業を選択できるわけではない。そこにはさまざまな社会的要因が働いて個人の職業選択を規制している。例えば、親に経済力があれば子ども（青年）は高等教育を受け、専門的な高度の知識・技能を習得して職業能力を高め、職業選択の幅を広げることができる。しかし親に経済的余裕がなければ子ども（青年）は高等教育の機会もなく、早々に仕事に就いて収入を獲得し自立することを親から期待される。いま高校二年生を保護者の年収によって上位層（七〇〇万円以上）、中位層（三〇〇万〜七〇〇万円）、下位層（三〇〇万円以下）に分け、大学（大学院も含む）への進学希望率を見ると、それぞれ四七・六％、三七・三％、二六・六％と下位層ほど進学希望率は低く、その理由として「進学の費用が心配」をあげたものは三二・二％、四四・五％、五九・四％と下位層ほど多くなっている。[9] 彼らの保護者（調査対象有効票＝高校二年生の保護者一、八五二人）も子どもの高校卒業後の進路として四年制大学進学を希望しているのはそれぞれ四一・六％、二七・一％、一八・七％と下位層ほど低く、逆に就職希望は一五・九％、二六・七％、三三・六％と下位層ほど高くなっている。[10]

　青年の職業選択を規定しているのは経済的要因ばかりではない。社会的・文化的要因も青年の職業選択を規定している。表5－1は子ども（中学三年生）の「現実的な学歴」（質問文は「現実的にはどの学校まで行くことになると思うか」）についての回答を保護者の回答別（学歴別）に見たものであるが、保護者の学歴と子どもの現実的な学歴は明確な比例関係にあり、保護者の学歴が高いほど子どもの現実的な学歴も高い。また家族の有する文化資本、例えば本の冊数やピアノ所有といった文化的背景も子どもの学歴に影響を及ぼしているという調査研究もある。[11] 大学卒業者の群は大学に進学しなかった群よりも男女ともに所持する本の冊数が多く、ピアノ所持率が高い（十五歳時の所持率）。また親（父母どちらか・もしくは双方）が同じように大学に行っていなくても、つまり同じ「不利な状況」にあっても、所持する本の冊数が多く、ピアノ所持率が高い子どもの方が大学に進学しているし、親が同じように大学卒業者であっても所持する本の冊数が多く、ピアノ所持率が高い子どもの方が大学への進学率が高い。家庭の文化度が高い子どもの方が大学への進学機会が多いわけである。

（%）

子どもの現実的な学歴 / 保護者の学歴		中学校まで	高校まで	専門学校・高専・短大まで	大学・大学院まで
中学校まで	（16人）	62.5	25.0	6.3	6.3
高校まで	（709人）	3.7	75.3	11.1	8.5
専門学校・高専・短大まで	（647人）	0.8	22.6	53.6	21.5
大学・大学院まで	（1,621人）	0.6	5.0	5.0	88.5

注1　「その他」・「無回答」を除く。
注2　調査対象は中学3年生、有効回収票は3,192票。
出典　内閣府『親と子の生活意識に関する調査報告書』（2012），p.37.

表5-1　保護者の学歴と子どもの現実的な学歴

このような「親子の学歴再生産」の傾向は職業についても見られる。表5－2は親子の世代間の職業階層の関連を示したものである。子どもの出身階層である親の職業階層と子どもの現在の職業階層（到達階層）を職業文化の視点からそれぞれ四職種にカテゴリー化して簡略化した[12]。既に、子どもの職業階層（到達階層）に及ぼす親の職業階層（出身階層）の影響は低下しているという指摘もあるが[13]、しかし一方で親の期待が子どもの職業選択に影響を及ぼし、職業継承性を高めること、特に専門的職業ほど親の期待は高く職業継承性が高いとする研究[14]や親と子の職業環境には有意な関係があり、親の職業的態度が子どもへの職業継承性を規定しているという研究もある[15]。一般的に言えば、このような世代間の職業移動あるいは職業継承性は職業階層の区分の仕方によって結論が異なる。職業階層を細かにすれば親子の世代間の全体移動率

（%）

	子ども本人職業階層（現職）				
父親職業階層（子ども本人の出身階層）	専門	ホワイトカラー	ブルーカラー	農業	計（人）（%）
専　門	47.2	36.2	14.2	2.4	127　（ 6.6）
ホワイトカラー	14.7	56.7	27.2	1.4	639　（33.2）
ブルーカラー	9.9	31.9	55.9	2.3	689　（35.8）
農　業	5.3	27.3	46.5	20.9	469　（24.3）
計（人） （%）	247 （12.8）	756 （39.3）	795 （41.4）	126 （6.5）	1,924（人） （100.0）

出典　平沢和司『格差の社会学入門』（2014），p.89.より再集計した。

表5-2　職業階層の世代間移動

は高くなるし、職業階層を大まかに区分すれば親子が同じ職業階層に属することになって移動率は低くなり職業継承性が生じる（職業階層の再生産）。さらに言えば親子の世代間での職業階層分布の時代的変化ということもある。産業化による就労構造の変化によって農業の後継者がいなくなり、農業就業人口が減少しているのは、その例である。

表5-2の場合、職業階層の再生産率は○・四七となるから出身階層は到達階層に一定程度の影響を与えているといえる。ホワイトカラー層を出身階層とする子どもは同じホワイトカラー的な職業を到達階層とし、ブルーカラー層を出身階層とする子どもは同じブルーカラー的な職業を到達階層としている。親の職業は家族の文化的背景となって子どもに薫化的な影響を与えるのである（薫化とは社会化主体である親〔大人〕も社会化客体である子どもも無意識の内に、子どもが知らず知らず影響を受けるという社会化の形態である）。

このように青年の職業選択過程には家族集団の経済的、あるいは社会的・文化的な要因が影響しているのであり、それは子どもの側から言えば、無意識的レベルの職業的社会化（個人が職業文化を習得していく過程のこと。第六章参照）である。

（2）職業選択の個人的要因

①職業選択における能力・興味・価値観

しかし、青年の職業選択が社会的要因によって規定されているとはいえ、実際に職業を選択するのは青年自身である。青年自身が自己の能力、興味、価値観、人生観などに基づいて職業を選択する。

どのような職業であっても、その職業に必要とされる特有の知識・技能があるが、そのような職業的な知識・技能を有し、その職業活動を遂行していくことができる力のことを職業的能力という。またそうした力を有するであろう可能性をも含む。特に青年の場合は職業的な知識や技能を習得しているわけではなく、未だその習得過程の途上にあるから職業選択といっても将来その職業活動を十分に遂行しうるであろうという潜在的可能性に比重をおいている。青年期がそもそも将来の可能性を含んだ社会的位置にあるから、職業についても青年自身が自らの潜在的可能性（潜在的能力）を基準に選択するのである。だからこそ青年期のアイデンティティの確立は重要なのである（第四章）。

職業に対する興味とはある職業を好ましく思い、関心を持って主体的に選択しようとする心的傾向である。職業興味という。先に述べたように職業は生計維持のための手段的活動であるから興味云々にかかわらず、誰もが従事しなければならないが、しかし、職業興味があり、自己の適性に合った職業であれば意欲的に取り組み、能力を発揮しやすいし、その職業活動を長く続けていくことができる。一般的に言えば、児童期の職業についての興味は空想的・表面的・断片的であるが、青年期になって職業選択が現実の問題となると、そしてまた認知範囲が広くなり、理解も進んでくると、職業を現実的・具体的・全般的にとらえるようになる。

職業に対する価値観、すなわち職業価値観とは職業に対して抱く一定の評価的な観念であり、平たく言えば職業の何に価値があると認めるか、職業の何を重視するかという職業に対する考え方である。職業価値観は職業選択において最も重要な要因である。価値を認めないような職業を長く続けることはできないし、そのような職業活動からはどのような満足も得られない。自己の職業価値観に合った職業を選択しなければ職業活動は退屈で虚しく、無意味なものになってしまう。職業価値観はその個人のライフスタイルそのものと言ってよい。職業選択は職業を通してどのように生きていくかという人生観の問題なのである。

②職業興味と職業価値観

職業興味の視点から職業選択を詳細に分析していったのは職業心理学者のホランド（Holland, J. L.）である。彼は、職業興味を①現実的、②研究的、③芸術的、④社会的、⑤企業的、⑥慣習的の六タイプに分類し、それに対応する形で職業類型も六タイプに分類して個人の職業興味と職業類型が類似的であれば安定的な職業選択がなされやすいと主張した。[16] 職業類型とは①［現実的］機械や物を対象とする技術的な仕事、②［研究的］研究や調査などの研究的・探索的な仕事、③［芸術的］音楽・美術・文芸などの芸術的な仕事、④［社会的］対人接触的・社交的・奉仕的な仕事、⑤［企業的］企画・立案や組織運営など経営的な仕事、⑥［慣習的］規則や慣習に関わる法律的・行政的な仕事、である。そしてホランドは、この職業興味の六類型は相互に内的関連性を持つとして類似的なタイプが隣接するように六角形の図に示したことから六角形モデルと

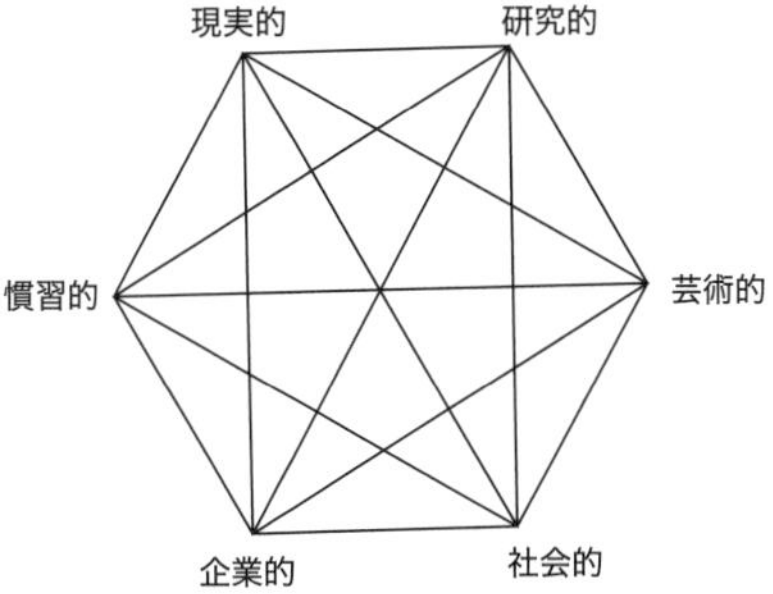

出典　Holland, J. L. 1973, *Making Vocational Choices*, 渡辺三枝子、松本純平、道谷里英（共訳）『職業選択理論』（2013）, p.16.

図5-1　パーソナリティ、環境、あるいはそれらの相互作用の心理学的類似性を定義するための6角形モデル

して知られている（図5―1）。

このホランドの六角形モデルに基づいた職業興味の測定結果のうち、二十代の青年の測定結果を示すと表5―3のようである。[17]興味の高い（平均値）領域は社会的と現実的であるから、青年の職業興味は「社会的」、または「現実的」な要素を含む職業に向けられているわけである。「芸術的」要素を含む職業は平均値が低く、しかし標準偏差が大きいから、この領域の職業は分化しており、「芸術的」要素が強く要求される職業とあまり要求されない職業があるということになる。

表5―4は青年が仕事を選択する際に重視する観点について見たものである。[18]十三項目の観点があげられているが、整理すると大まかに三つのカテゴリーにまとめることができる。自己の能力を活用し仕事を成し遂げたいという「自己達成」、社会的地位の獲得に関わる「社会的評価」、雇用や収入の安定と働き方という「労働条件」である。このうち労働条件と自己達成の比率が高い

	現実的	研究的	芸術的	社会的	企業的	慣習的
平　均	3.56	3.24	2.88	3.61	3.07	3.10
標準偏差	1.19	1.30	1.39	1.27	1.23	1.18

注1　調査対象者＝20代，4,919人（男性＝2,850人、女性＝2,069人）
注2　職業興味に関する6項目について当てはまる程度を「合っていない」1から「合っている」5までの5件法で尋ねている。
出典　佐藤舞「職業興味と職業価値観」労働政策研究・研修機構『職務構造に関する研究』（労働政策研究報告書 No.146, 2012），p.69.

表5-3　職業興味の平均値と標準偏差（20代）

から今日の青年は労働条件と自己達成という二つの価値を重視して職業を選択しており、社会的評価は選択基準としてはそれほどに重視していないということになる。

しかし、青年の職業選択の背景にも先にも述べたように（第三章、第四章）、現代青年の私生活優先主義的な価値観がある。表5―5は青年（十六〜二十九歳）を対象に仕事と家庭・プライベート（私生活）のバランスについて二〇一一（平成二十三）年と二〇一七（平成二十九）年の二時点を比較したものであるが、[19]「仕事よりも家庭・プライベート（私生活）優

（%）

		とても重要	まあ重要	重要（計）
自己達成	自分のやりたいことができること	42.3	46.2	88.5
	自分が身につけた知識や技術を活かせること	31.2	47.5	78.7
	能力を高める機会があること	25.0	48.2	73.2
	人の役に立つこと	23.7	48.1	71.8
	指示されずに自分の責任で決められること	14.3	41.5	55.8
社会的評価	社会的評価の高い仕事であること	16.4	40.8	57.2
	実力主義で偉くなれること	14.9	36.7	51.6
労働条件	安定していて長く続けられること	50.0	38.8	88.8
	収入が多いこと	46.0	42.7	88.7
	自由な時間が多いこと	33.9	48.3	82.2
	自宅から通えること	44.3	36.0	80.3
	子育て、介護等との両立がしやすいこと	27.4	42.7	70.1
その他	福利厚生が充実していること	41.1	44.1	85.2

注1　調査対象は全国の16〜29歳までの男女（有効回答数　10,000）
注2　それぞれの観点をどれくらい重要だと思うかの問いに対する4件法。「あまり重要でない」と「まったく重要でない」は省略した。
注3　項目の順序は入れ替えている。
出典　内閣府『平成30年版　子供・若者白書』（2019）, p.11.

表5-4　仕事を選択する際に重要視する観点

先」が増加傾向にあり、逆に「家庭・プライベート（私生活）よりも仕事を優先」は減少傾向にある。今日の青年は私生活化という社会的風潮の流れの中で労働条件と自己達成という基準に基づいて職業を選択しているのである。だから労働条件と自己達成の中にも私生活優先主義的な価値観が色濃く反映されている。先の表5―4にあるように「自由な時間が多い」や「自宅から通える」という自己本位的な「労働条件」、そして「自分のやりたいことができる」や「自分の責任で決められる」という自己本位的な「自己達成」は私生活化の流れをそのままに映し出している。

3　配偶者の選択過程

配偶者の選択過程は、配偶者選択の主体（誰が配偶者を選択するか）、配偶者の選択範囲、配偶者の選択基準という三

（　）内は人数　（%）

	2011年度調査			2017年度調査		
	全体 (3,000)	男性 (1,500)	女性 (1,500)	全体 (10,000)	男性 (5,104)	女性 (4,896)
仕事よりもプライベート(私生活)を優先する	52.9	47.3	58.6	63.7	58.3	69.4
家庭・プライベート(私生活) よりも仕事を優先する	17.1	20.9	13.3	12.7	15.0	10.2
どちらともいえない	29.9	31.8	28.1	23.6	26.7	20.4

出典　内閣府『平成30年版子供・若者白書』(2019), p.12.

表5-5　仕事と家庭・プライベート（私生活）とのバランス（16〜29歳の男女）

つの視点から分析することができる。

（1）配偶者選択の主体

配偶者の選択は結婚する当の青年自身が自らの自由意志によって選択する場合と、青年の家族や親族が選択する場合とに分けられる。

日本は伝統的に家父長制による家族制度をとっていた。家父長制とは家長が絶対的な権力（家長権）を有し他の家族員を統率・支配する家族形態であり、近世の武士階級において広く定着していたが、これを基に法制度として整備したのが明治政府である。明治政府は家を国家の構成単位とし、国家統治の安定化を図るために一八九八（明治三十一）年に民法（親族・相続）を制定して家、戸主権、家督相続という一連の制度を規定し、長男が戸主（家長）の地位を相続して（家督相続）、「家」を永久に存続させていくものとした。したがって婚姻も「家」を存続させるための手段と見なされ、配偶者選択も戸主によって統制されていた。青年男女の自由な交際は規制され、それぞれ隔離状態におかれていたのである。そのために未知の青年男女を媒介し、結婚成立までの手続きを整えていく仲人の役割が重要となり、仲人が双方の戸主と協議しつつ進めていくようになった。配偶者選択には青年の意思よりも家格が重視され、ほぼ同格の家同士が選ばれた。こうした仲人が両家の仲立ちをする結婚形態を仲人結婚という。

　しかし、仲人結婚では当人が結婚当日まで相手を知らないことがあるために結婚がほぼ決まれば男女双方の結婚の意思を確認するという意味での見合いが行われるようになった。[注1] これが見合い結婚である。見合い結婚は、一九四七（昭和二十二）年に新憲法の下で民法がそれまでの家族制度に基づく規定から個人の尊重・男女平等に基づく規定へと全面的に改正されてからも今日まで続いている結婚形態である。

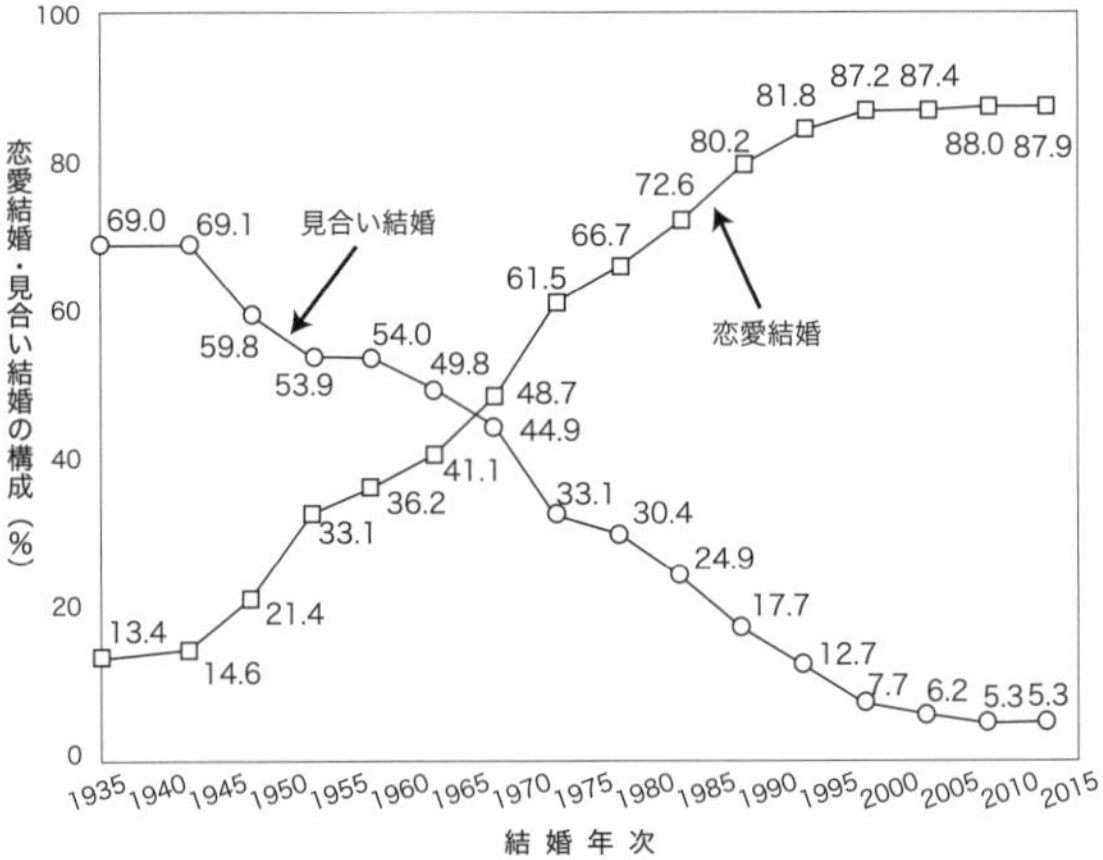

出典　国立社会保障・人口問題研究所『現代日本の結婚と出産　第15回出生動向基本調査』(2017), p.38.

図5-2　結婚年別にみた、恋愛結婚・見合い結婚構成の推移

だが、近年は形は見合いでも選択的になり、男女が知り合う契機という意味でしかなくなってきた。そして知り合った後は当事者の判断に任されるというように本人の自由意思が尊重されるようになった。それがさらに進み、一九六〇年代からは図5－2に見るように[20]、男女の愛情に基づく交際から結婚へと進む恋愛結婚が多くなり、以後一貫して恋愛結婚が増え続け、二〇一五（平成二十七）年には九割近くが恋愛結婚となっている。

(2) 配偶者選択の範囲

恋愛結婚の場合、配偶者の選択範囲は未婚の男女が相互に接触する範囲に限られる。だが、見合い結婚の場合は仲人が相互に未知の相手を紹介するという形をとるから、その選択範囲は遠方にまで及ぶこともある。今日では従来の個人的な仲人に代わって結婚情報サービス産業が仲人役を担うようになったり、インターネットで結婚活動を行うネット婚活も増えてきたから配偶者の選択範囲は大幅に拡大してきた。

表5－6は夫婦が出会ったきっかけを示している[21]。かつては見合い結婚と「職場・仕事」を出会いとする恋愛結婚が多かったが、恋愛結婚が増え、その出会いも「職場・仕事」から「友人・兄弟姉妹を介して」と「学校」が多くなってきた。高度成長期には企

業は従業員の福利厚生に力を入れて家族主義的な経営をし、従業員の結婚問題にまで配慮していたから職場が青年男女の「出会いの場」となり、職場結婚とか社内結婚、寿退社と言われた。しかし近年は男女にかかわらず成果主義の導入、長時間労働、仕事内容の専門化・個別化、企業営利優先の人員配置といった企業文化の変化によって職場が出会いの場となる機会は縮小してきたのである[22]。さらに女性の就業意欲の高まり、若者の非正規雇用化も職場結婚を難しくしている。逆に「友人・兄弟姉妹」が増加してきたのは紹介者に対する気安さや安心感、また紹介された相手の素性、人柄、経歴が前もってわかることによる安心感があるからである。そして紹介者も既に青年男女のそれぞれの情報を得ており、その情報に基づいて紹介す

（　）内は人数　(%)

	恋愛結婚							見合い結婚	その他
	職場や仕事で	友人・兄弟姉妹を通じて	学校で	街なかや旅先で	サークル・クラブ、習いごとで	アルバイトで	幼なじみ・隣人		
1982(昭和57)年(1,295)	25.3	20.5	6.1	8.2	5.8	−	2.2	29.4	0.3
1992(平成4)年　(1,525)	35.0	22.3	7.7	6.2	5.5	4.2	1.8	15.2	1.6
2002(平成14)年(1,488)	32.9	29.2	9.3	5.4	5.1	4.8	1.1	6.9	3.0
2015(平成27)年　(894)	28.2	30.8	11.7	5.7	4.8	3.8	1.6	6.4	5.0

注1　調査時点より過去5年間に結婚した初婚同士の夫婦について
注2　1982(昭和57)年調査には「アルバイトで」を選択肢に含まない。
出典　国立社会保障・人口問題研究所『現代日本の結婚と出産　第15回出生動向基本調査報告書』(2017), p.80.

表5-6　夫婦が出会ったきっかけ

るから「似合い」の相手である確率が高いのである。[23]「学校で」も同様に、同じ学校の同級生・先輩・後輩であれば互いに相手のことをよく知っているという安心感がある。「その他」も微増しているが、これはインターネットを利用しての出会いなどである。結婚相談所、ネット系婚活サービス、婚活パーティ・イベントという婚活サービスを通じて結婚した人の割合は、二〇〇〇年一・四%→二〇一〇年四・一%→二〇一九年一三%と年々増加傾向にある。[24]

恋愛結婚といっても、かつては日常生活の場が出会いの機会となっていたが、近年ではそもそもの出会いを目的とした場を別に作るようになってきたのである。それはインターネット利用ばかりでなく、「友人・兄弟姉妹を介して」というのもその例といってよい。

(3) 配偶者選択の基準

ところで配偶者選択においては、社会的文化的属性が類似的な男女ほど相互に選択されやすいという傾向がある。これを同類婚という。逆に社会的文化的属性が異なる、あるいは自分には無いものを持った相手を選択する場合もあり、これを異類婚という。恋愛結婚の配偶者選択は接触機会に左右されるが、職業、教育程度、趣味・関心といった社会的文化的属性の類似的なもの同士ほど接触機会も多く、接触頻度も高いだろうから配偶者として選択されやすい傾向がある（同類婚）。

表5−7は、初婚同士の夫婦の出会いの平均年齢と結婚時の平均年齢、夫婦の年齢差を見たものである。夫婦ともに平均初婚年齢は上昇し、一九九二（平成四）年から二〇一五（平成二十七）年までの二十三年間で恋愛結婚では夫が二・四歳、妻が三・四歳上昇している。特に妻の年齢上昇が著しい。女性の高学歴化、社会進出、キャリア志向によるものだろう。その一方で夫婦の結婚時の平均年齢差は縮小化している。女性の高学歴化によって同じクラス同士、同学年同士での交際機会が増えたこともあるし、「友人

（　）内は客体数　（歳）

			夫		妻		夫婦の平均年齢差
			平均出会い年齢	平均初婚年齢	平均出会い年齢	平均初婚年齢	
総数	1992（平成 4）年	(1,342)	25.4	28.3	22.8	25.7	2.6
	2002（平成14）年	(1,221)	24.9	28.5	23.2	26.8	1.7
	2015（平成27）年	(738)	26.3	30.6	24.8	29.1	1.5
恋愛結婚	1992（平成 4）年	(1,102)	24.2	27.6	21.9	25.3	2.3
	2002（平成14）年	(1,090)	24.2	28.0	22.7	26.5	1.5
	2015（平成27）年	(641)	25.4	30.0	24.1	28.7	1.3

注1　対象は各調査時点より過去5年間に結婚した初婚どうしの夫婦。
注2　夫妻の平均年齢差は計算した。
出典　国立社会保障・人口問題研究所『第15回出生動向基本調査（結果の概要）』（2017），p.37.

表5-7　夫妻の平均出会い年齢、平均初婚年齢、平均年齢差

を通して」の出会いの機会（表5―6）が増えれば同年齢が増えるだろう。同年齢化による同類婚である。学歴にも同類婚の傾向が見られる。表5―8は夫婦の学歴組み合わせ別の比率を見たものである。夫婦の最終学歴を四段階に分類して比較すると、夫婦の学歴が同じレベルである「同類婚」は四四・七％を占める。ちなみに夫の方が高学歴は三三・一％、妻の方が高学歴は二二・三％となっている。

　このように年齢や学歴の同類婚が多いのは恋愛結婚が増えたからである。恋愛結婚は当事者の接触機会によるから同じ学校、同じクラスでの接触機会があれば、また企業の採用基準というフィルターを通して資質の近い青年男女が集まる職場[25]での接触機会があれば、恋愛結婚にまで進むことが多くなり、そうなれば同類婚が多くなる。年齢、学歴、職業といった社会的文化的

（%）

		夫の学歴				
		中学校	高校	短大・高専他	大学・大学院	合計
妻の学歴	中　学　校	0.7	1.5	0.3	0.5	2.9
	高　　　校	2.7	15.6	6.8	7.5	32.6
	短大・高専他	1.6	12.6	10.5	16.5	41.1
	大学・大学院	0.4	3.2	1.8	17.9	23.4
	合　　　計	5.4	32.9	19.4	42.3	100.0

注1　2016年調査。N=1,702
注2　父子世帯、ふたり親世帯の父親回答票、学歴不詳票を除いた集計結果である。
出典　労働政策研究・研修機構『子どものいる世帯の生活状況および保護者の就業に関する調査2016（第4回子育て世帯全国調査）』調査シリーズNo.175（2017）. p.24.

表5-8　夫婦間の学歴マッチング

特性が男女の接触機会を作り出しているのである。

さらに当事者の心理的な側面での選択基準も重要である。表5-9は結婚相手に求める条件について見たものであるが、男女ともに「①価値観が近い」、「②一緒にいて楽しい」、「③一緒にいて気をつかわない」が高い比率を占めている。しかし一緒にいて楽しく、気をつかわないのは価値観の合う相手であるから、要するに「人柄・性格」が重視されているわけである。「恋愛感情」も多いが、恋愛感情は特定の異性に対して特別の愛情を感じることであるから「人柄・性格」に含めて、これらを「内面的要素」としておこう。内面的要素は女

(%)

	男性（428人）	女性（516人）	全体（944人）
① 価値観が近いこと	72.2	78.5	75.6
② 一緒にいて楽しいこと	67.8	80.0	74.5
③ 一緒にいて気をつかわないこと	65.7	80.0	73.5
④ 金銭感覚	35.3	57.4	47.4
⑤ 恋愛感情	34.6	46.1	40.9
⑥ 自分の仕事を理解してくれること	32.7	36.0	34.5
⑦ 経済力があること	7.5	52.5	32.1
⑧ 共通の趣味があること	31.1	31.2	31.1
⑨ 容姿や好みがあること	35.3	27.3	30.9
⑩ 親が同意してくれること	11.7	37.6	25.8
⑪ 家事分担	14.7	29.8	23.0
⑫ 家事や家計をまかせられること	25.5	13.6	19.0
⑬ 年齢	14.3	15.9	15.1
⑭ 職種	3.7	16.7	10.8
⑮ 学歴	3.5	10.1	7.1

注1　対象は、20代・30代の未婚者、かつ将来結婚したい人
注2　男女ともに10％未満の項目は省略した
出典　内閣府政策統括官『結婚・家族形成に関する意識調査報告書』(2015), p.45.

表5-9　結婚相手に求める条件（複数回答）

性の方に多いが、男女ともに高い比率を占めている共通要素である。この内面的要素を第一次条件とすれば、第二次条件には性別による違いがあり、男性は「⑫家事や家計をまかせられる」と「⑨容姿や好み」が多く、女性は「⑦経済力」や「④金銭感覚」といった経済的事項がかなり多く、また「⑩親の同意」も多い。「⑩親の同意」は女性にとっては男性の親の承認であり、結婚の正当性の担保であって結婚後の家庭生活の円滑な営みを期しての条件である。要するに男性は「家事遂行・家計管理」という家庭生活の安定的な運営能力を女性に求め、女性は「経済力」（金銭感覚を含む）という家庭生活の安定的基盤や生活保障を男性に求めているのである。男女ともに結婚後の家庭生活の安定化を望んでいるが、そのために相手に求める条件が異なっているわけである。いわば相互に欲求を補い合った選択をしている。このように自分には無いものを持った相手、あるいは自分の足りない部分を補ってくれるような相手を選択することを欲求相補性という[26]。その意味では欲求相補性は異類婚的だということになる。

したがって配偶者選択は青年男女の接触機会を作る社会的文化的特性と、内面的要素という心理的特性における類似性を第一次的選択条件にし、そして結婚後の家庭生活の安定化を図るために男性は女性に家庭運営能力を求め、女性は男性に経済力を求めるという相補性を第二次的選択条件にしているといえる。

そしてまた表5-9に見るように、総じて女性の方に比率の高い項目が多く、女性が多様な視点から配偶者を選択しようとしていることを示している。結婚に対する期待が大きく、かつ慎重を期しているからである。それは男性が結婚を精神的・社会的安定のための手段（家族集団の休息と慰安の機能。第三章）と考えているのに対し、女性は精神的・社会的、また経済的安定のための手段であると同時に結婚を「家庭を築く」という幸福の目的と考えているからであり、その幸福な家庭を築くことの保障を得たいとしているからである。

注

1　松下電器産業の創始者・松下幸之助（一八九四（明治二十七）年十一月二十七日～一九八九年（平成元年）四月二十七日）は二十歳のとき（一九一五（大正四）年五月）に、むめ夫人（十九歳）と西大阪・松島にある八千代座の前の雑踏の中で見合いをした。しかしあたりの人がみな「見合だ、見合だ」とささやくので恥ずかしさのあまりあがってしまった。（だからうつむいたままだったのだろう——筆者注）「気がつくともう先方（むめ夫人）は芝居の看板の前に立っている。義兄が『幸之助、見よ、見よ』というから初めてわれにかえって見直したが、時すでに遅く、（むめ夫人の）後ろ横顔しか見えない。しかも少しうつむいているからなおさら見えない。……おそらく先方（むめ夫人）もこんな調子で私を見ておらないと思う。……それでも義兄が『定めとけ、定めとけ、そう悪くないぞ』ということですべてが決定して、もらう返事をすることにした」（松下幸之助『私の行き方考え方――わが半生の記録』（一九八六、ＰＨＰ研究所、五五-五九頁）。一九一五（大正四）年九月四日に結婚。

文献

［1］尾高邦雄『職業の倫理』中央公論社、一九七〇年、七三-八〇頁

［2］尾高邦雄『新稿・職業社会学』福村書店、一九五三年、二八頁

［3］尾高、前掲、一九五三年、三一頁

［4］Maslow, A. H., 1970（小口忠彦訳『人間性の心理学』産業能率大学出版部、一九八七年、七二頁）

［5］尾高、前掲、一九五三年、三一頁

［6］二〇一一年改訂、労働政策研究・研修機構『職業名索引』二〇一一年

［7］「アイデンティティの拡散状態」という。小此木啓吾『モラトリアム人間の時代』中央公論社、一九七八年、二〇頁。

［8］Erikson, E. H., 1959（西平直他訳『アイデンティティとライフサイクル』誠信書房、二〇一一年、一〇三頁）

［9］調査対象有効票＝高校二年生一、八八二人。二〇一六年調査。北海道保健福祉部・北海道大学大学院教育学研究院「子どもの生活実態調査」研究班『北海道子どもの生活実態調査結果報告書』（二〇一七）二三頁より再集計。

［10］同報告書、二四頁より再集計。

［11］松岡亮二「教育格差の趨勢」吉田和久編『２０１５年ＳＳＭ調査報告書4　教育Ⅰ』二〇一五年ＳＳＭ調査委員会、二〇一八年、一八七-二二三頁

［12］平沢和司『格差の社会学入門』（北海道大学出版会、二〇一四年）八九頁の［八職種×八職種］の世代間移動表を［四職種×四職種］に集計し直した。

［13］富永健一『日本の階層構造』東京大学出版会、一九七九年、五一-六三頁

[14] 田中宏二他「父親の職業が息子の職業選択に及ぼす影響に関する研究」『教育心理学研究』二七巻四号、一九七九年、二七二―二八一頁

[15] ただし、小・中学校教師・大学教師・建築設計士についての研究。田中宏二他「職業選択に及ぼす親の職業的影響　小・中学校教師・大学教師・建築設計士について」『教育心理学研究』三三巻二号、一九八五年、一七一―一七六頁。

[16] Holland, J. L., 1997（渡辺三枝子他訳『ホランドの職業選択理論』一般社団法人雇用問題研究会、二〇一三年、三一―六三頁）

[17] 佐藤舞「職業興味と職業価値観」労働政策研究・研修機構『職務構造に関する研究』二〇一二年（労働政策研究報告書 No.146）、六九頁

[18] 内閣府『平成三十年版子供・若者白書』二〇一九年、一一頁

[19] 内閣府、前掲、一二頁

[20] 国立社会保障・人口問題研究所『第十五回出生動向基本調査（結果の概要）』二〇一七年

[21] 国立社会保障・人口問題研究所、前掲

[22] 岩澤美帆他「職縁結婚の盛衰と未婚化の進展」『日本労働研究雑誌』二〇〇五年（No.535）二一―二六頁

[23] 岩澤美帆「職縁結婚の盛衰からみる良縁追求の隘路」佐藤弘樹他編『結婚の壁』勁草書房、二〇一〇年、四二頁

[24] 全国の二十~四十九歳の男女。二〇二〇年調査実施。有効サンプル数五〇、〇〇〇。婚活実態調査（リクルートブライダル総研調べ）二〇二〇年より。

[25] 岩澤美帆、前掲、二〇一〇年、四六頁

[26] 望月嵩「配偶者選択と結婚」正岡寛司他編『現代家族論』有斐閣、一九八八年、一〇七頁

◉第六章　職業キャリアの形成
組織における役割

産業化の進行に伴って社会の機能分化が進み、それぞれの機能を担う職能組織（機能組織）が発達してきた。現代社会では多くの人々は職能組織に雇用され、その組織の中で職業的活動を遂行していくようになった。だが、そのためには人々はそれぞれの組織の組織文化と職業文化を習得して社会化されていかねばならない。人々はどのように職業的に社会化され、どのように職業キャリアを形成していくのだろうか。

1　職業生活における社会化

今日の職業生活には二つの社会化の側面がある。職業的社会化と組織社会化である。

職業には、どのような職業であれ、その職業的活動に必要とされる知識や技能、価値や規範、行動様式がある。これを「職業文化」という。文化は第三章で述べたように、一般に認知的文化と規範的文化に分類できるが、職業文化も同様に職業的活動に必要な知識や技能、言語や思考といった知的な働きに関わる認知的職業文化と職業的活動に期待される規範、態度、行動様式、価値や信念といった行為の仕方、行為の指針に関わる規範的職業文化とに分類できる。そして個人が職業的活動を遂行していくためには、それぞれの職業の持つ職業文化を習得しなければならない。この、個人が職業文化を習得していく過程を「職業的社会化」という。職業的社会化を経て個人は職業人としての職務、つまり職業的役割という社会的人間としての社会的役割を遂行していくことができる。しかし、今日のような産業社会においてはどのような職業であっても専門職能化した組織に編成されており、一部の例外はあるものの（例えば、伝統工芸の職人など）、多くの人々は職能組織に所属することによって職業的活動を遂行している。

　そして組織とは、特定の事業目的を達成するために関連する諸活動を合理的に整序した集合体である。組織の諸活動はそれぞれ組織活動の一環として事業目的達成のために定められた規則にしたがって明確に規定されており、パターン化されている。組織の成員（個人）は組織からその規定され、パターン化された活動を「職務」として割り当てられ、遂行していく。この職務の遂行が個人（組織成員）にとっては職業的活動であり、「仕事」なのである。

個人は組織に所属すると組織成員としての職務を遂行していくために、その職務遂行の仕方を規定している組織の理念や規則、ビジョン、価値観や規範、慣行や行動様式を習得していかなければならない。これを「組織文化」といい、この組織文化を個人が習得していく過程を「組織社会化」という。組織文化も認知的組織文化と規範的組織文化に分類することができる。前者は組織の維持・存続に必要な知識や技能、理念やビジョン、言語や思考などであり、後者はその組織の活動を推進していくために共有化されている規範や態度、行動様式、慣行や慣習、倫理や行儀作法などである。

組織における職務遂行の仕方や職務遂行の方針はその組織文化によって規定される。個人は組織文化を習得しつつ組織社会化され、組織としての職務（＝職業的活動＝仕事）を遂行していく。この組織社会化は組織内の上司や同僚といった人間関係を通して進行していく。と同時に、職業的社会化もその組織内の人間関係を通して進行していく。今日の人々の職業的活動は所属組織を通して遂行されるからである。

職業的社会化も組織社会化も組織内の人間関係を通して進行していくが、職業的社会化はその職業に共通、かつ特有の職業文化を個人が習得していく過程であり、組織社会化はその組織において共有されている組織固有の組織文化を個人が習得していく過程である。

この関係は比喩的に縦軸に組織社会化、横軸に職業的社会化としてとらえるとわかりやすい。職業的社会化はその職業に共通、かつ特有の職業文化を個人が習得して職業的活動（仕事）を遂行していく能力を身につけることであるから（横軸）、その職業的活動（仕事）の遂行能力はどのような実践の場、つまりどのような組織（縦軸）においても有用である。だが、職業を変更すれば当然のことにその新たな職業文化を習得していかなければならない。

他方、組織社会化は個人が所属している組織において共有されている、その組織に固有の組織文化を習得していくことであるから、その組織文化の習得（＝組織社会化）は極端に言えば、その所属組織においてのみ通用する（縦軸）。そして職業的活動は今日では職能組織に所属することによって遂行可能であるから、その所属組織に固有の組織文化に規定されつつ遂行していくことになる。職業的社会化は所属組織の組織文化に規定されつつ、つまり組織社会化されつつ進行していくというわけである。だから同種の職業であっても所属組織が異なれば組織文化も異なり、その職業的活動の遂行の仕方も異なってくるのである。転職等によって別の組織に移動すれば、たとえ同種の職業であっても個人はその別の組織の組織文化を習得し、再社会化（既に社会化された個人が再び社会化されること）されなければならない。組織再社会化である。したがって個人は、実際には職業的社会化（横軸）と組織社会化（縦軸）が交差する場に位置して、所属する職能組織の中で職業的社会化と組織社会化を同時に進行させていくのである。もちろんいずれの社会化も組織内の人間関係を通しての、職業的活動に関わる文化の習得過程であるから重複する側面も多々ある。

2　予期的社会化とリアリティ・ショック

（1）職業的予期的社会化と組織的予期的社会化

職業的社会化も組織社会化も個人が職能組織に所属し、職業生活が始まった時点から進行していくが、しかし組織に所属する前からいずれの社会化も既に始まっている。予期的社会化（第三章）である。つまり社会化の過程は、個人が実際に集団に所属する時点を境にして集団所属以前の社会化と集団所属以後の社会化という二段階に区分できるというわけである。組織社会化について言えば、組織に所属する以前の「予期的社会化」と、組織に所属してからの、組織による社会化を意味する「組織内社会化」とに分けられる（予期的社会化に対して、集団所属以後の実際の集団経験による社会化を経験的社会化といってもよい。第七章参照）。いま前者を組織的予期的社会化、後者を組織的組織内社会化と呼んでおこう。同様に職業的社会化も職業的予期的社会化と職業的組織内社会化とに区分できる。職業文化にしろ組織文化にしろ、その文化をあらかじめの準備として習得しておけば（予期的社会化）、組織に所属してからの経験的社会化（組織内社会化）をスムーズに進行させ、組織への適応を容易にする。

　職業的予期的社会化は既に青年期の職業選択時において始まっている。というより第三章で述べたように学校教育がそもそも予期的社会化の機関なのである。児童期において子どもは既に学校をはじめ、家族、近隣、友人・仲間、マス・メディアなどを情報源としてさまざまな職業についてのイメージ形成していく。ただ児童期の職業イメージは欲求や興味、あこがれといった空想的なものに過ぎない。青年期になって職業選択が現実味を帯びてくると具体的に職業イメージを形成し、その一方で自己概念を明確化しつつ職業選択の過程に入っていく（第五章）。

職業を選択し、特定の職能組織への所属が内々に決定されると（内定）、組織に所属するまでの間、青年はさまざまな情報からその職業や組織についての期待やイメージを形成して職業生活への準備を進めていく（職業的予期的社会化、組織的予期的社会化）。そうした情報には家族や友人・仲間、マス・メディアやインターネット、あるいは学校などからのインフォーマルな情報もあるが、職能組織が準備指導として直接提供するフォーマルな情報もある。前者を組織外情報、後者を組織情報と呼んでおこう。

組織は新規参入予定の青年に職業や組織への早期の適応を促すために、また人材確保のために教材やパンフレットによる導入教育やトレーニングを実施してフォーマルな形で職業的予期的社会化や組織的予期的社会化を積極的に押し進めていく。若年者雇用実態調査によれば[1]、若年労働者の定着のための対策として「採用前の詳細な説明・情報提供」を行っている事業所は二〇一八年では九、四五五事業所（有効回答数）のうち、正社員に対しては五二％、正社員以外の労働者に対しては四九・二％であった。組織に新たに参入予定の青年は職業的予期的社会化と組織的予期的社会化の結果、前途に、将来に大きな期待を抱き、イメージを膨らませ、これからの職業的活動や組織活動へのモチベーションを高めていくのである。

(2) 組織への参入とリアリティ・ショック

職能組織が青年の予期的社会化の過程において形成された期待やイメージに沿ったものであれば青年の組織内社会化はスムーズに進行していく。しかし、職能組織が青年の期待やイメージに沿ったものとは限らない。予期的社会化を方向づけ、何らかの影響を与える組織外情報や組織情報が事実に基づいた正確なものとは限らないからである。組織はとかく良い面だけを強調し、不都合な事実を隠蔽したり、嘘を並べることさえあるから組織情報といっても正確とは限らない。不都合な事実を故意に隠蔽することを「白い嘘」といい、事実に反する偽りを「黒い嘘」という。[2] そうなれば青年が思い描いていた前途の期待やイメージと現実の組織実態や職業的活動との間にギャップが生じ、そのために青年は衝撃を受け、戸惑い、不安を覚えるようになる。このギャップによる衝撃を「リアリティ・ショック」という。期待が大きく、イメージが理想的であるほどリアリティ・ショックは大きく、そうなれば青年は職業的活動に対するモチベーションを低下させ、組織に対して不信や幻滅を感じ、将来に不安を覚えたり、時には早期離職に至ることもある。若年労働者（十六歳〜二十九歳。六、九五七人）を対象にした初職の継続状況調査によれば、[3]入社後「一〜三年未満」で離職した者は一七・六％、「三か月〜一年未満」で離職は一六・三％、「三か月未満」で離職が一五・五％と半数（四九・四％）が就職後三年以内に離職している。主な理由は「仕事が合わない」四三・四％、「人間関係がよくない」二三・七％、「労働時間、休日、休暇の条件がよくない」二三・四％、「賃金がよくない」二〇・七％などである（複数選択）。新規参入の青年は仕事（職務）内容、労働条件、人間関係についてリアリティ・ショックを受けているわけである。

　しかし、リアリティ・ショックを受けてもそのまま組織に留まっている者も多い。先の若年労働者調査[4]によれば四一・四％がそのまま「現在も継続して勤務」している。離職に至るか否かはリアリティ・ショックの程度や内容、個人の対応の仕方にもよるが、大方はリアリティ・ショックに「折り合い[5]」をつけて、そのまま組織に留まっている。リアリティ・ショックを受けても日常業務の忙しさや早期退職に対する規範的な拒否感（後ろめたさ――引用者）、転職活動の困難さのゆえにそのまま「先送り」にしたり、自分の中でリアリティ・ショックの違和感や疑問を「割り切ったり」、あるいは次第に組織の中の周りの状況を判断できる（つまり空気を読む――引用者）ようになったりするからである。[6]だが、「折り合い」をつけたからといって問題が解決するわけではない。

しかし組織も若年労働者の定着を図るための対策をさまざまに講じている。先の「採用前の説明・情報提供」の他にも正社員に対しては「職場での意思疎通の向上」五九％（正社員以外五八・三％、以下同様）、「本人の能力・適性にあった配置」五三・五％（四九・四％）、「教育訓練の実施・援助」四九・五％（三五・七％）、「労働時間の短縮・有給休暇の取得奨励」三七・八％（三三・四％）などを実施している。[7]組織にとって若年労働者の早期離職は採用・教育に要したコストを考えれば多額の損失であり、人材確保の失敗となるからである。

3　職業文化の習得過程――職業的社会化――

(1) 職場と職業的組織内社会化

今日の産業社会では先に述べたように、多くの職業は職能組織に編成されているが、組織ではどのような組織であっても業務を末端組織の職場に分担させて遂行している。職場は組織の基本単位であり、実際に業務を遂行していく実行集団である。職場といっても組織の規模によって異なるが、一般的にいえば部、課、係、あるいはグループと呼ばれる部署に相当する。その意味で職場はフォーマルな組織であり、第二次集団である（第三章）。しかし、職場は成員が少人数であること、成員は日常的な対面関係にあること、成員は業務を分担し協働していること、職場への所属は長期にわたることといった理由から第一次集団的な性格を有するようになる。職場では成員は組織の合理的編成や合理的関係にとらわれることなく、相互に親密になり、協力的になって第一次集団化していく（第三章）。そしてそうした親密で協力的な対面関係、すなわち第一次関係（第一次集団に対応する社会関係。関係それ自体が目的であったり価値を持つ親密で個人的な関係）がフォーマルな組織としての職場の業務をスムーズに進行させていくのである。職場は合理的に編成された作業組織としてフォーマルな構造をしているが、他面において第一次集団的な性格を持ったインフォーマルな構造をしている。歓迎会や忘年会、レクリエーションといった親睦活動や慰安活動は職場を単位として行われるインフォーマルな集団活動である。

職場のインフォーマルな構造は制度的には公認されないが、成員の自由意思に基づいて自然発生的に形成されるだけに成員相互の結びつきは親密であり、成員の帰属意識は高く、集団凝集性（集団成員を集団に留まらせる力。集団の有する魅力）は強い。このようにフォーマルな組織の中に形成される第一次集団的性格を持った集団を「インフォーマル・グループ」という。だからインフォーマル・グループにおいて形成される価値・規範、行動様式は成員に対して強い規制力を持ち、成員をグループに同調せしめるように作用する（集団圧力という）。職業的組織内社会化は、そして組織的組織内社会化も、フォーマルな組織もさりながらインフォーマル・グループの中で強力に進行していくのである。

（2）インフォーマル・グループの形成

インフォーマル・グループの存在とその重要性を明らかにしたのは産業社会学者メーヨー（Mayo, G. E.）やレスリスバーガー（Roethlisberger, F. J.）らによって行われたホーソン実験（Hawthorne Experiments, 1924〜1932）だった。この実験は物理的な作業条件と従業員の作業能率の関係を明らかにすることを目的に行われたが、[8] 実験結果は、従業員の生産能率や労働意欲は工場の照明や賃金・労働条件といった物理的・経済的条件ではなく職場での人間関係や作業に対する満足感などの社会的・心理的条件によって規制されるというものだった。それまでは作業能率をあげるために科学的管理法（アメリカの機械技師テーラー〔Taylor, T. E.〕の提唱した功利主義的な労働管理の方法。客観的な管理基準を作って工業生産のコスト削減と生産性の向上を図り作業を効率的に行おうとする。テイラーシステムともいう）が採られていたが、その考え方が否定されたのである。作業場は企業の合理的な組織原理によってフォーマルに規定されていたが、それとは別に作業場内にインフォーマル・グループが形成され、従業員はフォーマルな企業の基準に基づいて作業を進めるのではなく、インフォーマル・グループの基準に合わせて作業を遂行していることが明らかにされたのである。従業員はフォーマルな管理・規則に背いてでもインフォーマル・グループの規範に服従していた。

インフォーマル・グループは職場内部に形成されることもあるが、職場そのものがインフォーマル・グループ化することもある。従業員はインフォーマル・グループの人間関係（第一次関係）の中で職務の内容や知識・技能、遂行方法といった認知的職業文化を具体的・実践的に習得し、さらに職務遂行に関わる規範や態度、慣行や慣習、行動様式といった規範的職業文化を実際的に習得していくのである。職場のインフォーマル・グループの人間関係が職業的組織内社会化の内容を規定し、方向づけていく。だから職場やインフォーマル・グループの人間関係がうまくいかなければ従業員は職務の遂行に行き詰まったり、疎外的状況に陥って転職に至ることもある。転職経験者の五三％は「人間関係が転職のきっかけ」だという調査報告[9]もある。

（3）職業的組織内社会化と職業コミットメント

①第一次関係と職業的組織内社会化

　しかし組織も業務の円滑化、効率化のために従業員に学習と訓練の機会を提供し、職業的組織内社会化を促進させて人材育成を図ろうとしている。従業員の能力開発である。組織が実施する能力開発の方法には、Off-JT（off-the-job training）、ＯＪＴ（on-the-job training）、自己啓発がある。Off-JTは従業員が一時的に職場を離れて特定の訓練・研修を受けるという方法であり、ＯＪＴは従業員が日常の業務に就きながら上司等から教育訓練を受けるという方法である。自己啓発は従業員が就業時間外に自発的に職務に関する能力を開発していこうとする学習活動であり、組織はそれを支援する。Off-JTを実施している事業所は、二〇一九年時点で七六％（正社員または正社員以外に対して実施。以下同様）、ＯＪＴは六六・二％、自己啓発の支援は八二・四％で[10]、多くの組織が能力開発に取り組んでいる。

　表6−1はＯＪＴによる従業員の変化（効果）を見たものである。いずれの項目についても過半数の従業員は「変わらない」としている。しかし職業的知識・技能という③「専門性」と、仕事のレベルアップや範囲の拡大といった④「仕事の幅」については効果が上がったと肯定的に評価している（それぞれ三〇・八％、三八・七％）。だが、それに

比して①「会社への定着意欲」と②「仕事に対するモチベーション」についての肯定的評価は高くはなく、むしろ負の効果をもたらしているという否定的評価になっているから（それぞれ一四・七％、一六・七％）、①「定着意欲」と②「モチベーション」についてのＯＪＴの効果は期待薄である。前二者（③④）は認知的職業文化であり、後二者（①②）は規範的職業文化であるから組織が実施する能力開発、つまりフォーマルな組織による職業的組織内社会化は認知的職業文化については一定の効果をあげているが、規範的職業文化については効果が限定的だといえるだろう。先に職場のインフォーマル・グループを通して従業員は認知的職業文化と規範的職業文化を習得していくといったが、このような調査結果から見れば従業員はフォーマルな組織からは認知的職業文化の方をより強く習得していく

（%）

	高まった（広まった）	変わらない	低くなった（狭くなった）
①今の会社への定着意欲	21.1	64.2	14.7
②仕事に対するモチベーション	24.8	59.0	16.2
③専門性	30.8	60.9	8.4
④仕事の幅	38.7	55.9	5.5
⑤独立・転職の可能性	15.1	75.0	10.0

注1　N=10,000人。すべての雇用形態の従業員。
注2　「高まった」=「高まった」+「やや高まった」。他も同様。
注3　「仕事の幅」と「独立・転職の可能性」の回答項目は「広がった」である。
注4　「無回答」・「不明」は除く。
出典　労働政策研究・研修機構『人材育成と能力開発の現状と課題に関する調査結果（労働者調査）』調査シリーズ　No.173.（2017）, pp.40-44.より。

表6-1　OJTによる変化（効果）

といえる。

しかし前述のように職場の人間関係は個人の職業的活動に大きな影響を及ぼす。表6－2は職場の人間関係に関する項目を親疎（「当てはまる」と「当てはまらない」）に分けて従業員の「仕事に対する意識」（現在の仕事に関して感じていること）と「仕事の満足感」を見たものである。①自分の仕事の役割の重要感、②仕

職場の人間関係			現在の仕事に関して感じていること ①自分が会社の中で果たしている仕事上の役割は低くないと思う	②仕事を通じて自分が成長している実感がある	③責任と裁量性のある仕事を任されている	④やり遂げた際に達成感を感じることができる仕事である	⑤仕事を行う上で多様な技能や能力が求められる	仕事の満足感
ⓐ.チームワークを発揮すること	当てはまる	n=1,631	54.5	36.4	42.7	34.5	39.1	77.7
	当てはまらない	n=8,369	30.8	12.3	21.4	15.0	26.2	47.2
ⓑ.社員同士が互いに教え合ったり助け合うこと	当てはまる	n=2,925	48.9	28.7	39.9	32.4	40.8	70.8
	当てはまらない	n=7,075	28.7	11.1	18.7	12.3	23.1	44.5
ⓒ.部下が上司に仕事以外のことでも何でも話すこと	当てはまる	n=1,137	55.1	35.1	49.7	38.3	42.4	76.8
	当てはまらない	n=8,863	32.0	13.8	21.7	15.6	26.5	49.1
ⓓ.同僚同士で仕事や仕事以外のことでおしゃべりをして笑うこと	当てはまる	n=3,175	50.9	24.6	37.8	29.9	41.3	63.8
	当てはまらない	n=6,825	27.0	12.4	18.8	12.7	22.3	46.8
ⓔ.上司が部下の仕事上の提案や意見に耳を傾けること	当てはまる	n=1,593	59.3	35.0	49.9	43.3	50.7	76.0
	当てはまらない	n=8,407	30.0	12.7	20.1	13.4	24.1	47.7

出典　厚生労働省職業安定局雇用開発部雇用開発企画課『働きやすい・働きがいのある職場づくりに関する調査報告書』(2014), pp.158-159.より一部抜粋

表6-2　職場の人間関係について「当てはまる」群と「当てはまらない」群でみた労働者の意識（現在の仕事に関して感じていること）（単位＝%）

事を通じての自己成長感、③責任と裁量性のある仕事を任されているという重責感、④仕事を成し遂げたという達成感の感動享受、⑤多様な技能や能力を要する仕事であるという有能感といった、いわゆる仕事観はいずれも職場の人間関係（ⓐ〜ⓔ）によって明確に規定されていることがわかる。仕事のことであれ（公的領域）仕事以外のことであれ（私的領域）、職場の人とは何でも話せるという親密性が形成され（ⓒⓓの「当てはまる」の項目）、相互に協力的で意思疎通ができており（ⓑⓔの「当てはまる」）、チームワークという一体感が醸成されている職場（ⓐ「当てはまる」）の方が、つまり職場の人間関係が親密な方が人間関係が希薄な職場（ⓐ〜ⓔの「当てはまらない」の項目）よりも従業員は仕事に対して意欲的、精力的、能動的で職業能力を高めていき、自己充実的な仕事観（①〜⑤）を持っていることが示されている。先に述べたように第一次関係から成るインフォーマル・グループの中で従業員は職業的認知的文化も職業的規範的文化も習得しているのである。そしてまた人間関係が親密な職場の方、つまりインフォーマル・グループ化している職場の方が仕事の満足感も頗る高い。

　このように従業員は主要には組織内のインフォーマル・グループを通して、また限定的ではあるが、組織による教育訓練を通して職業的組織内社会化を進行させていき、職業に対する関わりを継続的に深めていく。一般に、ある特定の対象に対する心情的な関わりをコミットメントというが、職業に対する心情的な関わりを「職業コミットメント」という。職業コミットメントは職業的社会化、特に職業的組織内社会化によって継続的に形成され、漸次的に強化されていく。職業経験の蓄積に伴って職業的活動に対する肯定的な感情が高まれば、例えば、仕事に対する愛着心や自尊心、責任感や義務感、使命感や忠誠心といった職業コミットメントが高まっていくのである。同じように組織に対する心情的な関わりを「組織コミットメント」という。組織に対する愛着の程度や一体感、帰属意識のことであり、組織社会化によって強化され、深く関わっていくようになる。

②職業経験と職業コミットメント

職業コミットメントについて詳細に考察していったのは組織心理学者のメイヤー（Meyer J. P.）、アレン（Allen N. J.）、スミス（Smith C. A.）である[11]。彼らは職業に関わるコミットメントの領域を職業コミットメントと組織コミットメントに分け、それぞれ三つの構成要素からとらえようとした。情緒的要素、存続的要素、規範的要素である。職業コミットメントについていえば、仕事自体に愛着と誇りを感じ、職業への同一化を表す「情緒的職業コミットメント」、職業を変えることによる損失を回避するために現在の職業に留まり続けるという意識に基づく「存続的職業コミットメント」、職業に対する責任感や義務感、あるいは信念といった規範意識を表す「規範的職業コミットメント」である。

しかし、職業的社会化の視点からいえば、とりわけ情緒的職業コミットメントとの関連が深い。職業的活動を継続していく過程で、その活動に習熟してくると愛着を感じ、やりがいを感じるようになって情緒的職業コミットメントが強化され、職業的活動に対するモチベーションが高まっていくのである。メイヤーらの研究においても情緒的職業コミットメントが高いほど職業的活動に積極的に打ち込み、職務満足度は高く、職業継続意欲は強く、離転職の意思がないことが示されている。日本の研究でも、例えば看護師を対象とした職業コミットメントに関する研究において同様の傾向が示されている。[12]

表6−3（A）は情緒的職業コミットメントの例として「仕事のやりがい」を取り上げ、年齢層別に見たものである。職に就いた十八歳〜二十代で仕事のやりがい感は高く、三十代で低下するものの、その後は勤続年数（年齢）に伴って上昇傾向を示している。いわばJ字型の傾向を示しているわけである。これを経営学者の鈴木竜太は「J字型の

発達傾向」[13]と呼んでいる。「J字型カーブ」である。ただし、鈴木が述べているのは後述の情緒的組織コミットメントについての傾向である。だが、このJ字型カーブは情緒的職業コミットメントについても妥当する。J字型カーブとは個人が組織に参入してからの組織コミットメントの変化曲線のパターンのことであり、そのパターンの時期を大まかに区分すると（Ⅰ）初期の低下の時期、（Ⅱ）停滞期、（Ⅲ）回復・上昇期に分けることができる。（Ⅰ）では組織参入後の組織内社会化の過程において現実を知るようになると、それまで抱いていた組織への期待や理想と現実とのギャップ、すなわちリアリティ・ショックによって組織コミットメントが急激に落ち込む時期である。（Ⅱ）しかし組織内社会化の過程を経て組織にも仕事にも慣れてくるとリアリティ・ショックは和らいでくるものの、その慣れによって職務への関心が薄れ、組織コミットメントは低い水準のままに停滞した状態が長く続く。だが、（Ⅲ）その停滞も組織参入後十年近くたってキャリア中期になると昇格によって回復してくる。昇格によって職務に対する責任と自覚が生まれ、やりがいを感じるようになるからである。

以後組織内での職位や地位の向上によって、組織コミットメントは上昇傾向を示す。表6－3（A）の「仕事のやりがい」という情緒的職業コミットメントが三十代で低下しているのは、この（Ⅱ）停滞期に当たる。組織コミットメントが三十代で低下する理由として鈴木は「仕事の慣れ」と「キャリア・ドリフト」をあげている。[14] 組織に所属して相当の期間が経てば仕事に慣れが生じ、緊張感や挑戦心は希薄になり、そうなれば自分と組織との関係を意識する機会がなくなってキャリアの漂流（ドリフト）が生じ、結果として組織コミットメントを停滞させるという。

仕事に慣れて何事も無難にこなすようになると、あるいは全力を傾けなくてもある程度の結果を出せるようになると、仕事の慣れや同じ作業の繰り返しによって生じる仕事の飽きや物足りなさ、いまの仕事を継続していくことの無意味さ、疑問や迷い、他の職業選択

(%)

	(A) 仕事のやりがい		(B) 勤務先への愛着		(C) 現在の仕事は自分の脳力を発揮できているか	
	感じている	感じていない	感じている	感じていない	そう思う	そう思わない
18～29歳(27.1)	60.6	39.5	59.1	41.0	55.4	44.7
30～39歳(27.3)	53.5	46.6	54.6	45.4	53.9	46.2
40～49歳(20.6)	54.9	45.2	53.9	46.1	48.6	51.5
50～59歳(17.3)	61.9	38.1	62.4	37.6	59.0	41.0
60～69歳(7.7)	70.2	29.9	76.7	23.4	68.9	31.2
全体(100.0)	58.4	41.6	58.7	41.3	55.2	44.8

注1　回答者数=1,000人（男性751人、女性249人）。全国の18歳～69歳までの有職者。
注2　「感じている」=「感じている」+「やや感じている」。他も同様。
注3　（　）内は、回答者1000人に対する年齢層の比率
注4　合計で100%にならない年齢層もある。
出典　日本能率協会グループ広報委員会『「第1回ビジネスパーソン1000人調査」働き方に関する意識』News Release（2013年7月24日）, pp.2-3.

表6-3　仕事のやりがいと勤務先への愛着

の可能性、自分の将来性や可能性の模索、そしてそれゆえの今後の生き方に対する不安、キャリアへの不安や焦燥がくすぶってくるのである。仕事がマンネリ化してモチベーションが低下し、これまで蓄積してきた職業キャリアの危機に直面するというわけである。こうした危機を「キャリア・クライシス」という。「キャリア・クライシス」は組織参入後十年ほどを経た三十代に多いとされている。表の三十代の「仕事のやりがい」（情緒的職業コミットメント）の低下（五三・五％）はキャリア・クライシスのゆえと思われる。三十代は人生のターニングポイントなのである。

しかし、その後、「仕事のやりがい」は上昇に転じ、高くなっていく。先に述べたように昇格、それに伴う仕事の重要性の高まり、責任感ややりがいの高まり、その結果としての自己の存在意義や存在感の確認のゆえである。[15] 確かに年齢や勤続年数からいえば昇格の時期であり、昇格すれば「やりがい」を感じ、仕事に愛着や誇りを感じるだろう。だが、「仕事のやりがい」の上昇には年数や勤続年数、つまり職業経験の長さも影響すると思われる（後述）。いずれにせよ、こうして職業的組織内社会化が進んでいけば個人の職業的活動に対する興味や愛着は一層強まり、モチベーションも高まって情緒的職業コミットメントは強化されていく。後掲の表6－5（D）の「ジョブインボルブメント」

は職務（職業的活動）に対する思い入れの程度を表す概念であり、ここでいう情緒的職業コミットメントと解してよいが、勤続年数が長くなるほど強くなるという同様の傾向が示されている。

存続的職業コミットメントは職業継続を損得で判断するという態度である。職業経験を積めば専門的知識・技能に習熟していくが、それを活かすためにはいまの職業に留まる方が得であり、また専門的知識・技能が向上してもいまの職業にしか通用しなければ職業変更の幅は狭くなるからいまの職業に留まる方が得だというわけである。だから勤続年数が長くなるほど存続的職業コミットメントも強くなっていく。規範的職業コミットメントも勤続年数を重ね、職業経験を重ねて仕事に習熟していけば仕事の裁量権も増え、仕事上の責任も増し、そうなれば仕事への関わりを強めていかざるを得ないから規範的職業コミットメントも勤続年数とともに強まっていく。

表6－4は存続的職業コミットメントの例として現在の働き方の継続意欲について見たものである。これからもいまのような働き方を「続けたい」が男女ともに年齢とともに一様に増加し、「続けたくない」は漸次的に減少している。年齢とともに職業変更の幅は狭くなるし、現在の働き方を続けていた方が慣れているから無難だという受動的な

態度が表れている。男性の三十代（四三・六％）と少し遅れての女性の四十代（五九・一％）に見られる「続けたい」の小さな落ち込みは、情緒的職業コミットメントと同じようにキャリア・クライシスのゆえだと思われる。

4　組織文化の習得過程
——組織社会化——

（1）組織的組織内社会化と組織コミットメント

組織的組織内社会化も、職業的組織内社会化と同様に職場やインフォーマル・グループの人間関係を通して、また組織が実施する教育訓練を通して進行していく。組織的組織内社会化が進行していけば個人は組織の目標や価値を受容し、情報を共有し、協働意志を持

（％）

	男性		女性	
	続けたい	続けたくない	続けたい	続けたくない
20～29歳　（男313人、女284人）	45.4	26.8	50.4	23.2
30～39歳　（男376人、女256人）	43.6	26.1	61.7	16.8
40～49歳　（男378人、女291人）	46.6	20.6	59.1	19.6
50～59歳　（男367人、女265人）	57.5	19.3	68.3	16.2
60～69歳　（男246人、女143人）	74.0	6.5	68.5	9.8
70～79歳　（男112人、女56人）	85.7	0.9	76.8	1.8
計　（男1,792人、女1,295人）	54.2	19.4	61.4	17.3

注1　調査対象は有業者
注2　「現在のような働き方をこれからも続けたいか」の回答。
注3　「続けたい」=「続けたい」+「ある程度続けたい」。「続けたくない」も同じ。「どちらともいえない」は省略した。
出典　Works Institute『20代～70代の仕事における現在と未来についての調査報告書』Works Report 2012, p.33.

表6-4　現在の働き方の継続意欲

つようになって組織に対する関わり、つまり組織コミットメントを高めていく。

組織コミットメントも先に述べたように三つの要素から成るタイプに分類できる。組織に対する愛着や組織との同一化、そして組織の一員であることに誇りを感じるような情緒的組織コミットメント、組織から離れることによる損失、例えばそれまで築いてきた地位や信頼性の喪失などを回避するために組織に留まるという打算的な存続的組織コミットメント、組織人である限り組織に留まり、組織に尽力することは義務であり、責任であるという規範意識や道徳的信念による規範的組織コミットメントである。

組織に長く所属していれば組織に対する愛着は増し、職場での成員間の結びつきも強くなり、組織にも慣れて組織から離脱することの損失が段々と大きくなってくる。さらに組織人としての責任感や義務感も強くなってくる。だから組織的組織内社会化が進行するほどに組織コミットメントは高くなっていくのである。取り分け情緒的組織コミットメントは組織への帰属意識を強化し、組織への同一化を強め、それだけに職務遂行に専念するようになるから職務成果も高まっていく。

先の表6―3（B）では情緒的組織コミットメントの例として「勤務先（組織）への愛着」を取り上げたが、年齢層別に見ると四十代を底に「J字型カーブ」を成している。先に見た「仕事のやりがい」（情緒的職業コミットメント）の「J字型カーブ」は三十代を底にしていた。キャリア・クライシスは三十代に多いとされているが、しかし四十代にも生じる。四十代の「仕事のやりがい」は三十代に次いで低い。ただし、三十代はまだ職務遂行に力を傾けているから職務（仕事）に関わる危機的局面というキャリア・クライシスであるが、四十代は組織に対する不満から来るキャリア・クライシスである。四十代は組織への所属期間も長く組織の中堅を成すが、しかしいつまでも立場・役割が変わらないことに対するマンネリ感、ポジティブ・イリュージョン（ポジティブ幻想ともいう。実際以上に自己を高く評価するという思い込みのこと）に基づく「自分は正当に評価されていない」という不満、いつまでも変わらない待遇に対する不満、単調な職場生活の継続と停滞感、そしてそれゆえの組織に対する不満・不安とモチベーションの低下というキャリア・クライシスである。表6−3（C）の「現在の仕事は自分の能力を発揮できているか」に四十代が低い（五三・九％）のはそのことを示している。しかしこうした情緒的組織コミットメントのキャリア・クライシスも、以後は回復・上昇の傾向を示してJ字型カーブを成している。情緒的職業コミットメントのキャリア・クライシスは三十代に表れ、情緒的組織コミットメントのそれは四十代に表れるというわけである。

表6－5は三つの組織コミットメントを年齢と勤続年数別に見たものである。年齢が高くなり、勤続年数が長くなるほどいずれの組織コミットメントも強くなっていく傾向が見られる。特に情緒的組織コミットメントと存続的組織コミットメントは、多重比較欄にあるように一様に強くなっていく。年齢と勤続年数は大方が比例するだろうが、組織に長くいるほど組織への愛着や同一化を感じる一方で組織を離れることの損失は大きくなっていくからである。規範的組織コミットメントもほぼ同様の傾向を示しているが、勤続年数「十一～十五年」層に軽い落ち込み（二・九九）がある。これも

		(A) 情緒的組織 コミットメント	(B) 存続的組織 コミットメント	(C) 規範的組織 コミットメント	(D) ジョブインボル ブメント
年齢	1. 29歳以下（3,262人）	3.14	3.05	3.02	2.63
	2. 30～39歳（2,939人）	3.32	3.42	3.02	2.73
	3. 40歳以上（4,052人）	3.55	3.64	3.15	3.09
	多重比較	1＜2＜3	1＜2＜3	1, 2＜3	1＜2＜3
勤続年数	1. ～5年（3,618人）	3.19	3.01	3.04	2.73
	2. 6～10年（1,995人）	3.27	3.35	3.02	2.72
	3. 11～15年（1,283人）	3.34	3.51	2.99	2.77
	4. 16～20年（1,069人）	3.42	3.69	3.04	2.86
	5. 21～25年（2,660人）	3.62	3.75	3.18	3.11
	6. 26年以上（1,252人）	3.32	3.28	3.12	2.88
	多重比較	1＜2, 6, 3, 4,＜5	1＜6,（2＜3）＜4,5	3, 2, 1, 4,（6＜5）	2, 1＜3,（4＜6）＜5

注　尺度項目は5段階。「No」1点、「どちらでもない」3点、「Yes」5点。
出典　労働政策研究・研修機構『中小企業における人材の採用と定着』（労働政策研究報告書, No.147. 2012）, p.238より一部抜粋。

表6-5　年齢と勤続年数による組織コミットメントの違い（平均）

キャリア・クライシスの反映といってよいだろう。規範的組織コミットメントは組織に対する規範意識や道徳的信念に関わるから、キャリアへの不安や焦燥というキャリア・クライシスは組織に対する不忠実という感情と相俟って規範的組織コミットメントに反映されやすいのである。

ただし、これらの傾向には勤続年数「二十六年以上層」は含まれていない。この層は表に見るように数値が低く他の層とは傾向を異にしているからであるが、それは半数以上が一般職、もしくはその他（六二%がパートとアルバイト、三一%が役職定年の年齢五十五歳以上層である）であるために職位に対する不満や不安定な位置に対する不満が多いからである。

（2）組織的組織内社会化と職業的組織内社会化

しかし、年齢や勤続年数と組織コミットメントとは直接的に関係するのではなく、職位を介して影響するという意見がある。[16] 実際、それぞれの組織コミットメントを職位別に見ると、表6－6のように、いずれの組織コミットメントも職位の上昇に伴って一様に強くなっている。したがって「年齢・勤続年数→職位→組織コミットメント」という関係が見られるといってよい。だが、いかに年功序列であるといっても年齢が上がり勤続年数が長いからといってすべての従業員が並進して職位を上げていくわけではない。職能組織は組織心理学者のシャイン（Schein, E. H.）のいうようにキャリア・コーン（円錐形）を成しているのであり、[17]上層への移動は徐々に狭まっていく。確かに年齢の上昇とともに（そして勤続年数とともに）管理職に就くものの比率は増えていく。例えば従業員一〇〇人以上規模の企業（全産業）では大学・大学院卒の場合（二〇一六年時点）、課長職には三十五～三十九歳では八・三％、四十～四十四歳では一七・七％、四十五～四十九歳では二三・八％が就いているし、部長職には四十～四十四歳では三・二％、四十五～四十九歳では六・六％、五十～五十四歳では一五・二％、五十五～五十九歳では一七・六％が就いている。[18]しかし就業者全体から言えば管理職である課長職・部長職に就けるのはごく少数でしかない。従業員一〇〇人以上規模の企業（全産業）

	(A) 情緒的組織 コミットメント	(B) 存続的組織 コミットメント	(C) 規範的組織 コミットメント	(D) ジョブインボルブメント
1. 一般　(6,693人)	3.20	3.26	2.99	2.71
2. 係長　(2,368人)	3.50	3.64	3.11	2.90
3. 部長　(1,269人)	3.69	3.59	3.26	3.18
4. 部次長　(609人)	3.85	3.61	3.45	3.38
多重比較	1＜2＜3＜4	1＜2, 3, 4	1＜2＜3＜4	1＜2＜3＜4

注1　職位の「その他」は省略した。
注2　尺度項目は5段階。「No」1点、「どちらでもない」3点、「Yes」5点。
出典　労働政策研究・研修機構『中小企業における人材の採用と定着』（労働政策研究報告書 No.147. 2012）p.240.より一部抜粋。

表6-6　職位による組織コミットメントの違い（平均）

の課長・部長の比率（労働者に占める部長・課長の比率）はそれぞれ六・三％、二一・五％に過ぎない。[19] 管理職に就くことは「狭き門」なのであり、就業者の多くは「一般の従業員」なのである。年齢や勤続年数にしたがって皆が皆一様に職位が上がるわけではない。

加えて第三章および第四章で述べたように今日では私生活化が進行し、「自分の趣味にあった」、「のんきにクヨクヨしない」生活を志向する私生活重視、私生活優先主義が社会的趨勢となってきたから（表3－1および表4－3右欄）、管理職への「昇任」・「昇進」にこだわることもなくなってきた。二十代・三十代を対象にした意識調査[20]によれば「出世にはこだわっていない」は四三・四％、「出世したくない」は一五・八％で、合わせて五九・二％が出世にはたいした関心を持っていないか、否定的である。「絶対に出世したい」（一二％）とか「できれば出世したい」（二八・八％）という昇進志向は四〇・八％である。

しかし、管理職は「狭き門」であり、私生活優先主義が支配的になってきたからといって従業員が仕事（職業的活動）に無関心だとか否定的だというわけではない。むしろキャリア形成の必要性を強く感じている。ただキャリア形成を組織とは関係なく自分のペースで進めていきたいのである。マイペース型である。表6－7は仕事・働き方に対する考えを年齢層別に見たものであるが、（1）スキルアップは「（B）会社の責任」ではなく

「(A)自分の金と時間を費やして行うべき」ものという自己研鑽・自己責任型が過半数であり、しかも年齢とともに増加傾向を示している。会社に頼らず、つまり組織や職位とは関係なく、自己の責任において職業能力を高め、職業的活動を意欲的に遂行していこうという職業コミットメントが年齢とともに高まっている傾向が見られる。自分のペースに合わせてキャリアを形成していきたいという自己形成であり、職業的自己社会化といってもよい。その意味では先に述べた自己啓発と同じである。だが、自己啓発はOJTやOff-JTの補完という意味合いが強く、そのための組織が金銭的援助、

(1) A「スキルアップは自分でお金や時間を費やして行うことである」(自己研鑽)
B「社員のスキルアップは会社の責任である」(会社の責任)
(2) A「働く上で重要なのは、仕事内容」(仕事内容)
B「働く上で重要なのは、職場環境」(職場環境)

(%)

	(1)「自己研鑽」か「会社の責任」か		(2)「仕事内容」か「職場環境」か	
	(A) 自己研鑽	(B) 会社の責任	(A) 仕事内容	(B) 職場環境
18～29歳	51.7	48.4	45.0	55.0
30～39歳	55.7	44.3	50.9	49.1
40～49歳	57.8	42.3	57.2	42.7
50～59歳	62.4	37.6	62.5	37.5
60～69歳	68.8	31.2	72.7	27.3
全　体	57.2	42.8	54.3	45.7

注1　回答者数=1,000人。各年齢層の比率は表6-3を参照。
注2　「自己研鑽」=「自己研鑽」+「どちらかというと自己研鑽」。他も同様。
注3　合計で100%にならない年齢層もある。
出典　日本能率協会グループ広報委員会『「第1回ビジネスパーソン1000人調査」働き方に関する意識』News Release(2013年7月24日), pp.4-10.

表6-7　仕事・働き方に対する考え

時間的援助、場所の提供などの支援を行っているのであって、先に見たように今日では八二・四％の事業所が従業員の自己啓発を支援している。[21]その意味では自己啓発は本人の自発的意志によるものとはいえ、組織による能力開発というフォーマルな性格を持った学習活動である。それに対してマイペース型の自己形成は組織に頼らず、組織に縛られることなく自分の意志と関心にしたがって職業能力を高めていこう、スキルアップを図ろうという、いわば自律的、かつインフォーマルな学習活動である。新入社員を対象にした意識調査によれば、[22]「周囲に関係なく自分のペースでキャリアを築いていきたい」が六三・一％の多きを占めている（これと対の質問は「できるだけ早く昇進して部下を持ちたい」〔三七％〕）。前掲の表6−3（A）の「仕事のやりがい」では年齢、つまり勤続年数と正の関係にあったが、それは一面においては年齢や勤続年数に伴う職位の上昇によって「仕事のやりがい」という情緒的職業コミットメントも強まっていくが、他面においてはその情緒的職業コミットメントの強まりには年齢や勤続年数、つまり職業経験の長さも影響する。職業経験の積み重ねによって仕事への愛着を深め、「やりがい」を感じ、将来の見通しを立てるようになって、だからこそ組織とは関係なく、自分自身のキャリアを自己の責任において形成していくことの必要性を認識し、職業的活動への意欲という情緒的職業コミットメントを高めていくのである。

そして表6-7の（2）に見るように働く上で重要なのは「（A）仕事内容」とする比率が年齢とともに増加傾向にあり、「（B）職場環境」とする比率が減少傾向にあるのは組織から離れて、言い換えれば組織から自律して自らのキャリア形成を図ろうという意味での職業コミットメントの高まりを示している。個人（従業員）にとって重要なのは組織ではなく仕事なのである。つまり個人は職能組織に所属してはいるが、自分の職業的活動（仕事）の遂行、職業能力の向上、キャリア形成に関わる限りにおいて組織に依存し、組織コミットメントを高めているのではないか。だから表6-5の年齢と勤続年数の上昇とともに組織コミットメントが高くなる傾向の中には「年齢・勤続年数→職位→組織コミットメント」という側面と「年齢・勤続年数＝職業経験→組織コミットメント」という側面とが含まれていると思われる。年齢が上がり勤続年数が長くなれば組織的組織内社会化も進み、職位も上昇して組織への帰属意識も高まり、表6-6のように組織コミットメントを高めていくが、その一方では職位とは関係がなくても（一般従業員の場合）、年齢と勤続年数とともに職業的組織内社会化が進んで職業経験が蓄積されてくると職業的活動（仕事）への愛着も増し、そしてその職業的活動が組織内において遂行していくことができる限りにおいて組織への帰属意識を高めていく。表6－5に見るように（D）ジョブインボルブメント（＝情緒的職業コミットメント）が職業経験の蓄積とともに高まっていくからこそ（A）～（C）の組織コミットメントも高まっていくのである。だが、管理職の場合は、組織運営が任務であるからジョブインボルブメントと組織コミットメントとは相互規定的である（表6－6）。

このように考えてくると、職業的組織内社会化も組織的組織内社会化も職位を介して職業コミットメントと組織コミットメントを高めていくルートもあるが、職位とは関係なく、年齢と勤続年数による組織経験や職業経験の蓄積によって職業的コミットメントと組織コミットメントを高めていくルートもあると思われる。

したがって今日の従業員の人々は組織に所属して職業的活動（仕事）を遂行しつつも、組織から自律して自らのキャリア形成を図っているのであって極めて自律性が高いといえる。言い換えればそれだけ確固とした強いアイデンティティを持っているわけである。かつて組織に所属し、組織コミットメントが高い人たちは「会社人間」といわれ、会社至上主義といえるほどに会社に埋没していた「組織埋没型」であったが、今日では同じように組織に所属し組織コミットメントが高くても、組織から自律しているという「組織自律型」になってきたのである。

文献

[1] 厚生労働省『平成三〇年若年者雇用実態調査の概況』二〇一九年、一一頁

[2] 金井壽宏『働くひとのためのキャリア・デザイン』PHP新書、二〇〇二年、一七五頁

[3] 内閣府『平成三〇年版子供・若者白書』二〇一九年、七–八頁

[4] 厚生労働省、前掲、七頁

[5] 鈴木竜太『組織と個人』白桃書房、二〇〇二年、一四〇–一四一頁

[6] 鈴木竜太、前掲、一三八–一四一頁

[7] 厚生労働省、前掲、一一頁

[8] 大橋昭一他『ホーソン実験の研究』同文舘出版、二〇〇八年、三–七頁

[9] アンケート回答者一〇、七七六人。二〇一八年実施。エン・ジャパン株式会社「en News Release」No.2872.〔二〇一八年十月九日〕。

[10] 対象者数七、一三八事業所、有効回答率六二・一％。厚生労働省『令和元年度能力開発基本調査』二〇二〇年、一一–二六頁

[11] Meyer J. P., Allen N. J., Smith C. A., 1993, Commitment to Organizations and Occupations : Extension and Test of a Three-Component Conceptualization. Journal of Applied Psychology, 78-4, pp.538-551.

[12] 澤田忠幸「看護師の職業・組織コミットメントと専門職者行動、バーンアウトとの関連性」『心理学研究』二〇〇九年、80-2。竹内朋子他「新卒看護師の職業コミットメント」『日本看護管理学会誌』二〇一二年、16-1など。

[13] 鈴木竜太、前掲、一一六頁

[14] 鈴木竜太、前掲、一四一–一四九頁

[15] 鈴木竜太、前掲、一五四－一五七頁

[16] 鈴木竜太、前掲、六三－六四頁

[17] Schein, E. H., 1978（二村敏子他訳『キャリア・ダイナミクス』白桃書房、一九九一年、四一頁）

[18] 労働政策研究・研修機構『ユースフル労働統計２０１７』二八〇頁

[19] 同書、二八一頁

[20] 一、〇〇〇人対象、二〇一五年実施。株式会社クロス・マーケティング「若手社員の出世・昇任意識に関する調査」二〇一五年。

[21] [10] を参照。

[22] 新入社員＝男性二六〇人、女性一二四人。日本能率協会『二〇一九年度新入社員意識調査報告書』二〇一九年、三〇頁。

◉第七章

親になる過程

家庭的役割の形成

配偶者を選択した青年男女はそれまで所属していた定位家族から独立して結婚し、新たな生殖家族を形成する。そして子どもが生まれれば父親あるいは母親となって子どもを基礎的に社会化していく。彼らは親としての役割をどのように習得し、遂行し、その役割遂行を通してどのように発達していくのだろうか。

1　家族形成と親の役割

(1) 結婚と夫婦関係

家庭的役割は職業的役割とともに社会の維持・存続・発展にとって必須の役割であり、社会成員が社会的人間として担うべき社会的役割である（第一章）。家庭的役割、特にその中核を成す親役割は出産、育児およびそれに関連する一群の活動であり、それは未婚の青年男女が結婚し、新たな家族を形成することから生まれる。

　結婚は一組の男女の、社会的に承認された結合関係であり、一定の権利＝義務関係を生じさせる社会制度であって夫婦関係を成立させ、新たな生殖家族（第三章）を形成する。家族社会学者のスティーヴンズ（Stephens, W. N.）は結婚の特質として四つの性質をあげている。[1] 第一に、結婚は夫婦間の性関係が社会的に正当なものとして承認されていることを意味する。第二に、その社会的承認を得るために儀式（結婚式）を執り行い、公に披露して社会に公表することを意味する。第三に、結婚は夫婦の関係が永続的であることを前提としているということである。健やかなるときも病めるときも、富めるときも貧しいときも、夫婦の関係は「終生変わらぬこと」を誓うのである。第四に、結婚にはさまざまな義務を伴うということである。生まれた子どもに対する養育義務、妻に対する夫の義務（例えば経済的支援の義務）、夫に対する妻の義務（例えば家事の義務）など。こうした義務はいちいち明文化されてはいないが、結婚によって生じる役割に伴う「暗黙の義務」である。だが、暗黙の義務であっても、それに背けば社会の不承認や否定といったサンクション（制裁）が加えられる。結婚には社会の規範に基づいた権利・義務関係が派生するということである。

しかし、最も基本的な特質は第一の、結婚は社会的に承認された性関係だということである。性関係が社会的に承認されているのは結婚した夫婦間のみである。その結果、子どもが生まれれば、夫・妻は父親・母親となって子どもを庇護し、養育し、基礎的に社会化していかなければならない。生まれた子どもの心身の健康を保証し、自立した社会成員としての社会的人間にまで育成していくのは父親・母親の義務である。だが、子どもの基礎的社会化は長期にわたるから夫婦関係は永続的でなければならない。

このような出産、育児およびそれに関連する一群の活動が親役割であり、家庭的役割の中核であるが、ここで出産、育児に関連する活動とは出産、育児を支援する活動のことである。例えば、母親の妊娠期間は十ヶ月にも及び、誕生後の乳児の無力な状態は数年間も続くから、その期間の母子の健康維持や健全な生活維持のためにはさまざまな支援的活動が必要であり、そのような活動は父親に期待されている。親役割にはこうした支援的活動も含まれている。

（2）夫婦の役割分化

家庭的役割、特に親役割は父親と母親が親としての共通の責任において共同で担うべきものであるが、実際には母親が中心的に担っている。それは母親が妊娠期間をも含めて出産後においても授乳や排泄介助の必要から乳児と「一緒の生活」を長く続け、その乳児との関わりの過程において「傾倒的関与」（母親が子どもを受容し、絶えず子どもの方に気持ちを向け、子どもの世話をするという態度）を深め、乳児との情動共有的・情動交流的な諸経験を積み重ねて、乳児との間に「共生的関係」を形成していくからである。[2] この共生的関係が形成されるために乳児の泣き声やさまざまな動作に表れている欲求や要求を母親は的確に理解し、適切に対処できるのである。妊娠・出産という生物学的事実のゆえに母親が家庭的役割（親役割）を担っているわけではない。父親も育児という親役割を担うことができる。父親も母親の傾倒的関与と同じように乳児に傾倒して世話をし、情動交流的な関係に基づいて共生的関係を形成していけば、養育者は父親であっても他の大人であっても構わない。乳児が求めているのは自分の世話をしてくれる特定の養育者であって、特に母親であることを求めているわけはない。しかし、実際には母親のような「母性的関与[3]」を高めている養育者はいない。親役割は生物学的事実に基づいているわけではないが、その基底のところでは性に基づく生物学的能力が前提とされている。父親は母親のような生物学的機能を持たないために母親や乳幼児の健康維持や健全な生活維持のための支援的活動に携わり、いわば「関連する諸活動」として家庭的役割、親役割を担っているのである。

こうした性に基づく役割分化ついて考察を進めていったのは社会学者のパーソンズ（Parsons, T.）である。パーソンズは小集団社会学者のベールズ（Bales, R. F.）の小集団実験の結果を家族集団に適用して、男女の特性に応じた役割分化の理念型を提示した。ベールズは、集団を維持・存続していくためには集団を外部環境へ適応させつつ集団目的を達成していく活動（集団の課題的・用具的側面）と、集団成員の疲労・緊張を緩和し、連帯させつつ統合していく活動（集団の社会的・情緒的側面）が必要であり、またそのような活動を担うリーダーが不可欠だとした[4]。ただし、同一成員がこの二つのリーダーを兼ねることはできない。集団を環境に適応させ、目標達成を目指すリーダー自身が実は集団内の成員の疲労・緊張の源となるからである。

パーソンズはこのベールズの理論から家族集団においては父親が集団の課題的・用具的側面の活動を担い、母親が集団の社会的・情緒的側面の活動を担うという夫婦役割分化論を唱えた。そして前者の活動を手段的役割、後者の活動を表出的役割とし、それぞれのリーダーシップを担う人物を手段的リーダー、表出的リーダーと呼び、家族という小集団が安定的であるためには手段的リーダー（父親）と表出的リーダー（母親）が分化するとともに相互に提携することが必要であるとした。[5] ただしこうした役割分化は相対的であって、父親が手段的要素を独占的に所有しているわけではないし、母親が表出的要素を独占的に所有しているわけではない。手段的リーダーである父親も表出的役割を演じることもあるし、表出的リーダーである母親も手段的役割を担うこともある。しかし一般的には伝統的に父親が手段的役割としての職業的役割を担い、母親は表出的役割としての家庭的役割を担うとされてきた。とはいえ、今日にあっては母親の就業化が進み、また父親の育児参加が声高に叫ばれるようになって、父親＝手段的役割・母親＝表出的役割という役割分化は曖昧になり、役割融合化してきている。だが、以下ではわかりやすく父親を手段的リーダー、母親を表出的リーダーとして論を進めていく。

（3）育児文化と育児社会化

性別による特性によって親の役割が分化しているからといって、子どもが生まれれば直ちに父親が手段的役割を果たし、母親が表出的役割を遂行できるというものではない。父親も母親もそれぞれの役割を遂行できるようになるためには親としての役割、すなわち親役割を取得しなければならない。親役割を取得するためには親としての責任を自覚し、父親として、あるいは母親として、それぞれ遂行すべき役割の内容や性質を理解し、そのような役割の遂行を自分に期待されていることを理解しなければならない。母親として、あるいは父親としてどのような行動が相応しい行動として期待されているかという役割期待を知覚し、その役割を学習し、取得して後に、実際に役割行動を遂行していくことができるのである。

親役割は家庭的役割の中核を成すが、その親役割としての本質は育児である。育児とは出産後の乳幼児の庇護、世話、養育に関連する一連の諸活動であり、乳幼児はそのような親の育児行動に全面的に依存してのみ生きていくことができるのであって、親の育児行動を離れては生きていくことはできない。乳幼児は長期にわたって自分の庇護、世話、養育に傾倒的に関与してくれる特定の養育者、すなわち親を必要とする。そして親が育児という役割行動を遂行していくためには、ⓐ育児についての知識や技能、およびⓑ乳幼児の成長・発達についての知識を習得し、またⓒ育児に対する親としての義務や責任、規範や態度、倫理や行動様式を理解し、乳幼児に対する心構えを養っておかなければならない。このⓐ、ⓑ、ⓒを「育児文化」といっておく。育児文化もⓐおよびⓑのように、育児の主体である親の、育児に関する知的な働きに関わる「認知的育児文化」と、ⓒ親の育児行動の遂行の仕方に関わる「規範的育児文化」に大別できる。親は育児行動を遂行していくために育児文化を習得していくが、その習得過程を「育児社会化」と呼ぼう。つまり育児社会化とは親が育児文化を習得し、親役割を取得していく過程である。

父親・母親はそれぞれに育児文化を習得した上で実際に育児に関わる手段的役割行動を遂行し、表出的役割行動を遂行していく。手段的役割行動も表出的役割行動も子どもに対するそれぞれの働きかけ方であるから、父親・母親は育児文化を表現手段の資源として具体的にそれぞれの役割行動を遂行していくのである。

2　親役割の準備と育児リアリティ・ショック

(1) 母親の予期的社会化

親としての意識や態度は子どもが生まれる以前から形成されている。特に母親は胎児の成長に伴って体形が変化し、体内の諸部分も変化し、また胎動を感じるようになるから胎児に対する愛情も湧き、母親になる心構えを高めるようになる。つまり育児社会化は子どもが生まれて親になる前の「育児の予期的社会化」の段階と、子どもが生まれて実際に親となり、子どもと直接に関わり合いつつ育児文化を習得していくという「育児の経験的社会化」の段階に分けられる。

この予期的社会化はさらに妊娠以前の時期と妊娠以後出産までの時期とに分けられよう。妊娠以前は、いわゆる親準備性（または親性準備性）の形成として、これまで青年期を対象に研究が行われてきた。親準備性とはまだ一致した定義はないが、親として育児行動を遂行していくために必要な資質の形成のことであり、青年前期の中学生や高校生という親になることには未だ遠い将来のことと思われている時期においても親準備性は発達し、しかも中学生から高校生へと学年が上がるごとに発達していくとされている[6]。しかし青年期が親になることに接近した時期とはいえ、未だ大人社会に向けての準備を整えていくためのアイデンティティの模索・確立期であることを考慮すれば（第四章）、青年にとって育児行動は未だ現実感を伴わない、不確かな役割行動であり、したがって予期的社会化という視点から見れば、これから起こるであろう出来事を予想しての準備、つまり「将来を見越した社会化」とは遠く離れていると思われる。予期的社会化を現実の経験的社会化の前段階とし、予期的社会化が「将来を見越した社会化」として「後に所属するであろう集団の価値を身につければ、その集団に容易に受容され、その集団への適応を容易にする」[7]のであれば、そこに現実性が通底していなければならない。育児社会化には育児の予期的社会化と経験的社会化とに現実性が通底しているという意味合いを含んでいる。したがって育児の予期的社会化が妊娠以前の時期とはいえ、育児行動を自身の現実の問題として受け止める時期、つまり母親の妊娠がわかってから出産までの時期に限定するのが妥当である。この点、職業的予期的社会化が特定の職能組織への所属が決定（内定）されてから実際に組織に所属するまでの期間に限定されるのと同じである（第六章）。

妊娠がわかったときの母親・父親の気持

（複数回答）（%）

	母親（2,975人）	父親（2,625人）
①妊娠することを強く望んでいた	87.2	88.9
②妊娠がわかったときうれしかった	95.0	95.9
③生まれてくる赤ちゃんをどう育てるか考えるのが楽しかった	89.1	89.5
④お腹の赤ちゃんを愛おしく感じた	97.2	92.4
⑤出産が不安だった	65.3 (78.9)	54.6 (65.1)
⑥子育てが不安だった	55.4 (67.3)	43.8 (56.4)
⑦わけもなく落ち込んだり涙もろくなったりした	43.0 (53.6)	5.5 (6.2)

注　表中の（　）内は第一子について。
出典　ベネッセ教育総合研究所『乳幼児の生活と育ちに関する調査』(2017), p.6.

表7-1　妊娠期の気持ち

ちは表7−1のようである。ほとんどの母親・父親は「①妊娠を強く望み」、「②妊娠したことを喜び」、「③誕生と育児について考えることが楽しく」、「④胎児を愛おしく感じた」としている。その一方で母親も父親もほぼ半数以上が「⑤出産が不安」、「⑥育児が不安」としており、さらに半数に近い母親が「⑦理由もなく落ち込んだり涙もろく」なって情緒不安定になったとしている。いわゆるマタニティーブルーである。しかし出産・育児に不安を持ちながらも、総じて母親・父親は妊娠・出産・育児に喜びを感じ、肯定的にとらえている。

こうした肯定的感情を伴いつつ出産・育児についての予期的社会化が始まる。その育児の予期的社会化には公的機関による学習というフォーマルな予期的社会化と、自分で

（複数回答）（%）

テーマ分類	受講項目	母親（2,350人）	父親（1,118人）
出産について	妊娠中の栄養・食事・体重管理	61.7	41.9
出産について	胎児の育ち方、出産までの流れ	58.8	40.2
出産について	呼吸法・陣痛のリズムなどお産の進み方	55.6	26.3
出産について	入院出産準備品や入退院スケジュール	55.3	38.5
赤ちゃんのお世話について	新生児の特徴・お世話の仕方	51.3	42.9
赤ちゃんのお世話について	沐浴方法・体験	41.9	38.4
赤ちゃんのお世話について	新生児の生活リズム（1日の様子）	27.6	27.3
出産について	妊娠中の健診や検査の内容	27.1	33.2
相談や交流について	妊婦同士の交流の機会	27.0	15.4

注　母親の比率が26%以下の項目は省略した。
出典　NPO法人ファザーリング・ジャパン「2歳以下の乳幼児を持つ父親母親への産前講座に関する全国調査結果」(2020), pp.13-14.より一部抜粋。

表7-2　受講した産前講座の主なテーマと内容

情報を収集して育児文化を獲得していくというインフォーマルな予期的社会化がある。公的機関による学習とは病院や助産院、自治体や企業、子育て支援関連団体などが主催する母親学級や父親学級、両親学級などでの受講である。二歳以下の乳幼児を持つ父親・母親を対象とした全国調査によれば、[8] こうしたいずれかの機関への参加率は母親七四％、父親六一％（出産前であるからまだ父親・母親ではないが、わかりやすく父親・母親としておく。以下同様）、そのうち「夫婦で参加」が六一・六％、「母親だけ参加」は三六・五％、「父親だけ参加」は一・四％である。主な受講内容は表7－2のように母親・父親ともに「出産について」と「乳児の世話」が多く、その内容の理解度については母親・父親ともにそれぞれ六～七割が「よくわかった」としている（表7－3）。育児についてのフォーマルな予期的社会化は

（％）

受講テーマ		母親（2,350人）	父親（1,118人）
出産について	よくわかった	76	68
	受講前と変わらなかった	19	23
	むしろ不安になった	4	7
赤ちゃんのお世話について	よくわかった	66	71
	受講前と変わらなかった	27	22
	むしろ不安になった	4	5
家族や夫婦の関係について	よくわかった	50	60
	受講前と変わらなかった	42	33
	むしろ不安になった	3	5
相談や交流が	よくできた	41	47
	少なかった	39	37
	できなかった	16	12

注　理解度の「その他」は省略した。
出典　NPO法人ファザーリング・ジャパン「2歳以下の乳幼児を持つ父親母親への産前講座に関する全国調査結果」(2020), p.24.

表7-3　受講した産前講座のテーマ・内容の理解度

認知的育児文化が中心で母親も父親もそれを「よく理解している」わけである。

しかし、公的機関による学習よりも自分でインフォーマルに情報を収集して育児文化を獲得していく母親・父親の方が多い。表7−4のように育児についての情報源では、母親の場合、ほとんど（九三・五％）が親や友人という身近な人間関係、つまり第一次関係から情報を得ているし、多く（八五・四％）が本や雑誌というマスコミ、また育児関連の情報サイトや関連アプリといったインターネットを情報源としている。それに比すれば母親学級や父親学級といった公的機関を情報源とするのは少ない（六一・五％）。父親も情報収集による育児の準備をしているが、その準備度は低い。それは父親と母親とでは親になる心構えが違うからである。父親も母親と同じように妊娠・出産に喜びを感じてはいるものの（表7−1）、親になる実感や心の準備という点では父親の意識は母親よりも低いのである。[9]

（%）

	母親（2,975人）	父親（2,625人）
出産・子育てについて親や友人と話した	93.5	70.9
本や雑誌、インターネットなどで出産・子育ての情報を集めた	85.4	53.8
母親学級・父親学級に参加した	61.5	37.3
出典　ベネッセ教育総合研究所『乳幼児の生活と育ちに関する調査』(2017), p.6.		

表7-4　育児情報の収集などの準備

（2）母親の育児リアリティ・ショック

育児の予期的社会化の段階では母親も父親も出産・育児を極めて肯定的にとらえていた。しかし実際に子どもが生まれ、育児に追われるようになると、そうした肯定的感情は一変する。実際の育児行動は出産前に予期していた以上に大きな負担を伴うからである。出産前と出産後の生活に「ギャップを感じた」母親は七七・四％にのぼり、[10] その内容は表7−5のように「①睡眠不足」、「②身体的負担」や「③精神的負担」、「④子どもの命を守る不安」や「⑤育児の多忙さ」であるが、この産前産後のギャップは余りにも大きく、それだけに激しい衝撃を受け、戸惑いや不安を感じるのである。母親になったときの、衝撃ともいえる気持ちを具体的に感じ取るために、長くなるが幾つか引用してみよう。

（複数選択）（％）

	母親（381人）
①睡眠不足	59.1
②出産による身体的負担	49.9
③ホルモンバランスの崩れによる精神的負担	49.6
④子どもの命を守る不安	46.0
⑤育児の忙しさ	40.9
⑥仕事をしていないことによる不安	34.9
⑦パートナーシップ	33.6
⑧子どもの発育に関する不安	32.8
⑨その他	13.1
⑩特にない	3.9

出典　育児コミュニティMIRAIS『育休経験者400名の実態調査　調査結果報告書』(2020), p.7.

表7-5　出産前には想像しておらず、出産後に感じている悩み

●子育てについて書くとなると、どうしても自分の最初の子育てを思い出してしまう。それほど初めての母親にとって、最初の子どもの出現はショッキングで「だまされた思い」すらしたものだ。隣にいる生まれたばかりの子どもを見て「この人どこから来たんだろう」、「これを今から育てていくの？」、「私はとんでもないものを産んでしまったんじゃないかしら」と感じた出産直後の違和感。本に書かれてある「産後はゆっくり休養しましょう」という言葉を信じて、産後は寝て暮らそうと期待していた私は、赤ん坊が夜中にも起きると知って、まさかと思った。それなら、「産後はゆっくり寝られません」と書いて欲しかった。……中略……現実には私も含めて最初の子育ては加減のわからないことだらけである。……中略……私は恥ずかしいことに、最初の子どもを産んでもどうやって子どもと遊んでいいかわからなかった。[11]

以下は質問紙調査の自由記述欄の意見である（原文のまま）。

●授乳の大変さ。混合だとミルクをどれだけ足して良いか分からず、小児科と助産師、おっぱい外来、プロでも意見が分かれて本当に悩んだ。母乳がどれだけ出るか、想定外も良い所。また、赤ちゃんは泣き止まない、寝ても降ろすと起きて泣く、母はお世話で身動き出来ないなんて知りませんでした。

●完全母乳育児を目指すには赤ちゃんが欲しがるだけ母乳を与えること、と育児書などに書いてあったので、それを実践しようとしたら授乳してない時間は常に泣くので、トイレも食事もままならず……。赤ちゃんも可哀想で断念しました。完母礼賛の風潮があるので、誰でも少し頑張ればできるのかと思っていましたが、母乳の出が悪い母親にとっては想定外のストレスでした。

●出産後は我が子が生まれて幸せなお母さんが当たり前と思っていたのでマタニティーブルーや産後うつを知らなかった。一人目を出産後不安な気持ちが大きすぎて我が子を可愛く思えなくて駄目な親だと自分を責め誰にも相談できなくて本当に辛かった。……中略……ただ、気持ちの浮き沈みがあり夜になると不安な気持ちになる事がたまにあります。いつもの自分なら平気な事で泣いてしまったり……。

●この生活まるごとほとんど想定外です。朝が早いだっこで体が痛い授乳がひんぱんおっぱいのコンディションを保つのが大変早いうちから仰向けをいやがるようになりおむつ交換が難しい（特に外出先）子供の重さがプラスされるので買い物が大変美容院に行けないベビーカーだと行きづらい場所が多い（銀行や郵便局など）、離乳食を手作りすると一日中キッチンに立っている気分になる。[12]

妊娠期に思い描いていたイメージと現実の育児実践との間のギャップに母親は強い衝撃を受け、戸惑いや不安を覚えるのである。このような産前産後に母親が感じるイメージギャップを、組織への新規参入者が感じる「リアリティ・ショック」（第六章）に倣って、「育児リアリティ・ショック」と呼んでおこう。

出産後の育児が大変なことは父親も感じている。母親の妊娠期には先に述べたように父も肯定的に育児をとらえているが（表7−1）、「出産後の気持」を問うた調査によれば[13]、「出産後、子どもの世話が大変だった」とするのは母親六九・三％（第一子では七八・九％）、父親五八・二％（第一子では六一・九％）で、母親ほどではないにしろ父親も育児困難を感じている。しかし母親が「②出産による身体的負担」や「③ホルモンバランスの崩れによる精神的負担」を感じるのに対して（表7−5）、父親はそうした身体的変化による身体的負担や精神的負担はないから「育児リアリティ・ショック」はない。

この育児リアリティ・ショックは大方は乳児の生活リズムが整った頃に鎮まる。「乳児の生活リズムが軌道に乗った時期」は初産婦の場合、「出産後四ヶ月目」二八％、「五ヶ月目以降」二六・二％、「三ヶ月目」二二・四％となっているから[14]、おおよそ四、五ヶ月くらいで育児リアリティ・ショックは緩和されていくのだろう。そして育児リアリティ・ショックが緩和していけばほとんどの母親は、そして父親も、子どもに対しても育児に対しても肯定的な感情を抱くようになる。表7－6は〇－一歳児の母親・父親の育児に対する気持ちを見たものであるが（説明は後述）、子どもに対してはほぼ全員が肯定的感情を持ち、また育児に対しても九割が肯定的感情を持っており、否定的感情を

（%）

			母親（2,975人）	父親（2,625人）
子どもに対する気持ち	肯定的	①かわいい	99.7	98.9
		②守ってあげたい	99.5	98.8
		③自分の子どもでうれしい	99.1	98.3
	否定的	④わずらわしいと感じる	8.6	9.2
		⑤怒りたくなる	13.0	11.1
		⑥こんな子でなかったらいいのにと思う	1.2	1.4
子育てに対する気持ち	肯定的	⑦楽しい	95.1	95.6
		⑧充実している	93.3	92.9
		⑨それなりにうまくやれていると思う	89.0	88.4
		⑩子育てによって自分も成長していると思う	87.0	80.8
		⑪自信がもてるようになってきた	60.2	57.5
	否定的	⑫子どもがうまく育っているか不安になる	51.9	42.1
		⑬いつも時間に追われていて苦しい	48.8	35.7
		⑭どうしたらよいかわからないことがある	40.4	34.5
		⑮他の子どもと比べて落ち込むとがある	14.8	3.6
		⑯重荷に感じる	13.7	10.5

出典　ベネッセ教育総合研究所『乳幼児の生活と育ちに関する調査　2017（速報版）』（2018）p.11.

表7-6　子どもと子育てに対する気持ち（0～1歳児の母親・父親）

持っている親はいずれも少ない。

3　親役割の遂行

(1)母親の表出的役割と愛の感情

先に述べた手段的役割と表出的役割は家族集団全体の役割であるが、子どもに対しては親は具体的にどのような役割を演じることになるだろうか。まず母親の役割をみよう。

子どもの誕生から愛着期までは母親が子どもの欲求を満たし、世話をするが、そのことによって母親と子どもとの間には愛情の相互交流・相互関係が形成・成立する（第三章）。先に述べたように母親と子どもとの間に「共生的関係」が形成されていくわけである。だが、エディプス位相の段階になって父親が登場してくると、子どもは父親と母親の言動の差異に気づくようになり、親を母親と父親に分けて意識するようになる。この段階で父親は手段的役割を担い、母親はもっぱら表出的役割を担うという役割分化が進んでいくことになる。子どもの社会化の視点からいえば父親の手段的役割とは子どもの社会化を進めていく上での課題を課すること、要求を課することであり、それを子どもとの年齢差による父親の優位的立場からのパワーによって習熟・達成させていくことである。そして母親の表出的役割とは子どもとの愛情の交流を重ね、その愛情関係の中で社会化を進めていくことである。子どもに愛情を傾けつつ子どもの世話をして欲求を満たし、快感を与え、慰安感と安定感を与えるというように子どもに対して受容、許容、支持、充足、慰安、安定といった表出的役割を演じていくこと、端的に言えば母親は子どもにとって情緒的依存の対象であることである。このような表出的役割行動を遂行していくことが子どもに対する母親の第一の役割である。育児の基本条件の第一はしつけの主体（母親）の愛情であり、その意味で母親は子どもにとって愛情の源泉なのである。

第二に、母親の役割として父親の解説者ともいうべき役割がある。母親が家族内での融和を図る表出的役割を担うということは、子どもの立場から具体的にいえば母親が父親と子どもとの間に入って父親の態度・行動の意味を子どもに解説し、その母親の解説によって子どもは父親に対して抱く緊張や不安を和らげるということである。子どもにとっては心地よい母子間の愛情交流の関係の中に、エディプス位相の段階において父親が介入してくるのであるから子どもにとっては父親は邪魔者であり、妨害者でしかない（エディプス・コンプレックス）。だが、その父親の姿や言動を母親が子どもに解説することによって、子どもは父親の存在と位置、役割を理解するようになる。エディプス位相の段階で父親が登場してきたからといって子どもは直ちに父親を母親とは異なった役割を持った存在として意識するわけではない。母親が父親の態度や言動を子どもに解説することの結果として子どもは父親が「生活の資と安定」を獲得し、家族を支えている職業人であり、家族の代表者であり、家族集団を統率している権力者であること（後述）を理解して、母親とは異なる役割を持った存在であることを徐々に知っていくのである。さらに母親は父親を権威者として扱い、父親に対して子どもがとるべき態度・行動を指示し、子どもを父親との関係の中に組み入れていく。子どもが何らかの欲求や願望を抱いたとき「お父さんに聞いてごらん」とか「お父さんにお願いしてごらん」といった母親の言葉によって子どもは家族内での父親の存在と位置、役割、そして父親の権威（家族成員によって正当性が承認されている権力のこと）を理解し（後述）、自分との関係のあり方を知るのである。さらには父親と母親の日常関係の様子から、子どもは家族の中での父親と母親の関係を知るようになる。

　第三に、母親は女児にとって性役割のモデルになるということがある。第三章で述べたように、そして先にも述べたようにエディプス位相の段階において父親が登場してくると子どもは父親と母親の言動の差異に気づくようになり、また自分に対する父親と母親の働きかけ、つまり役割期待や役割要求が異なることに気づくようになって性別意識を持つようになる。そのときに子どもは自己を同性の親と同じカテゴリーに位置づけ[15]、同性の親をモデルとして、その態度・言動を模倣し、あるいは同一化して性役割を学習していくのである（第一章）。と同時に子どもは異性の親を通して異性の役割をも知るようになる。異性の親は子どもにとっては自分とは同じカテゴリーに属しない、対置しているカテゴリーにあって模倣や同一化の対象とすべきでないモデルである。だからそのような方向に向かわないことを期待され要求される。平たくいえば同性の親はあるべき姿のモデルであり、異性の親はあるべきでない姿のモデルである[16]。それが明確に識別され対比されることによって、同性への社会化がさらに促進されていく。子どもに対して性役割のモデルであること、これが母親の第三の役割である。

しかし、最も重要な母親の役割は第一の、母親は子どもにとって愛情の源泉だということである。子どもに対する愛情が母親の表出的役割の中心を成す。

（2）父親の手段的役割と権威の感覚

手段的役割とは先に述べたように、集団を環境に適応させつつ集団目的を達成していく活動である。家族集団の目的は何よりも家族成員の生活の保障であり、生活の安定である。そのために父親は外部の産業社会に出て職業に従事し、一定の収入を得て家族成員の生活を保障し、家族生活の安定を図ろうとする。父親の役割は何よりも家族成員のための「生活の資と安定」を得ることであり、まさに手段的な役割である。これが父親の第一の役割であり、責任である。第二に、父親は、このように家族集団の生計維持者であることから家族の代表者という役割を担っているということである。社会通念上、家族集団の生計維持者が家族の代表と見なされるが、そのために父親は社会からも家族からも家族集団の代表者と見なされ、そのように扱われる。世帯の生計を維持し、世帯を代表する者を「世帯主」というが、通常は父親が世帯主となる。

第三に、家族の代表者である父親は家族成員にとっては社会の代表者でもあるということである。父親は外部の社会に出て職業に従事し、また家族を代表として外部社会に出ているのであるから家族成員にとって父親は社会の代表者でもある。子ども、特に幼児期の子どもは家族集団を唯一の世界としているから、彼らにとって父親は職業人の代表であり、外部社会の代表者でもある。だから父親の職業的なものの見方や信念・態度、また社会的なものの見方や社会に対する信念・態度は子どもの職業に対する価値や信念、態度に影響を与え、また社会的なさまざまな役割遂行に関しての信念や態度の形成に影響を与えるのである。子どもにとって父親は社会の代表者であるとともに、職業人としてのモデルであり、社会人としてのモデルとなる。

第四に、父親は家族集団のさまざまな事項についての主導権、決定権を持っていることがあげられる。父親は家族成員の「生活の資と安定」を図るとともに家族成員をまとめ、家族集団が機能不全に陥らないように家族集団を統率していく力（統率力）を与えられている。主導的な立場に立って家族成員をまとめて物事に対処し、決定していくことが家族成員から期待されているのである。そのために家族成員に指示・命令したり、時には強要して家族成員の行為を制御することもある。その意味で父親は権力者でもある。しかしそのことは外部の社会においても正当なことと見なされている。父親は家族集団の統率者であり、権力者なのである。

第五に、母親が女児にとって性役割のモデルになるように父親は男児にとっての性役割のモデルになる。先に述べたようにエディプス位相の段階になると子どもは性別意識を持つようになり、自己範疇化して同性の親をモデルとして性役割を学習していく。

このように父親が生計維持者であり、家族の代表者であり、家族の統率者・権力者であること、つまり父親が手段的役割を担っていることから、そしてまた父親は年齢において子どもを遥かに凌駕し、子どもに対して決定的に優位な立場にあることから、子どもは父親に物事を押し進めていく力、パワーを感じるようになる。実際、父親は子どもに対して「強要」することもあり、不当とさえ感じられるほどの「追従」を強いることもある。[17] しかし、同時に父親は子どもの欲求を満たし、願望を叶え、擁護してくれるから、そのような父親の態度から子どもは父親を力強い存在、頼もしい存在と感じ、さらに先に述べた母親の「解説」によって子どもは父親に尊敬の念を抱くようになる。その結果、子どもは父親をパワーを持つべき存在であり、そのパワーを自分は受け入れるべきであること、すなわち父親を「権威」を持った存在として意識するようになるわけである。先に述べたように育児の基本条件の第一がしつけの主体（母親）の愛情であるとすれば、育児の基本条件の第二はしつけの主体（父親）の権威である。その意味で子どもにとって母親は愛情の源泉であり、父親は権威の源泉なのである。[18]

（3）父親のしつけと母親のしつけ

親が子どもを社会生活に適応させるために社会生活に必要な生活習慣を教え込み、身につけさせ、一人前（社会的人間）にしていくことを「しつけ」といい、親の意図的な社会化の一形態を成す。親の意図的な社会化にはもう一つ、感化がある。感化は子どもが気づかないうちに親の意図する方向に形成されていくことを意味する。ここでは子どもに対する親の働きかけが問題であるから「しつけ」も「感化」も取り上げるべきだが、実際にはその区別は困難であるから、ここでは感化をも含めて「しつけ」といっておく。「しつけ」という育児行動には「権威」と「愛情」が必要である。これが育児の基本条件である。権威がなければ善悪の基準が明確でなく、しつけの効果はあがらないし、愛情がなければ親は信頼されず、親の意図は伝わらない。

父親は家族生活の安定と安全を確保するために家族集団を統率し、家族成員の行為を制御していく。家族成員の思考、感情、態度、行動を統制し、家族集団の規範に成員を同調させていくわけである。そのために父親は何が許容され、何が許容されないかという判断規準、行動規準を家族成員に明確に示さなければならない。どのような行為が禁止され否定されるのか[19]、どのような行為が許容され肯定されるのか、これから「まさになすべき行為」（当為）とは何なのか。こうした判断規準、行動規準が家族の集団規準、つまり家族集団の規範となる。そして父親は家族集団の規範に同調的な態度・行動を承認し、そうでない態度・行動を拒否する。同調的な態度・行動には報酬を与え、逸脱的な行動には罰を与えるわけである。[20]これが「しつけ」である。だから子どもは父親から叱られることを恐れて父親の規範的な要求と禁止にしたがうのである。

　子どもは母親との間に先に述べたように愛情の交換関係を成立させ、自分は母親に限りなく愛されているという「愛の感情」を抱き、また限りなく愛されたいという欲求を持っている。そしてこれまで母親は子どもに限りない「愛情」、すなわち「快」を与えてきた。しかし、「しつけ」をするようになると「不快」なことも要求するようになる。母親も社会生活に必要な生活習慣を身につけさせるために子どもの欲求を抑え、コントロールするようになるからである。だが、子どもはその不快な要求（しつけ）を拒否すれば母親の愛情を喪失するのではないかという不安につきまとわれることになる。そのために「幼児はこの不安を増大させる活動から距離を置き、あるいは遁走することを学習」[21]するようになる。つまり母親の要求が不快であっても、その母親の要求に応じるようになる。「幼児は『母親役の側の軽い禁止の身振りや軽い困惑や気がかりだなあという態度によって、さらにはある程度の不安と混じった不承認の標しを見て自分の行動の経路を決定する』ことを学習する」[22]ようになるわけである。

(4) しつけの実態

① しつけの方法

　しつけは社会生活に必要な生活習慣を身につけさせることであるが、その生活習慣には基本的生活習慣と社会的生活習慣がある。基本的生活習慣は人間としての基本的な習慣化された行動であり、食事、睡眠、排泄、清潔、衣服の着脱を指す。社会的生活習慣とは社会成員として生活していくためのルールやマナー、モラルであり、例えば挨拶や言葉遣い、公共の場でのマナーや行儀作法、交通ルールや道徳的ルールといったものである。したがって基本的生活習慣は幼児期前期の、およそエディプス位相以前の幼児を対象とするしつけであり、社会的生活習慣は幼児期後期以降の、およそエディプス位相以後の幼児を対象としている。ここでは、エディプス位相以後の幼児を対象としているので社会的生活習慣の「しつけ」を取り上げ、親のしつけの実態を明らかにする。

　先に父親の手段的役割行動も母親の表出的役割行動も子どもに対するそれぞれの働き

かけ方であると述べたが、実際に父親・母親はどのような働きかけ方をしつつ子どもをしつけているだろうか。表7－7は三歳以上六歳未満の幼児を持つ父親・母親を対象にした「しつけ」調査の結果である。父親欄の「育児参加型」は妻と同程度かそれ以上に育児に関わっている、いわゆるイクメンタイプの父親。「育児不参加型」は育児を妻に任せている部分がかなり多いか任せきりにしているタイプの父親、母親欄の「就労型」はフルタイム勤務の母親、「専業主婦」は無職または時間を限定して週に数回働いているタイプの母親である。①および②の交通の危険性、安全性に関わるしつけでは、父親も母親も「厳しく注意」するという強制的な手段的方法をとっている。だが、危険性のより高い「①道路への飛び出し」についてはほとんどの親が「厳しく注意」している。特に母親は父親よりも「厳しく注意」しているし、とりわけ子どもの行動を監視しやすい立場の専業主婦はほぼ全員が「厳しく注意」している。「②道路で遊ぶ」という安全性に関わる子どもの行動についても父親は半数が「厳しく注意」しているに過ぎないが、母親は七割が「厳しく注意」している。

「③他の子が並んでいる列への割り込み」や「④他の子のおもちゃを取り上げる」という「仲間の世界」のルールやマナーについては父親も母親も「厳しく注意」が多いものの交通

の危険性や安全性ほどではなく、その分「優しく注意」という説得的方法が多くなっている。「優しく注意」するのは不参加型の父親よりも参加型の父親の方に多く見られる。「⑤公共機関で騒ぐ」という公共の場でのマナーについては父親よりも母親の方が「厳しく注意」しており、特に「就労型」の母親は「厳しく注意」している。「⑥挨拶」、「⑦返事」、「⑧言葉遣い」といった人間関係のマナー——実際には親子間の関係だろうが

(%)

		父親			母親		
		育児参加型	育児不参加型	全体	就労型	専業主婦	全体
		(100人)	(100人)	(200人)	(100人)	(100人)	(200人)
①交通量の多い道路に飛び出そうとする	優しく注意	15.0	20.0	17.5	9.0	1.0	5.0
	厳しく注意	85.0	80.0	82.5	91.0	99.0	95.0
②道路で遊ぶ	優しく注意	44.0	46.0	45.0	28.0	29.0	28.5
	厳しく注意	53.0	51.0	52.0	71.0	70.0	70.5
③遊具など他の子が並んでいる列に割り込む	優しく注意	41.0	31.0	36.0	32.0	36.0	34.0
	厳しく注意	59.0	68.0	63.5	68.0	64.0	66.0
④他の子のおもちゃを取り上げる	優しく注意	39.0	27.0	33.0	43.0	33.0	38.0
	厳しく注意	60.0	72.0	66.0	57.0	66.0	61.5
⑤電車などの公共機関で騒ぐ	優しく注意	46.0	40.0	43.0	25.0	37.0	31.0
	厳しく注意	54.0	60.0	57.0	75.0	63.0	69.0
⑥挨拶をしない	優しく注意	60.0	64.0	62.0	65.0	58.0	61.5
	厳しく注意	40.0	36.0	38.0	35.0	42.0	38.5
⑦返事をしない	優しく注意	62.0	67.0	64.5	62.0	59.0	60.5
	厳しく注意	38.0	33.0	35.5	38.0	41.0	39.5
⑧乱暴な言葉遣いをする	優しく注意	58.0	70.0	64.0	46.0	38.0	42.0
	厳しく注意	39.0	30.0	34.5	53.0	60.0	56.5

注1　各質問の回答項目のうち注意しないで「放っておく」は省略。
注2　「優しく注意」=「非常に優しく注意」+「優しく注意」。「厳しく注意」も同じ。
出典　象印マホービン株式会社「象印調査シリーズ『新米パパ・ママの幼児のしつけに関する実態調査』」(2013), pp.10-12. より一部抜粋。

表7-7　幼児のしつけ（3歳以上6歳未満の幼児）

——については父親も母親も「厳しい注意」よりも「優しく注意」する方が多くなっている。ただ「⑧言葉遣い」については父親よりも母親の方が「厳しく注意」している。

これらの傾向をまとめていえば、生命の危険性や安全性に関わる子どもの不適切な行動は必ず止めさせなければならないから父親も母親も強制的方法をとっているが、仲間の世界や公共の場といった外の社会でのマナーやルールになると強制的方法が多いものの説得的方法によるしつけが増えてくる。危険性や安全性に関わる行動は理屈抜きに毅然とした態度を示して有無を言わさず止めさせなければならないが、マナーやルールに関してはその理由を理解させ納得させなければ効果がないから説得的方法が増えてくるのである。またほとんどのしつけにおいて（④以外）、父親よりも母親の方が強制的方法によるしつけをしている。特に①、②の交通の危険性、安全性、⑤の公共の場でのマナー、「⑧乱暴な言葉遣い」という人間関係のマナーでは母親の方が強制的方法をとっている。先に述べたように伝統的には父親は手段的役割、母親は表出的役割とされてきたが、今日においてはどのようなしつけであっても、実際には母親の方が強制的な手段的方法をとってしつけている傾向が見られる。

②しつけの実際

では、親自身は幼児のしつけに対してどのように考えているのか。表7－8は三歳以上六歳未満の幼児のしつけに関する父親・母親の意識について見たものである。父親も母親も「①幼児期のしつけの重要性」を指摘しているが、しかし父親も母親も過半数の多くが「②しつけに熱心」なのは母親であること、すなわち母親がしつけの担当者・責任者であるとしている。「両親ともしつけに熱心」で「両親とも注意したり叱ったり」（③の回答）して共同でしつけを行うという形態は少ない。大方を推測すれば夫婦の組み合わせは［参加型の父親―就労型の母親］、［不参加型の父親―専業主婦］であろうから専業主婦はしつけの担当者・責任者として「②しつけに熱心」であり（六三％）、「③注意したり叱ったり」して実際にしつけを行うが（八五％）、その父親は不参加型で仕事中心であるからしつけの担当者・責任者は母親であるとする（②六六％、③七四％）。それに対して参加型の父親は母親がフルタイム就労であるから育児を分担し、「両親ともしつけに熱心」（②の回答）として自身の育児参加を評価しているが（四一％）、しかし実際に「③子どもに注意したり子どもを叱ったり」してしつけをしているのは母親だとしている（六九％）。就労型の母親も、参加型の父親が「母親と同じほどにしつけに熱心」（②の回答）と自己評価している（②

(%)

		父親			母親		
		育児参加型	育児不参加型	全体	就労型	専業主婦	全体
		(100人)	(100人)	(200人)	(100人)	(100人)	(200人)
①幼児期のしつけは重要か	重要	96.0	98.0	97.0	97.0	97.0	97.0
	重要でない	4.0	2.0	3.0	3.0	3.0	3.0
②子どものしつけに熱心なのは	父親	16.0	14.0	15.0	18.0	12.0	15.0
	両親とも熱心	41.0	18.0	29.5	22.0	20.0	21.0
	母親	42.0	66.0	54.0	59.0	63.0	61.0
③子どもに注意する·子どもを叱る頻度が高いのは	父親	17.0	14.0	15.5	27.0	9.0	18.0
	両方とも注意する	14.0	11.0	12.5	5.0	6.0	5.5
	母親	69.0	74.0	71.5	68.0	85.0	76.5
④十分なしつけができている	できている	66.0	53.0	59.5	43.0	53.0	48.0
	できていない	34.0	47.0	40.5	57.0	47.0	52.0
⑤子どもを育てるようになり、しつけの一環として子どもを叩くことも必要と感じるか	必要	68.0	61.0	64.5	64.0	53.0	58.5
	不要	32.0	39.0	35.5	36.0	47.0	41.5
⑥子どもを叱りすぎたと反省することがある	反省する	77.0	28.0	52.5	49.0	58.0	53.5
	反省することもある	22.0	41.0	31.5	41.0	37.0	39.0
	反省しない	1.0	31.0	16.0	10.0	5.0	7.5
⑦同世代の子どもを持つ他の親と比べて子どもに甘いか	甘い	89.0	70.0	79.5	56.0	50.0	53.0
	厳しい	11.0	30.0	20.5	44.0	50.0	47.0

注1　例えば、①は「重要」=「非常に重要」+「重要だと思う」。「重要ではない」も同じ。その他の項目も同じ。

注2　各質問の回答項目のうち「その他」は省略した。

出典　象印マホービン株式会社「象印調査シリーズ『新米パパ・ママの幼児のしつけに関する実態調査』」(2013), pp.3-8.より一部抜粋。

表7-8　子どものしつけに関する親の意識(3歳以上6歳未満の幼児)

四一%）ほどには実際にしつけを行っているとは思っていない。就労型の母親が「父親も自分（母親）と同じほどにしつけに熱心」（②の回答）であり、夫婦が共同でしつけを行っていると回答しているのは二二%に過ぎないし、実際に父親も「③注意・叱責」して夫婦共同でしつけをしていると父親を評価している母親はわずか五%に過ぎない。ただ一部の就労型の母親は、父親の方が「②しつけに熱心」（一八%）で父親の方がよく「③注意したり叱責している」（二七%）と父親を評価している。育児参加型の父親も自分は「②母親と同じほどにしつけに熱心」（②の回答四一%）と自己評価している。

要するに就労型の母親の夫である参加型の父親は実際にしつけを行っている一部の熱心な父親タイプ（「③注意したり叱ったり」する父親は二七%と母親は評価）と、育児参加しているとしつつも実際には母親任せにしている多くの父親のタイプ（実際に「③注意したり叱ったりするのは母親（自分）」とする母親が六八%）との二つのタイプに分化されるというわけである。

まとめていえば「不参加型の父親―専業主婦」のタイプでは育児はもっぱら母親が担当しており、「参加型の父親―就労型の母親」のタイプでは実際に育児を分担している一部の父親のタイプと育児を分担していない多くの父親のタイプとに分化しているといえる。

このことは「④しつけの効果」の評価にも表れている。参加型の父親は育児を分担しているつもりだが（「②の回答「両親とも熱心」四一％）、母親（就労型）の期待しているほどではなく（③の回答「実際に注意し叱責するのは母親」六八％）、にもかかわらず④「しつけは十分にできている」と高く評価している（六六％）。それは実際に育児を分担していないがために当事者意識が薄く、また育児を母親任せにしているために気楽に楽観的な評価をしているのであろう。その父親とは逆に就労型の母親はしつけの担当者・責任者としての意識が高く（②の回答「しつけに熱心なのは母親」五九％）、かつ実際にしつけを行っているが（③の回答「実際に注意し叱責するのは母親」六八％）、子どもとの接触時間が限られていることから、また父親の育児分担が期待ほどではないために、しつけは十分ではないと否定的に評価（④回答「しつけができていない」五七％）しているのではないか。専業主婦の場合は母親自身も父親（不参加型）も一定の効果を認めている（④の回答「しつけができている」専業主婦・不参加型父親ともに五三％）。

「⑤しつけの一環として子どもを叩くことも必要」とするのは母親よりも父親に幾分多いが、［参加型の父親―就労型の母親］に比較的多く見られる（それぞれ六八％、六四％）。父親・母親ともに仕事の関係上子どもとの接触時間が限られているから、強制的方法によるしつけも時には必要な対応としているのだろう。しかし「⑥叱りすぎを反省すること」も「参加型」の父親に多くなっている（七七％）から参加型の父親は厳しくしつけても、直ぐにその厳しさを反省するのである。だが、就労型の母親は父親ほど直ぐには反省せず、叱った理由や子どもの反応、その場の状況を考えて「⑥反省することもある」（四一％）としているから、母親の方が冷静であり、しつけに一貫性があり、厳しいわけである。

「⑦同世代の親との比較」では母親よりも父親に「甘い」との自己評価が多く、特に「参加型」の父親は八九％とほとんどが「甘い」と自己評価している。不参加型の父親では七割が「甘い」と評価している。母親はいずれのタイプも父親ほどに甘くはなく、父親よりも厳しい（就労型四四％、専業主婦五〇％）。

先に、子どものしつけでは父親よりも母親の方が強制的な手段的方法をとっている傾向があると述べたが、そうした傾向が親の意識の表れであることが理解されよう。父親は「権威」を背景とした強制的な手段的役割を担い、母親は「愛情」に基づいた説得的な表出的役割を担うという役割分化は、今日のしつけについては妥当せず、父親の手段的役割と母親の表出的役割は今日にあっては、いわば役割融合化してきているといえる。さらにいえば父親よりも母親の方が強制的な手段的方法をとっており、父親の方が説得的な表出的方法をとっているから、役割交代化の様相さえ見られる。また育児に参加（分担）していると自認している父親も、しつけの担当者・責任者としての意識が薄く母親に依存的であり、かつしつけに「甘い」から、しつけについても結局は母親の補助役の域を出ない。

　そして全体的に見れば、親はしつけの効果をある程度は認めつつも（④の「できている」の回答）、しつけに甘く、そのしつけも説得的な表出的方法が多いために、結果として第三章の表3-3のように児童の「しつけの喪失」に繋がっていくのではないか。こうした背景には、私生活化へと傾斜している現代社会の社会的潮流があることはいうまでもない。

4　親の発達——育児社会化——

　親は子どもを社会化（育児）していくと同時に、その過程において育児文化を習得しつつ自らをも社会化していく（育児社会化）。育児社会化は先に述べたように、「育児の予期的社会化」と「育児の経験的社会化」に分けることができるが、「予期的社会化」については既に述べたので、ここでは「育児の経験的社会化」について述べておく。

　子どもが生まれて実際に育児に携わるようになると母親も父親もさまざまな経験を積み重ねつつ、また育児に関わる他者（インターネットや情報誌などをも含む）から育児情報を得て育児文化を習得していく。育児社会化は、すなわち「親としての発達」である。乳幼児の親の意識調査によれば「子育てによって自分も成長していると思う」とする母親は八七％、父親は八〇・八％であって[23]、ほとんどの親が育児行動の遂行による自己の発達（育児社会化）を意識している。しかし、これまでの研究から母親の方が父親よりも育児を通しての自己成長意識が高い傾向が見られるから[24]、ここでは母親に焦点を置いて母親の発達について述べておこう。

　育児文化には先に述べたように「認知的育児文化」と「規範的育児文化」があるが、このうち「規範的育児文化」は育児行動の遂行の仕方の基準や規範のことである。つまり親としての役割遂行の基準であり規範である。発達心理学者の小野寺敦子らはまもなく親になる夫婦の意識の差異を調査し[25]、表7-9のようにその差異において夫（父親）の方が有意に高かった項目と妻（母親）の方が有意に高かった項目、および有意な差異が見られなかった項目に分けている。

父親の方が有意に高かった項目のうち「①一家を支えていくのは自分しかいないと強く感じる」は父親が自らの義務と責任を強く自覚し、まさに家族集団の手段的リーダーとしての役割を実現していこうという決意表明である。それは自らを動機づけ、手段的役割を再確認し、敢然として遂行すべく自らを社会化していくことである（自己社会化）。そしてそのような「①一家を支えていくのは自分」という父親としての強い自覚と決意、また⑨および⑩のように「子どもの誕生が嬉しくてたまらない」という親

	妻（167人）		夫（167人）
(A) 夫の平均値の方が妻よりも有意に高かった項目			
①一家を支えていくのは自分しかないと強く感じる	1.75	＜	3.26
②自分は父親／母親に向いている	2.74	＜	3.00
③よい父親／母親になれると思う	2.76	＜	3.13
(B) 妻の平均値の方が夫よりも有意に高かった項目			
④父親／母親になるという実感がある	3.41	＞	3.23
⑤父親／母親になる心の準備ができている	3.04	＞	2.86
⑥子どもが生まれることによって一人前になれると思う	2.71	＞	2.45
⑦親になることによって人間的に成長できると思う	3.61	＞	3.40
⑧(妻の) 妊娠によって行動が制限されている	3.08	＞	2.53
(C) 夫婦間で平均値に優位な差がみられなかった項目			
⑨生まれてくる子どものことを考えると嬉しくてたまらない	3.15		3.43
⑩自分と血のつながった子どもが生まれるのが嬉しい	3.71		3.66
⑪子どもの世話(授乳・風呂など) が心配である	2.60		2.49
⑫子どもが病弱だったらどうしようかと不安である	2.84		2.73

注1　「全くそう思わない」=1、「非常にそう思う」=4、の4段階評定。
注2　夫・妻ともに平均値2以下の項目は省略した。また「親になること」に関連する項目に限定した。
注3　標準偏差値は省略した。
注4　不等号は平均値の有意差を示す。
出典　小野寺敦子他「父親になる意識の形成過程」『発達心理学研究』第9巻第2号 (1998), p.123より一部抜粋。

表7-9　親になる意識の夫婦比較（平均値）

としての喜び（表7－1の肯定的な気持ちも同じ）、しかし実際には、育児の分担はするものの育児の主体は母親であると考えているために父親は母親ほどに（後述）誕生後の育児の現実を切実にとらえておらず、つまり母親ほどに育児の予期的社会化が進んでいないために、親としての喜びだけが先行して「②自分は父親に向いている」あるいは「③よい父親になれる」と父親になることに素朴な自信を持っているのではないか。そうした父親の意識の延長線上に、先に述べたように（表7－8④の父親の回答）父親は育児を母親任せにしているにもかかわらず、「しつけは十分にできている」という楽観的な自己評価があるのではないか。

　母親は父親と同じく表7－9の⑨・⑩のように親として「子どもの誕生が嬉しくてたまらない」という喜びの感情を持ちつつも、⑪・⑫のように「子どもの世話や病気のこと」といった困難な現実についての不安を感じている。母親は妊娠に伴う体形の変化、体内諸部分の変化、胎動、また妊娠による「⑧行動の制限」、行動の制約感によって「④母親になることへの実感」を直に感じ、「⑤心の準備」を整えている。また先に述べたように育児の情報収集もして育児の予期的社会化は促進されている。だから母親は子どもが生まれればそうした準備性、心構えは現実化して実際に「⑥親となり、一人前になった」という確かな実感を持ち、そうした母親役割を演じていくことによって「⑦人間的に成長」できると感じているのである。

このように父親はまさに家族集団の手段的リーダーとしての役割を自覚し、母親は表出的リーダーへの役割志向を高めているのである。「親アイデンティティの形成[26]」である。父親も母親もそれぞれ親の立場に身を置いて、親としての役割を自覚することによって、それぞれの役割遂行の仕方や規範を内面化していくのである。役割規範の形成である。

もう一つの「認知的育児文化」について見ると、子どものしつけや教育について幼稚園児の母親の情報源は表7－10のようである。母親の友人・知人、自分の親などの第一次関係、幼稚園の先生という第二次関係[27]、そしてテレビ・ラジオ、インターネットやブログなどの情報メディアが多いが、そうした周囲の人たちからのアドバイスや意見を取り入れつつ母親は「認知的育児文化」を習得し、また自らの育児経験を積み重ねることによって「認知的育児文

（複数回答）（%）

父親	23.2
（母方の）祖父母	38.8
母親のきょうだいや親戚	22.6
母親の友人・知人	80.6
園の先生	43.4
テレビ・ラジオ	59.1
インターネットやブログ	58.7
新聞	23.2
育児・教育雑誌	35.4
通信教育の親向け冊子	23.9
育児書や教育書などの書籍	20.7

注　有効回収票　母親1,253人。
出典　ベネッセ教育総合研究所『第5回 幼児の生活アンケート』(2015), p.55. より一部抜粋（20%以下の項目は省略）。

表7-10　子どものしつけや教育の情報源（幼稚園児の母親）

化」を深めていく。育児についての認知性を高めていくのである。

　と同時に、母親はこのような第一次関係や第二次関係のサポートを受けつつ育児を遂行していく。育児は常に困難と忍耐と負担の連続であるから、その度合いが過ぎればサポートを求めることになる。例えば、「育児に関する相談」の調査によれば、[28]ほとんどの母親が何らかの相談をしているが（初産婦では八六・五％、以下初産婦の場合）、その相談相手は自分の親（五六・八％）、配偶者（三六・八％）、友人・知人（三二％）、配偶者や親以外の親族（一六％）、配偶者の親（一三・五％）といった第一次関係の相手や地域の助産師・保健師（二七・五％）、出産施設の医療関係者（一七・四％）といった第二次関係の関係者であり、その結果、「信頼する人のサポートを受けられて安心した」、「相談に乗ってもらったり話を聞いてもらったりして不安が解消した」、「休息することができた」、「育児に専念できた」として、相談した母親の八一％が相談したことに満足している（「とても満足」＋「まあ満足」）。このことは今日の育児環境が母親一人での育児遂行を困難にしており、過重な負担を課していることを意味している。だから今日においては母親が信頼のできる援助者や関係者に適宜援助を要請し、その援助を受けることによってゆとりを持って育児を遂行していくことが求められているといえる。言い換えれば、今日の母親には「援助要請」すること、すなわち「援助要請スキル」が求められているのである。援助要請スキルとは自分自身の問題や困難を他者に正確に伝達し、援助を求める能力のことである。したがって援助要請には、それを抑制する要因（例えば自己評価を脅かす自我脅威）を排除し、援助要請スキルを向上させて自発的に他者（援助者）に援助を求めるという対人関係能力を必要とする。つまり周囲の他者との関係性が重要となる。先の表7−2の産前講座の「相談や交流について」というテーマも援助要請スキルや対人関係能力の向上を意図してのものである。

　ところで、先に述べたように育児は常に困難と忍耐と負担の連続であるから「①幼児のしつけは重要」（表7−8①、母親全体で九七％）と思いつつも日常的に「⑬時間に追われて」（表7−6、母親四八・八％）いれば「④十分なしつけができていない」（表7−8、母親全体で五二％）と思うし、「⑫子どもがうまく育っているか不安」（表7−6、母親五一・九％）にもなるし、そうした無力感や不満・不安が募れば「⑭どうしてよいかわからない」（表7−6、母親四〇・四％）と戸惑い、狼狽することもある。幼稚園児の母親を対象とした意識調査によれば[29]、幼稚園児の子どもであっても母親は「わずらわしくイライラしてしまうこと」（六一・一％）や「子どもに八つ当たりしたくなること」（五九・七％）もあり、「子どものことでどうしてらよいか分からなくなること」（五四・二％）や「子どもを育てるためにがまんばかりしていると思うこと」（三六・六％）もある。

　しかしそうした否定的感情を持ったとしても、母親は自分を抑えて（自己抑制）柔軟に対応していかなければならない。自分本位の考えに固執するのではなく子どもの状況や態度、場面に合わせて、いろいろな角度から子どもの態度や言動を考えていかなければならない（柔軟性）。自己抑制と柔軟な対応が必要である。育児は未だコミュニケーションの十分でない乳幼児が対象であり、自らのことを説明できないからである。だからこそ「認知的育児文化」が必要であり、また援助者の意見やアドバイスも貴重であり、情報メディアも参考になる。だが、最終的にはそうした情報の中から母親は自分の考えにしたがって判断し、決定し、自分の責任で育児を遂行していかなければならない。乳幼児は親の為すがままに身を任せるしかないから親の判断によって決定的に左右される。しかし母親は試行錯誤を繰り返しつつもさまざまな経験を積み重ね、育児の要領を会得しつつ自己効力感を高めていく。先の表7－6に見るように育児を遂行していくことによって母親は「⑪自信がもてるようになり」（六〇・二％）、「⑨それなりにうまくやれる」（八九％）ようになり、「⑩自分も成長している」（八七％）と思うようになる（先の表7－9の

⑥⑦についての説明）。「⑧充実感」（九三・三％）を感じるようにもなる。そうした自信や自己肯定感、自己充実感が母親の自己を強化していく。育児による人格発達について三〜六歳児を持つ母親と父親を対象に意識調査を実施した発達心理学者の目良秋子の研究によれば、[30]「親になる」ことによって母親は父親よりも「自己抑制」が強くなり（母親の平均値三・一七、父親の平均値二・六七。四段階評定。以下同様）、「柔軟性」が高くなり（母親二・五七、父親二・四七）、そして「自己」が強くなり（母親二・七五、父親二・二五）、「自己主張」が強くなっている（母親二・四五、父親二・二七）。いわゆる自律性が高くなっているわけである。表7−8で見たように母親は父親よりも遥かに多く育児に携わっていたから（「②育児に熱心」および「③育児の実践」）、それだけ母親は育児を遂行していくことによって父親よりも自律性を高めていくのである。

　こうして母親は育児を遂行していくことによって自律性、関係性、規範性、認知性を高めていき、より一層社会的人間へと形成されていくわけである。ただし、ここでは育児者＝母親として述べてきたが、父親が育児に深く関与するようになれば父親も母親と同様の発達をしていくことになる。[31]

文献

[1] Stephens, W. N., 1963（山根常男他訳『家族と結婚』誠信書房、一九七一年、四–五頁）

[2] 鯨岡峻「初期母子関係の発達と愛着の問題」『島根大学教育学部紀要（人文・社会科学）』一九八八年、第二二巻第一号、三〇–三五頁

[3] 鯨岡峻、前掲、三三頁

[4] Bales, R. F. & Slater, P. E. 1956（山村賢明訳「小規模の意志決定集団における役割分化」橋爪貞雄他訳『家族』黎明書房、二〇〇一年、三四八–四〇九頁）

[5] Parsons, T., 1956（山村賢明・高木正太郎訳「家族構造と子どもの社会化」橋爪貞雄他訳、前掲、二〇〇一年、一四〇頁）

[6] 伊藤葉子「中・高校生の親性準備性の発達」『日本家政学誌』二〇〇三年、五四巻一〇号、八〇一–八一二頁

[7] Merton, R. K., 1957（森東吾他訳『社会理論と社会構造』みすず書房、一九六一年、二四二–二四五頁）

[8] NPO法人ファザーリング・ジャパン「二歳以下の乳幼児を持つ父親母親への産前講座に関する全国調査結果」二〇二〇年、一三–一四頁。有効回収票五、〇〇〇〔男性一、八一九、女性三、一八一〕、調査実施二〇一九年。

[9] 後掲の表7–9の④・⑤の項目を参照。小野寺敦子他「父親になる意識の形成過程」『発達心理学研究』一九九八年、第九巻第二号、一二二–一二三頁。

[10] ただし第一子について。育児コミュニティMIRAIS『育休経験者400名の実態調査　調査結果報告書』二〇二〇年、六頁。

[11] 松岡悦子「子育ては文化である」『公衆衛生』医学書院、一九九五年、五九巻六号

[12] 特定非営利活動法人きずなメール・プロジェクトのアンケート調査結果、産後一年以内の母親五〇七名の自由回答、二〇一二年。

[13] 東京大学Cedep・ベネッセ教育総合研究所『乳幼児の生活と育ちに関する調査』二〇一七年、七頁。有効回収票は表7–1参照。

[14] 初産婦九一二名対象。ベネッセ教育総合研究所『産前産後の生活とサポートについての調査レポート』二〇一五年、一三頁。

[15] 自己範疇化という。Parsons, T., 1956（山村賢明・高木正太郎訳「家族構造と子どもの社会化」前掲訳、二〇〇一年、一三五頁）

[16] 山村賢明『家庭教育』旺文社、一九八三年、五六–五七頁

[17] Parsons, T., 1956（山村賢明・高木正太郎訳「家族構造と子どもの社会化」前掲、二〇〇一年、一一九頁、五六頁）

[18] 山村賢明、前掲、五〇頁

[19] 「禁止のしつけ」、Parsons, T., 1956（前掲訳、二〇〇一年、一八九頁）

[20] 「報酬＝処罰のメカニズム」、Parsons, T., 1951（佐藤勉訳『社会体系論』青木書店、一九七四年、二三六頁）

[21] Sullivan, H. S., 1953（中井久夫他訳『精神医学は対人関係論である』みすず書房、一九九〇年、一八二頁）

[22] Sullivan, H. S., 1953（前掲訳、一九九〇年、一八二頁）

[23] 東京大学Cedep・ベネッセ教育総合研究所、前掲、二〇一七年、一一頁

[24] 例えば柏木惠子他、一九九四年、「『親になる』ことによる人格的発達」『発達心理学研究』第五巻第一号や小野寺敦子他（前掲）などの研究。

[25] 小野寺敦子他、前掲、一二三頁。

[26] 山口雅史『母親になるということ』あいり出版、二〇一〇年、一八頁

[27] 第二次集団に対応する社会関係。第一次関係が親密な対面関係であるのに対して、合理性と没私情的関係に基づく非人格的、表面的、一時的な関係をいう。

[28] ベネッセ教育総合研究所、前掲、二〇一五年、九–一〇頁

[29] 幼稚園児の母親一、二五三名。ベネッセ教育総合研究所『第五回　幼児の生活アンケート』二〇一六年、五三頁

[30] 一七五組の父親・母親。目良秋子「父親と母親の子育てによる人格発達」, Human Developmental Research, Vol.16., 2001.

[31] 柏木惠子『父親の発達心理学』川島書店、一九九三年、三三三–三四五頁

◉第八章　高齢者となること
定年後の生活変化

長く続いた職業生活も定年退職によって終止符が打たれる。職能組織から離れることによる人間関係の希薄化、労働時間の短縮と自由時間の増大、収入の減少などによって職業生活は一変するが、さらに子どもが自立し、婚出すると親役割を喪失し、家族は高齢夫婦のみになって家族生活も変貌する。しかし高齢期とはいえ健康で自立した生活の可能ないわゆる「サード・エイジ」は続く。サード・エイジャーはどのような生活を送っているのだろうか。

1　定年退職と引退過程

（1）定年退職と継続雇用

職能組織の被雇用者は一定年齢に達すると定年退職して組織から離れる。定年退職とは被雇用者が一定年齢に達すると、その意思および能力の如何にかかわらず自動的に雇用関係を終了させる制度である。日本の経営組織は伝統的に終身雇用と年功賃金を雇用慣行としてきた。だが、被雇用者の賃金がその生産能力を下回っているとき（若年期）はよいが、一定年齢以上（中高年期）になると生産能力は落ち、賃金が年齢による生産能力を上回るようになる。そうなると組織は相当の経費を持ち出さなければならなくなり、しかもその持ち出し経費の額は、年功賃金制度のために被雇用者の年齢とともに次第に大きくなっていく。だから組織は「持ち出し」分という損失が生じないようにしなければならない。そこで組織は被雇用者が一定年齢に達すると自動的に雇用関係を終了させるようにして、被雇用者を強制的に離職させるのである。これが定年制である。

定年制が普及したのは昭和初期とされているが、当時は五十五歳定年だった。だが、当時の平均寿命は五十歳だったから定年年齢は平均寿命よりも長かった。その五十五歳定年がそのまま戦後の高度経済成長期まで引き継がれたのであるが、以後、平均寿命が急激に延び、高齢化が飛躍的に進んだことに合わせて定年年齢も段階的に引き上げられることになった。それは一つには少子高齢化が急速に進み、労働力不足が危惧されたためであり、また一つには年金の財源確保のために年金支給年齢が引き上げられ、定年年齢との間にギャップが生じるようになったから、そのギャップが収入空白期間とならないように雇用延長が求められたのである。一九八六（昭和六十一）年には「高年齢者等の雇用の安定等に関する法律」（高年齢者雇用安定法）が改正されて六十歳定年が努力義務化され、一九九八（平成十）年には六十歳以上定年が義務化された。さらに二〇〇〇（平成十二）年には六十五歳までの雇用確保措置が努力義務化され、二〇〇四（平成十六）年にはその措置として企業は、①定年の引き上げ、②継続雇用制度の導入、③定年制の廃止のうちいずれかの対策を講じることとされた。①「定年の引き上げ」は新たな定年年齢まで被雇用者全員を雇用することであり、③「定年制の廃止」は被雇用者全員がそのまま在籍し続けることである。②「継続雇用制度」は定年後も被雇用者の希望に応じて雇用を延長する制度で、これにはⓐ再雇用制度とⓑ勤務延長制度がある。ⓐ「再雇用制度」は定年年齢で一度退職扱いにして新たな雇用契約を結び直す制度であり、したがって身分、賃金、雇用形態などの労働条件が異なることが多い。ⓑ「勤務延長制度」は退職せずに雇用形態を維持したまま雇用を延長する制度で、身分や賃金、雇用形態は変わることがない。こうして二〇一三（平成二十五）年には希望者全員の六十五歳までの雇用が義務化された。

現在（二〇一九年十一月）、このような雇用確保措置を実施している企業は三一人以上規模の企業では九九・八％（一六一、一一七社）、五一人以上規模に限ると九九・九％（一〇五、八八六社）とほぼすべての企業が何らかの措置を講じている。その内訳を三一人以上規模の全企業で見ると、①定年の引き上げ一九・四％、②継続雇用制度の導入七七・九％、③定年制の廃止二・七％となっており、多くが②継続雇用制度を導入している。[1] 企業にとっては、①定年の引き上げも③定年制の廃止も人件費や人事の問題、世代交代の停滞、労働管理等の問題が絡み合って調整が困難だからである。だから②継続雇用制度が多いといっても、ⓑ勤務延長制度は同じような問題を抱えているためにⓐ再雇用制度が多くなるのである。定年制を定めている企業は九五・五％（三〇人以上規模の企業四、四三二社（有効回答数）のうち）、そのうち一律に定年を定めている企業は九七・八％、そのうち②継続雇用制度のある企業は九二・九％であるが、その内訳はⓐ再雇用制度七二・二％、ⓑ勤務延長制度九％、その併用ⓐⓑ一一・八％となっている。[2]

（2）引退過程のパターン――職業的役割の縮小と放棄――

　こうした雇用確保措置がとられてきたために高齢者の就業率も表8―1のように増加傾向にあり、六十代前半（六〇～六四歳）の就業率は二〇一九年現在、男性では八割を超え、女性では六割近くになっている。もちろん継続雇用を希望せずにそのまま定年退職するという選択もある。二〇一八（平成三十）年六月一日から二〇一九（令和元）年五月三十一日の一年間に六十歳定年企業の定年到達者は三六二、二三二人、うち継続雇用者は八四・七％、継続雇用を希望せずにそのまま定年退職した者は一五・一％、継続雇用を希望したが継続雇用されなかった者は〇・二％となっている[3]。したがって六十歳定年によって就業率も五十代後半に比すると若干下がることになる（表8―1）。

　表8―2は継続雇用を希望せずに退職した理由を示したものである。六十代前半の男性では「⑦趣味やボランティ

（%）

	男			女		
	2000年	2009年	2019年	2000年	2009年	2019年
55～59歳	90.0	88.0	91.1	56.7	60.6	73.2
60～64歳	65.1	71.4	82.3	37.8	42.9	58.6
65～69歳	(65歳以上) 33.3	46.9	58.9	(65歳以上) 14.3	26.3	38.6
70～74歳		29.4	41.1		15.1	24.2
75歳以上		13.6	15.6		5.2	6.7

出典　2000年は、厚生労働省『就業率に関する資料』(2007), p.12.
2009年および2019年は、総務省統計局『労働力調査(基本集計)2019年(令和元年)平均(速報)』(2020), p.7.

表8-1　年齢階級別就業率の推移

ア活動をしたい」、「⑤健康上の理由」といった個人的理由が多いが、それ以上に「③賃金が安い」、「②職場の雰囲気や人間関係がよくない」、「①自分のやりたい仕事ができない」といった組織に対する不満が多い。六十代前半の女性も同じように①〜③の組織に対する不満が多く、また⑦・⑧の個人的理由も多いが、男性に比すると「⑥家族の介護」が多くなっている。

一方の継続雇用者も、その多くはⓐ再雇用制度による継続雇用であるから雇用形態はこれまでとは異なる。表8−3はその雇用形態を見たものである。男性では五十代後半の現役世代の多く

(%)

		① 再雇用・勤務延長後に自分のやりたい仕事ができなかったから	② 職場の雰囲気や人間関係がよくなかったから	③ 再雇用・勤務延長後の賃金が安すぎるから	④ 後進のポストや仕事を奪うことになるから	⑤ 健康上の理由から	⑥ 家族などの介護のため	⑦ 趣味やボランティア活動に打ち込みたかったから	⑧ 年金など仕事以外の収入で十分に生活できたから
男性	60〜64歳 (934人)	15.8	17.5	17.5	12.3	22.8	17.5	29.8	8.8
	65〜69歳 (797人)	12.9	11.3	25.8	14.5	19.4	9.7	25.8	16.1
	計 (1731人)	14.0	13.7	22.6	13.6	20.7	12.7	27.4	13.3
女性	60〜64歳 (656人)	13.6	22.7	13.6	9.1	18.2	27.3	22.7	13.6
	65〜69歳 (496人)	3.7	7.4	14.8	7.4	37.0	48.1	37.0	11.1
	計 (1,152人)	6.9	12.4	14.4	8.0	31.0	41.4	32.4	11.9
全体(2,883人)		11.2	13.2	19.3	11.4	24.8	24.3	29.4	12.7

注　全体の計で10%以下の項目および「その他・無回答」は省略した。
出典　労働政策研究・研修機構『60代の雇用・生活調査』JIPT調査シリーズNo.199(2020), p.39.

表8-2　再雇用・勤務延長を希望しなかった理由（複数回答）

（　）内は総人数：単位万人（%）

		正規の職員・従業員	非正規の職員・従業員					
				パート	アルバイト	派遣社員	契約社員	嘱託
男	55～59歳（276）	88.0	12.0	18.2	18.2	9.1	36.4	9.1
	60～64歳（222）	49.1	50.9＊	15.9	10.6	2.7	31.9	33.6
	65～69歳（161）	29.2	70.8	29.8	21.9	4.4	21.9	15.8
	70～74歳（72）	25.0	75.0	31.5	29.6	3.7	16.7	11.1
	75歳以上（29）	27.6＊	72.4	33.3	28.6	4.8	9.5	9.5
女	55～59歳（239）	38.9	61.1	74.7	5.5	4.1	8.9	4.1
	60～64歳（179）	22.9	77.1	71.0	7.2	2.2	8.7	7.2
	65～69歳（126）	16.7	83.3	72.4	10.5	2.9	5.7	4.8
	70～74歳（57）	17.5	82.5	74.5	10.6	2.1	4.3	2.1
	75歳以上（24）	29.2	70.8	70.5	11.8	5.9	5.9	—

注1　＊欄：非正規の職員・従業員の内訳から計算すると実数に誤りがあると思われるので修正のうえ、比率を計算した。
注2　非正規の職員・従業員の内訳のうち「その他」は省略した。
出典　総務省統計局『労働力調査』（2018年）より比率を計算。

表8-3　性・年齢別雇用形態別雇用者率（役員を除く）

が正規雇用（正規社員）であったが（八八％）、再雇用の六十代前半になると正規雇用は半減して（四九・一％）、非正規雇用（非正規社員）が多くなり（五〇・九％）、嘱託や契約社員という形態での就業となる。

　女性の就業率（十五歳以上人口に占める就業者の割合）は近年になって次第に上昇してきた。一五〜六四歳の女性の就業率を見ると、一九八六（昭和六十一）年＝五三・一％→二〇〇〇（平成十二）年＝五五・七％→二〇一〇（平成二十二）年＝六〇・六％→二〇一九（令和元）年＝七〇・九％[4]と増加傾向にある。特にこの十年間では一〇％余りも上昇している。だが、男性の就業率が一九八六年の八〇・七％から二〇一九年の八四・二％と高い水準で恒常的に維持されているのに比すれば女性のそれは低い。それはいうまでもなく前章（第七章）で述べたように男性（父親）は家族集団の生計維持（手段的役割）のために賃金労働に従事し、女性（母親）は家族生活の安定と維持（表出的役割）のために家事労働に従事するという長い間の伝統的な役割分化が浸透していたからである。しかし企業の人手不足感の高まりと雇用情勢の改善、育児支援策の充実、性別役割分化に対する女性の意識変化などのために女性の就業率も次第に高まってきた。だが、それは家事労働とのバランスを条件としての就業であったから家計補助的な短時間勤務が好都合であり、非正規雇用はその条件に適っていた。二〇一三年と二〇一九年を比較してみると女性の就業者数は二、三二九万人→二、六三六万人（役員を除く雇用者）で三〇七万人増、うち正規雇用は一、〇三〇万人→一、一六一万人で一三一万人増であるのに対し、非正規雇用は一、二九九万人→一、四七五万人で一七六万人増であって、増加した女性就業者の五七・三％が非正規雇用である。そして二〇一九年では女性就業者の五六％（一、四七五万人）が非正規雇用、うち七八・九％が「パート・アルバイト」である。[5] 女性の就業者が増えたといっても多くは非正規雇用であり、「パート・アルバイト」という形態での就業なのである。

六十五歳以上定年企業について見ると、二〇一九年時点で定年が六十五歳企業は一七・二％（二七、七一三社）、そして六十六歳以上定年（二・二％）、定年制廃止（二・七％）、希望者全員六十六歳以上の継続雇用制度の企業（六・八％）を合わせて、ともかく希望者全員が六十六歳以上まで働ける企業は一一・七％（一八、九二一社）となる。[6] しかし、男性の就業率は先の表8－1に見たように二〇一九年では六十代前半八二・三％→六十代後半五八・九％→七十代前半四一・一％と段階的に大幅に減少していき、また女性ではさらに低く、それぞれ五八・六％→三八・六％→二四・二％となっているから男女ともにおおよそ六十五歳と七十歳で退職し引退していると思われる。

しかし六十五歳定年後の継続雇用も雇用形態は大きく変わる。男性では六十代後半になるとパート、アルバイトが多くなり、七十歳代になるさらにこの傾向が高まっていく（表8─3）。女性は先に述べたようにどの年齢層においても非正規雇用が多いが、六十代前半では正規雇用が落ち込んで非正規雇用が多くなり、六十代後半ではさらにこの傾向が続く。

このように見てくると、職業的役割を放棄し、引退に至る過程は男女ともに六十歳定年退職、六十五歳退職を転機として以下のように図式的にまとめることができる。

男性は、　(A)正規社員↓引退
　　　　　(B)正規社員↓嘱託・契約社員↓引退
　　　　　(C)正規社員↓嘱託・契約社員↓パート・アルバイト↓引退
女性は、　(D)正規社員・非正規社員↓引退
　　　　　(E)正規社員・非正規社員↓パート↓引退

定年退職によって職能組織から離れても、それがそのまま仕事からの完全な引退を意

味するわけではない。多くは定年退職後も再雇用としての嘱託・契約社員、またはパート・アルバイトという段階を経て引退するのである。

2　定年退職後の生活変化

(1) 職業生活の変化

このように定年退職しても雇用形態を変え、継続して働いている高齢者が多いが、その働いている理由を見ると、表8−4のように男女ともに「①経済上の理由」が多く、特に六十代前半では八割に上る（男性八四・五％、女性七九・三％）。「経済上の理由」とは具体的には「生計維持のため」である。しかしこの意味は年代あるいは男女によって異なる。六十代前半の男性では確かに「生計維持のため」であり、表8−5に見るように生計の主たる

（%）

		① 経済上の理由	② 健康上の理由（健康によいなど）	③ いきがい、社会参加のため	④ 頼まれたから	⑤ 時間に余裕があるから
男性	60～64歳	84.5	18.4	29.7	12.7	14.2
	65～69歳	71.4	25.7	33.1	19.2	23.6
	計	78.2	21.9	31.3	15.8	18.7
女性	60～64歳	79.3	19.1	38.8	13.5	28.3
	65～69歳	67.6	18.6	33.3	17.2	27.5
	計	73.8	18.9	36.2	15.2	27.9
全体		76.4	20.6	33.4	15.6	22.6

注1　「その他・無回答」は省略した。
注2　各年齢層の対象者数は表8-2を参照。以下同様。
出典　労働政策研究・研修機構『60代の雇用・生活調査』JIPT調査シリーズNo.199（2020）, p.8.

表8-4　就業者が働いていた理由（複数回答）

(%)

		① あなたの賃金等収入	② あなたの公的年金収入	③ 配偶者の賃金等収入	④ 配偶者の年金収入(公的年金、企業年金を含む)	⑤ 自営業などの事業収入
男性	60～64歳	61.0	10.1	4.4	0.3	8.1
	65～69歳	26.1	50.7	1.9	0.6	6.4
	計	41.7	32.6	3.0	0.5	7.2
女性	60～64歳	15.9	4.4	33.2	26.1	5.8
	65～69歳	10.1	15.1	18.1	38.1	5.2
	計	12.6	10.5	24.7	32.9	5.5
全体		26.8	21.3	14.1	17.0	6.3

注　全体で5%以下は省略した。
出典　労働政策研究・研修機構『60代の雇用・生活調査』JIPT 調査シリーズ No.199 (2020), p.64.

表8-5　世帯の生計をまかなう主たる収入源

(%)

		① 余裕がある	② 余裕はないが、普通に生活している限り特に問題はない	③ 収入が少なく、生活は楽ではない	④ 賃金の返済や親・配偶者等の介護の経費など固定的な支出があるため、生活は楽ではない	⑤ 生活保護を受けている
男性	60～64歳	8.2	62.0	22.4	4.0	1.4
	65～69歳	5.8	68.3	19.4	3.6	0.9
	計	6.9	65.5	20.8	3.8	1.1
女性	60～64歳	6.8	69.1	15.8	5.1	0.5
	65～69歳	6.5	68.8	16.7	5.0	0.4
	計	6.8	69.1	15.8	5.1	0.5
全体		6.9	67.3	18.2	4.5	0.8

注　「その他」・無回答」は省略した。
出典　労働政策研究・研修機構『60代の雇用・生活調査』JIPT調査シリーズ No.199 (2020), p.62.

表8-6　生計状態

収入源は「①自身の賃金」となっている。だが、六十五歳で退職すると六十代後半からは「②年金」が主な収入源となる。しかし収入源が「①賃金」から「②年金」に替わっても表8－6のように生計状態は変わらない（②）。したがって働く理由も「経済上の理由」は減少し、非経済的理由が多くなる。表8－4に見るように「⑤時間に余裕」ができるし（二三・六％）、働いている方が「②健康によい」し（二五・七％）、そもそも働くこと自体が「③生きがい・社会参加」（三三・一％）なのである。しかし全体的には、六十代後半になっても依然として「経済上の理由」が多い（七一・四％）。だが、この「経済上の理由」は生計維持のためではあるが、主たる収入源としてではなく、幾分の経済的余裕や生計の足しにという意味である。表8－6のように生計状態は多くが「②余裕はないが普通の生活をしている」（六八・三％）のであるから生活は安定的に維持されており、その上で生活の余裕を求めて生計の足しになるように就業しているのである。

　女性は、この六十代後半の男性と同じような働き方をしている。女性の就業は先に述べたように全体的に家計補助的な短時間勤務の非正規雇用が多いが、高齢者になっても同様であって（表8－3）、就業の理由も「①経済上の理由」が多くあげられているけれども（表8－4）、それは生活が安定的であるから、その上での経済的余裕や生計の足しのための就業なのである。六十代前半の女性の生計の主たる収入源は「③配偶者の賃金」（三三・二％）であるが、六十代後半になると「④配偶者の年金」（三八・一％）が収入源となっている（表8－5）。生計状態も六十代前半も後半も「②余裕はないが普通の生活」（それぞれ六九・五％、六八・八％）であるから（表8－6）、生活の余裕、生計の足しという意味での就業であり、その意味で無理をしない余裕のある働き方としての非正規雇用（パート）なのである。そのような働き方が「③生きがい・社会参加」（表8－4。六十代前半三八・八％、後半三三・三％）や「⑤時間に余裕あるから」（二八・三％、二七・五％）という理由にも表れている。

定年退職後の再雇用は多くが雇用契約を結び直す制度であるから、このように雇用形態は異なるが、では仕事内容はどうか。仕事内容は表8－7のように男性

（%）

		① 全く別の業務分野の仕事に変わった	② 同じ分野の業務ではあるが責任の重さが変わった	③ 業務内容の一部が変わった	④ 変わっていない
男性	60～64歳	13.0	26.1	4.3	52.6
	65～69歳	14.9	25.7	5.1	48.5
	計	14.0	25.9	4.7	50.4
女性	60～64歳	9.0	12.0	4.0	71.0
	65～69歳	16.9	13.9	2.4	62.7
	計	12.6	12.9	3.3	67.1
全体		13.4	20.7	4.1	57.2

注　「その他・無回答」は省略した。
出典　労働政策研究・研修機構『60代の雇用・生活調査』JIPT調査シリーズNo.199（2020），p.62.

表8-7　定年年齢または60歳に到達した際に仕事内容が変化したか

では六十代前半も後半も半数が「④変わっていない」（それぞれ五二・六％、四八・五％）とし、四分の一が「②同じ分野の業務だが責任の重さが変わった」（二六・一％、二五・七％）としている。女性も六割から七割が「④変わっていない」（七一％、六二・七％）としている。そのために仕事の満足度も表8―8のように男女ともに、また年齢層にかかわらず、「普通」以上が八割以上だから概ね「満足感」を得ているといえる。しかし、仕事内容が同じでも定年後の再雇用になると賃金は大きく減少する。表8―9は定年後再雇用の賃金額の変化を見たものであるが、男性は六十代前半も後半もほぼ八割（七七％、七八・八％）が「賃金は減少」としており、そのうち半数近く（四五・四％、四四・八％）が「三一～五〇％減少」とし、四分の一近く（二四・五％、二二・一％）が半分以下に減少したとしている。雇用形態が正規雇用から非正規雇用の嘱託・契約社員へ、さらにはパート・アルバイトへと変わるからである。それに比すると、

（％）

		満足	普通	不満
男性	60～64歳	34.9	48.3	16.2
	65～69歳	35.6	48.4	14.3
	計	35.1	48.4	15.3
女性	60～64歳	39.5	46.7	13.3
	65～69歳	40.7	44.6	13.8
	計	40.1	45.7	13.4
全体		37.3	47.2	14.6

注1　満足＝大いに満足＋やや満足。不満も同様。
注2　「無回答」は省略した。
出典　労働政策研究・研修機構『60代の雇用・生活調査』JIPT調査シリーズNo.199（2020），p.10.より計算した。

表8-8　就業者の仕事の満足度

女性は「賃金減少」（五二・六%、六一・八%）が過半ではあるものの男性ほどではなく、「賃金は変わらない」（三二・六%、三二・四%）が多い。女性は正規社員からパートへという変化もあるが、もともと非正規のパートのままという就業形態も多いからである。

したがって賃金の減少に対する不満は男性に多く見られる。表8－10は賃金が減少したことに対する気持ちを見たものであるが、男性は「①仕事が変わったわけではない」し、「②会社への貢献度が下がっているわけでもない」し、「③仕事の責任の重さもわずかに変わった程度」なのに「①・④賃金が下がるのは納得できない」としている。しかし一方で「⑥仕事の内容が変われば」、「⑤会社への貢献度は異なる」から賃金が下がるのは不本意だが、やむを得ない、あるいは「⑦雇用が確保されるの

（%）

		賃金額は減少した	60歳定年前後の賃金額の減少率 *			賃金額はあまり変化していない	賃金額は増加した
			30%以下	31～50%	51%以上		
男性	60～64歳	77.0	15.8	45.4	24.5	18.1	1.8
	65～69歳	78.8	20.9	44.8	22.1	13.9	1.0
	計	78.1	18.6	45.1	23.2	15.6	1.4
女性	60～64歳	52.6	29.2	31.7	7.3	32.6	6.7
	65～69歳	61.8	17.2	24.1	6.9	32.4	3.9
	計	57.8	22.7	27.6	7.1	32.5	5.1
全体		71.5	19.5	41.0	19.5	21.0	2.6

注1　*：55歳当時雇用者で60歳定年経験者のうち定年後再雇用等で雇用継続された人。
注2　「無回答」は省略した。
出典　労働政策研究・研修機構『60代の雇用・生活調査』JIPT調査シリーズNo.199（2020）, p.46.
　　　*はp.99より計算した。

表8-9　定年あるいは早期退職直後の賃金額の変化

だから賃金の低下はやむを得ない」という現状肯定的な評価もある。だが、「納得できない」という否定的評価よりは少ない。男性が否定的であるのに対して女性は現状肯定的である。女性は雇用形態も仕事内容も変わらず、無理をしない働き方を継続しているからである。

このように定年退職しても継続雇用によって職業キャリアはそのまま継続するが、雇用形態は変わり、社会的役割としての職業的役割は縮小して職業生活は大きく変容していく。だが、定年退職は前もってわかっていることであるから引退後の生活スタイルを選択し、計画して準備を進めていくこともできる。

（複数回答）（%）

		①仕事がほとんど変わっていないのに賃金が下がるのはおかしい	②会社への貢献度が下がったわけではないのに賃金が下がるのはおかしい	③仕事の責任の重さがわずかに変わった程度なのに下がりすぎだ	④在職老齢年金や高年齢雇用継続給付が出るからといって賃金が下がるのはおかしい	⑤仕事によって会社への貢献度は異なるので賃金額が変わるのは仕方がない	⑥仕事は全く別の内容に変わったのだから賃金の低下は仕方がない	⑦雇用が確保されるのだから賃金の低下はやむを得ない	⑧現在の就業形態に照らして考えれば賃金の低下は仕方がない
男性	60～64歳	30.8	22.2	23.2	10.6	17.5	15.6	30.1	1.3
	65～69歳	26.6	18.3	15.6	15.0	18.3	14.0	35.2	1.0
	計	28.3	19.9	18.7	13.2	18.0	14.6	33.1	1.1
女性	60～64歳	16.9	8.5	11.3	2.8	19.7	22.5	25.4	9.9
	65～69歳	28.6	19.0	7.9	6.3	14.3	22.2	30.2	4.8
	計	23.9	14.8	9.3	4.9	16.4	22.3	28.2	6.8
全体		27.2	18.6	16.3	11.0	17.6	16.6	31.9	2.6

注　「その他・無回答」は省略した。
出典　労働政策研究・研修機構『60代の雇用・生活調査』JIPT調査シリーズNo.199（2020），p.47.

表8-10　賃金が下がったことについて、どう感じたか

（2）家庭生活の変化

定年退職によって職業的役割を放棄し、また子どもが社会成員（社会的人間）として独立した生活を営むようになると親は親役割は喪失し、家事役割のみになって家庭的役割も縮小するから退職後の家庭生活は夫婦関係が中心になる。多くの高齢者の引退過程は先に見たように六十歳定年退職、六十五歳退職を転機するが、そうとすれば平均余命は男性は約二十～二十四年、女性は約二十五～二十九年であるから[7]、男性（夫）の完全引退後おおよそ二十年余り夫婦だけの生活が続くわけである。

夫婦関係の研究ではこれまで勢力関係、役割関係、情緒関係、あるいは伴侶性といった枠組みが用いられてきたが、ここでは伴侶性を取り上げる。長期にわたる高齢夫婦の生活においては伴侶としての関係が充足感と平安をもたらすと考えられるからである。「伴侶性」とはアメリカの家族社会学者ブラッド（Blood, R. O., Jr.）が用いた語であり、夫婦間の情緒的側面を基礎とする愛情的な、緊密な結合を意味する。夫婦は楽しみをともにし、共同性を高める人生の良き伴侶だという意味である。[8] 表8－11は六十代の男女に配偶者と一緒に楽しみたいことについて見たものである。男性（夫）は①③国内旅行、

②⑤外食、④ドライブ、⑥海外旅行、⑦⑧映画館や美術館などの同伴行動を楽しみたいとしているが、女性（妻）はいずれの同伴行動にも男性ほどに高い比率を示していない。夫が望んでいる夫婦の同伴行動に妻は乗り気ではない。①③国内旅行、⑤レストランでの外食、⑨コンサート・ライブ・観劇は夫婦間に二〇％以上もの大きな開きがあるから妻は夫の望む同伴行動に拒否的でさえある。これは行動次元の伴侶性であるが、情緒次元の伴侶性はどうか。表8－12は六十代男女の配偶者に対する気持ちを見たものであるが、同じように男性の伴侶意識は高いが女性は男性ほどに高くはない。「①普段の生活の中

（%）

	男性（273人）	女性（275人）
①泊まりがけの国内旅行	75	53
②庶民的なお店で外食	71	53
③日帰りの国内旅行	71	48
④ドライブに行く	68	55
⑤高級レストランで外食	63	38
⑥海外旅行	54	37
⑦映画館に行く	51	32
⑧美術館や博物館に行く	50	35
⑨コンサートやライブ、観劇に行く	46	20
⑩散歩、ウォーキング、ジョギングをする	43	37

出典　（株）インテージ「夫婦に関する意識調査」（インテージ調べ）（2019）より一部抜粋。

表8-11　配偶者と一緒に楽しみたいこと（60代）

（%）

	男性（1,485人）	女性（1,426人）
①普段の生活の中でできるだけ配偶者と一緒にいたい	75.6	51.8
②夫婦は同じ部屋で寝るのがよい	62.9	45.8
③配偶者と同じお墓に入りたい	78.2	66.5
④もし生まれ変わるとしたらまた同じ人と結婚したい	62.2	42.6

注　「そう思う」+「どちらかというとそう思う」の合計
出典　明治安田生活福祉研究所『セカンドライフの生活設計に関する調査』（2015）

表8-12　配偶者に対する気持ち（60代）

でできるだけ配偶者と一緒にいたい」にいたっては二四%もの大きな開きがある。夫婦関係の満足状況を見ても表8−13のように同じような傾向が見られ、男性は「①夫婦関係に満足」し、さらに「②夫婦関係をもっと良くしたい」と思っているが、女性は男性ほどに満足もせず、良くしたいとは思っていないし、むしろ逆に「④現在の関係に不満はあるが、あきらめている」としている。

このように高齢になって夫が望んでいる夫婦の伴侶性を妻が快く思わず、拒否的でさえあるのは、これまでに築いてきた夫婦関係のあり方に規定されているからである。夫は伝統的な性別役割分担意識を強固に持ち続け、妻の期待する家庭内での役割期待や役割要求に応えることなく、等閑に伏してきたからである。表8−14に見るように六十代の妻は夫とは「①家事・育児を平等に分担すべきだ」と性別役割分担に否定的であるが、しかし実際に夫が家事・育児という役割行動を遂行して妻に協力することは多くはない。だから夫に対する②家

(%)

	男性(310人)	女性(310人)
①夫婦関係に満足している(非常にそう思う+ややそう思う)	75.7	66.9
②夫婦関係をもっと良くしたい	25.0	15.1
③現在の関係のままで十分である/維持したい	59.8	60.0
④現在の関係に不満はあるが、変えたいとは思わない(あきらめている)	15.2	25.0

出典　(株)リクルートマーケティングパートナーズ『夫婦関係調査2019(リクルートブライダル総研調べ)』(2019)より一部抜粋。

表8-13　夫婦関係の満足状況(60代)

事・③育児の協力に対して「不満」なのである（六十代前半四六・三％、後半四六・九％）。ちなみに「夫は外で働き、妻は家庭を守るべきである」という性別役割分担意識に六十代の男性は三九・五％が賛成、五三・四％が反対[9]で否定的意見が多いものの、逆にいえば四割もの男性が性別役割分担意識を持ち続けているのである。七十代以上の男性では賛成四九・五％、反対四五％（女性では三七・三％、五五・一％）になって年齢とともに性別役割分担意識はさらに強くなる（表4－5の青年層と比較せよ）。

性別役割分担は前章（第七章）で述べたように家族集団では男性が手段的リーダーとして家族集団の生計維持者・統率者・権力者の役割を担っていくことであるが、しかし引退すればそうした役割は縮小し、あるいは喪失していく。表8－15のように男性は高齢になるほど「④家族の支え手」や「⑤家族の長」といった生計維持者・統率者・権力者

（％）

	① 夫も家事や育児を平等に分担すべきだ		② 夫に対する家事の協力への満足度		③ 夫に対する育児の協力への満足度	
妻の年齢	賛成	反対	満足	不満	満足	不満
60～64歳（678人）	76.1	15.3	42.8	46.3	33.5	45.9
65～69歳（780人）	74.4	13.7	42.9	46.9	35.6	40.4

注1　まったく賛成+どちらかといえば賛成、非常に満足+まあまあ満足。不満、反対も同じ。
注2　非該当・不詳は省略した。
注3　③育児については回想法による。
出典　国立社会保障・人口問題研究所『第6回全国家庭動向調査報告書』（2020）「主要結果表」より抜粋し集計した。

表8-14　夫の家事・育児の協力に関する妻の考え方（60代）

としての役割を縮小し、家族集団のなかでは「⑦特に役割はない」が増えていく。たとえ「⑧役割がある」としても、それは手段的リーダーとしての役割ではない。六十代男性の家族の中での役割を見ると、多くは配偶者（妻）から（六十代前半の夫では八〇・二％が妻から、六十代後半の夫では八三・三％が妻から）、「家事」（六十代前半の夫では四五・八％、後半の夫では四三・八％）や「家具の移動・庭の手入れ・雪かきなどの手伝い」（それぞれ四二・七％、四六・三％）といった補助的な役割を求められているに過ぎない。[10]

　しかし、引退したからといって、男性はそれまで長い間一身に担ってきた

（複数回答）（%）

		① 家事を担っている	② 小さな子どもの世話をしている	③ 家族・親族の相談相手になっている	④ 家族の支え手（かせぎ手）である	⑤ 家族や親族関係のなかでの長（まとめ役）である	⑥ 病気や障害を持つ家族・親族の世話や介護をしている	⑦ 特に役割はない	⑧ 役割がある（計）
男性	60～64歳（131人）	19.1	5.3	33.6	56.5	41.2	16.0	16.8	83.2
	65～69歳（223人）	22.0	10.8	28.3	40.8	40.4	9.0	26.9	72.6
	70～74歳（197人）	22.8	7.6	33.5	26.4	35.0	8.6	28.4	70.6
	75歳以上（319人）	19.4	4.4	32.9	20.4	29.5	5.0	36.4	63.3
	計（870人）	20.8	6.9	32.0	32.4	35.3	8.5	29.2	70.3
女性	60～64歳（138人）	86.2	26.1	38.4	25.4	21.7	20.3	5.8	94.2
	65～69歳（252人）	82.5	18.3	36.9	11.9	12.3	15.9	9.1	90.9
	70～74歳（217人）	80.2	21.7	37.3	5.5	8.8	8.8	10.1	89.4
	75歳以上（393人）	63.6	5.9	30.0	5.3	8.9	8.9	27.5	72.3
	計（1,000人）	75.1	15.2	34.5	9.8	11.5	12.2	16.1	83.7
全体		49.8	11.3	33.3	20.3	22.6	10.5	22.2	77.5

注　「その他」、「わからない」は省略した。
出典　内閣府『高齢者の住宅と生活環境に関する調査』（2019），p.169.より抜粋。

表8-15　家族や親族の中での役割

手段的リーダーとしての役割意識を直ちに捨て切れるものではない。ただひたすら手段的役割を果たしてきたがゆえに、手段的リーダーとしての役割意識が染み込んでリーダー的思考や態度が習慣化し、つまり先導的・統率的・権威的な考え方や態度が当たり前のこととなり、それゆえに自己優位的な、自己本位的な傾向を持つようになって他者に対する共感性や他者理解が乏しくなっていったのである。表8−16は六十代の妻を対象に夫の情緒的サポートについて見たものであるが、そのことの結果がよく表れている。ほぼ四割から五割近くの妻は、夫は「④自分の気持ちを理解してくれない」し、「⑤感謝の気持ちを示してくれることもない」し、「②能力や努力を評価してくれることもなく」、「③助言やアドバイスをしてくれることもない」としている。妻に対する

(%)

	妻の年齢 60～69歳(1,458人)	
	あてはまる	あてはまらない
①あなたの心配事や悩み事を聞いてくれる	65.2	34.8
②あなたの能力や努力を高く評価してくれる	59.8	40.2
③あなたに助言やアドバイスをしてくれる	61.1	38.9
④あなたの気持ちをよく理解してくれる	50.4	49.6
⑤あなたへの感謝の気持ちを示してくれる	57.0	43.0
⑥あなたに関心がない	27.8	72.2

注1　あてはまる+ややあてはまる。あてはまらないも同じ。
注2　非該当・不詳は省略した。
出典　国立社会保障・人口問題研究所『第6回全国家庭動向調査報告書』」(2020), pp.47-48より抜粋。

表8-16　妻に対する夫の情緒的支援（60代）

共感性や理解が乏しいのである。だから妻は夫婦関係についても夫ほどに満足していないし、夫婦関係を良くしようとも思わないのである（表8－13）。そのために行動次元にしろ情緒次元にしろ夫婦の伴侶性に妻は気乗りせず、むしろ拒否的でさえあって、夫婦間に齟齬が生じるわけである（表8－11、表8－12）。だが、夫は自分に共感性や理解が乏しいとは思っていない。夫にとってはそれが平常であり、当然なのである。

しかし、高齢者の多くは男性も女性も日常の生計に窮することもなく（表8－6）、またいまの生活の「生きがい（喜びや楽しみ）」について見ても表8－17のように多くの高齢者は「生きがい」を感じているから、現在の生活に概ね満足して暮らしているのである。

（%）

		感じている	感じていない
男性	60～64歳	85.5	13.7
	65～69歳	82.1	17.0
	70～74歳	81.2	18.3
	75歳以上	76.5	21.3
	計	80.3	18.4
女性	60～64歳	84.8	13.8
	65～69歳	89.3	10.7
	70～74歳	85.3	14.3
	75歳以上	81.7	16.8
	計	84.8	14.3
全体		82.7	16.2

注1　「感じている」=「十分感じている」+「多少感じている」
「感じていない」も同じ。
注2　「わからない」は省略した。
注3　各年齢層の対象者数は表8-15を参照。
出典　内閣府『高齢者の住宅と生活環境に関する調査』(2019), p.12.より抜粋。

表8-17　生きがい（喜びや楽しみ）を感じているか

3　高齢化の社会理論

（1）離脱理論と活動理論

　定年退職後は引退するか、仕事を継続するかは自由である。多くの高齢者は非正規就業ではあるが、仕事を継続している。しかしいずれは職業生活から退かねばならない。職業生活から引退し、職業的役割を喪失すると、あるいは家庭的役割においても子どもが自立して親役割から解放されると、それに代わる新たな役割を求めるようになる。職業的役割や親役割から解放されても先に述べたように以後の長い人生があり、その長い人生を充実して生きていくためには何らかの社会的役割が期待されるからである。そうした引退後の長い人生を充実した生活にしたい、幸福感を感じられるような生活にしたいと誰しも思うだろう。加齢を避けることはできないとすれば、その加齢に伴う機能の低下や喪失を最小限に統御しながら残存能力や所有資源を最大限に活用して最大の幸福感を得ようとするだろう。このような満足と幸福を最大にするような老後の生活状態をサクセスフル・エイジングという。「喪失の最小化と獲得の最大化」である[11]。

　サクセスフル・エイジングには二つの社会理論がある。活動理論と離脱理論である[12]。

活動理論とは高齢者は健康である限り、社会的役割を担い、社会的に活動したいという欲求を持っているから引退後も社会的活動を継続していくことが満足と幸福に繋がるという考え方である。社会的活動を継続していくことによって健康な自己概念を維持していくことができるのであり、活動性が高いほど充実感を覚え、満足感が高いという。だから引退によって社会的役割を喪失するならば、その代替的役割（代替的活動）を見いださなければならない。その代替的活動には親密な友人や隣人との交流という私的活動、ボランティア活動や市民活動のような公的活動、自分だけの趣味活動のような一人活動などがあるが、とりわけ親密な私的活動が充実感・満足感に大きな影響を及ぼすという。

離脱理論とは、高齢になると組織から退き、社会的役割から離れて社会的活動を縮小していくが、しかしそれは自然な過程なのであり、その自然な過程にしたがうことが高齢者にとっては理想的であり、幸福に繋がるという考え方である。高齢者は老化に伴う感覚能力の低下、記憶の減退、体力の衰えという生物学的喪失を経験するが、そのために社会的接触は減少し社会的活動は縮小する。だが、それは社会生活から次第に個人生活に転換していく過程なのであり、その過程を通して高齢者は個人的関心や個人的目標の達成に向けてエネルギーを注ぎ込むことができるようになるのであって、そのような自身の立場を受け容れることによって残りの限られた人生を有意義に過ごすことができるのだという。

活動理論と離脱理論は考え方としては対照的だが、どちらか一方の考え方でサクセスフル・エイジングを説明できるわけではない。実際、定年退職しても、また完全に引退しても社会的活動が一挙に縮小したり、喪失してしまうわけではない。ある活動は縮小し、喪失するが、別の活動は維持され、また機会があれば増加するような活動もある。あるいは新たな代替的役割が創造される場合もある。さらに年齢によっても活動の様相や水準は異なる。社会的活動といっても、六十代の人の活動の様相と八十代の人のそれとでは生物学的経験のゆえに当然に異なるだろう。六十代の人と比較すれば八十代の人の活動水準は低下する。しかしそれは客観的様相であって、八十代の人でも六十代の人と同じように主観的充実感を得ている場合もある。八十代になると社会的に孤立しているように見えるが、しかし八十代の人に社会との関わりを尋ねると即座に「社会と関わっている」と答えるのである。[13] つまり活動とか離脱といっても主観的な問題なのであり、サクセスフル・エイジングは高齢者が主観的に幸福感を感じられることが重要なのである。

（2）サード・エイジ論

このように見てくると、同じ高齢者といっても未だ健康で自立生活が可能な高齢者と、老化による病気のために介助を要する高齢者とに分けて考えなければならない。既に医療制度では高齢者のうち六十五歳以上七十五歳未満を前期高齢者、七十五歳以上を後期高齢者として区分している（前期高齢者医療制度と後期高齢者医療制度）。ヤング・オールド（young old）とオールド・オールド（old old）である。今日のように寿命の伸長が著しく、健康な高齢期が延長されるような「大衆長寿社会」、あるいは「超高齢社会」になると老化の程度や健康状態は個々に異なり、そうなれば生活目標や生活様式もそれぞれに異なり、社会的役割や社会的活動もそれぞれに異なってくる。高齢者の生活といっても多様化してくるわけである。だから単純に暦年齢に対応させて「高齢者」を扱うには無理があり、実情に合わない。

そこでこうした高齢者の生活の多様性を考えて高齢化の問題にアプローチしようという考え方が現れてきた。「サード・エイジ論」である。サード・エイジ論とは人生を四期に分けたうちの三期目（＝サード・エイジ）を人生の完成期として重視するという考え方である。その代表的な研究者がイギリスの歴史社会学者ラズレット（Laslet, P.）である。彼は人生を四期に分けてとらえているが、うち後期の二期を退職者と高齢者とに分けてとらえている。人生第一期は幼児期・青少年期の就労準備の期間（保育期・教育期）、人生第二期は労働に従事している成壮年期（就労期）、人生第三期は退職後に自由に、アクティブに活動できる健康な時期、いわば「若手の高齢者」（退職後自力で生活可能な世代）、人生第四期は高齢による病気のために他者の介助を要する高齢者（依存と老衰の時期）である。第一期から第四期までをそれぞれファースト・エイジ、セカンド・エイジ、サード・エイジ、フォース・エイジと呼び、それぞれの年代の人々をファースト・エイジャー、セカンド・エイジャー、サード・エイジャー、フォース・エイジャーと呼んでいる。

ラズレットは、このサード・エイジを定年退職後の、心身ともに健康で自立生活が可能な時期であり、人生の最盛期、最高の充実期であると規定している。[14] しかしフォース・エイジになると老化による病気によって心身の健康を損ね、衰弱して自立生活ができず、他者の世話に依存せざるを得なくなる。そして人生の終焉を迎えることになる。ラズレットはそれぞれの時期を次のようなキーワードで特徴づけている。[15] ファースト・エージ＝「依存、社会化、教育」、セカンド・エイジ＝「成熟、自立、家族扶養の社会的責任、仕事による欲求不満」、サード・エイジ＝「個人の業績と達成」、フォース・エイジ＝「依存、老衰」。

このサード・エイジ論の特徴は、それぞれの時期の開始と終了を個人の自由選択に委ねているところにある。ファースト・エイジの終了とセカンド・エイジの開始は個々に異なる。高校卒業後に就職する人と大学卒業後に就職する人とではファースト・エイジの修了とセカンド・エイジの開始が異なるし、六十歳定年で退職して完全引退し、サード・エイジを送る人もいれば、不幸にして健康を損ね、病気のために自立生活が困難となり、サード・エイジを経ることなくフォース・エイジに至る人もいる。八十歳で健康なサード・エイジを楽しむ人もいよう。まさに「人生いろいろ」である。

単純に考えると健康寿命は二〇一六（平成二十八）年時点で男性は七二・一四年、女性は七四・七九年であるから、[16]六十歳定年退職で完全引退した男性は十二年ほどの、女性は十五年ほどの、それぞれ健康な生活期間があり、この期間がサード・エイジに相当する。そして同時点での平均寿命は男性は八〇・九八年、女性は八七・一四年であるから男性は八・八四年、女性は一二・三五年がフォース・エイジに相当する。もちろん先に述べたようにサード・エイジ論の特徴は各時期の開始と終了を個人の自由な選択にまかせているところにあるから、一概には規定できない。ただしフォース・エイジの開始は老化による生物学的な自然現象であるから個人が選択する余地はない。

　このように考えてくると引退後の生活においても健康である限り、職業的役割や家庭的役割に代わる新たな代替的役割を選択し、社会と継続的に関わること、つまり社会関係を保持することがサクセスフル・エイジングにとっては重要である。社会関係を保持することが心身の機能低下を防ぎ、孤立化や孤独化を防ぎ、生活の充実感や満足感、幸福感をもたらすと考えられているからである。サクセスフル・エイジングのモデルとして最もよく知られているのは老年医学者のローウェと社会心理学者のカーン（Rowe, J. W. & Kahn, R. L.）のものであるが、それにも社会関係の保持が取り上げられている。彼らはサクセスフル・エイジングの条件として、①病気や障害の回避、②高い認知的・身体的機能の保持、③社会的生産活動の維持という三つの構成要素をあげている[17]。このうち①と②は生物学的過程の現象であるが、③社会的生産活動の維持は積極的に社会と関わるということ、つまり社会関係の保持という社会学的過程の現象であって、彼らはサクセスフル・エイジングの条件として最も重要視している。

　しかし老化による諸能力の衰えとともに高齢者は自らの意思によって社会組織から離

れ、社会的活動を縮小化せざるを得なくなる。自らの意思によるとはいえ、老化は生物学的な自然な過程であるから高齢者も自身の心身の衰弱をありのままに受け容れていかざるを得ない。したがって未だ健康なサード・エイジャーには活動理論が、自立生活が困難なフォース・エイジャーには離脱理論が妥当するだろう。二つの考え方は対立するものではなく、老化に伴って活動理論から離脱理論へと進んでいく移行論だと考えればわかりやすい。

4　社会参加活動と生きがい

(1) 高齢者の社会参加活動の諸相

サード・エイジの生き方は自由である。仕事を継続してもよいし、引退して趣味を楽しんでもよいし、社会的活動に参加してもよいし、スポーツに親しんでもよい。いずれにしろ社会関係を保持していくことが高齢者に生きがいや充実感をもたらし、生き方を肯定的に評価させるのである。社会関係といっても組織や集団の中のフォーマルな関係ばかりでなく家族や友人・仲間といった日常のインフォーマルな関係をも含む。実際、家族や友人・仲間との親密な関係交渉（談笑）に喜びや充実感を感じている高齢者は多い。表8-18はどんなときに「生きがい（喜びや楽しみ）」を感じるかについて見たものであるが、「①家族との団らん」、「③友人・知人との食事や雑談」、「⑦夫婦団らん」などのインフォーマルな関係に多くの高齢者は喜びや楽しみを感じている。他の「②趣味やスポーツ」、「④旅行」、「⑤美味しいものを食べている時」、「⑥テレビ・ラジオ」は、家族や友人・仲間との同伴行動とも解されるが、一応慎重に解して個人の行動とすれば高齢者はインフォーマルな関係、すなわち

（複数回答）（%）

		① 孫など家族との団らんの時	② 趣味やスポーツに熱中している時	③ 友人や知人と食事・雑談をしている時	④ 旅行に行っている時	⑤ おいしい物を食べている時	⑥ テレビを見たり、ラジオを聞いている時	⑦ 夫婦団らんの時	⑧ 仕事に打ち込んでいる時
男性	60～64歳（177人）	44.6	44.1	27.7	34.5	32.2	22.0	35.6	40.1
	65～69歳（174人）	45.4	51.1	35.1	39.7	29.9	29.3	35.6	36.2
	70～74歳（155人）	30.3	57.4	34.2	40.0	24.5	34.8	34.2	31.0
	75歳以上（200人）	41.0	45.0	26.0	32.5	27.5	37.5	35.0	18.0
	計（706人）	40.7	49.0	30.5	36.4	28.6	31.0	35.1	30.9
女性	60～64歳（194人）	54.1	34.5	51.5	45.9	49.5	30.9	29.4	38.7
	65～69歳（230人）	63.0	54.3	58.3	47.0	46.5	37.0	35.7	23.9
	70～74歳（181人）	54.1	39.2	52.5	40.9	40.9	42.5	24.9	17.7
	75歳以上（273人）	50.5	36.3	43.2	29.3	41.4	40.7	17.2	14.3
	計（878人）	55.4	41.2	50.9	40.0	44.4	37.9	26.3	22.9
総数	（1,584人）	48.8	44.7	41.8	38.4	37.4	34.8	30.2	26.5

注1　全体で20%以下の項目は省略した。
注2　「その他」、「分からない」は省略した。
出典　内閣府『高齢者の地域社会への参加に関する意識調査結果』（2014）クロス集計結果より抜粋。

表8-18　生きがい（喜びや楽しみ）を感じるとき

親密な第一次関係と私的な趣味的行動に「喜びや楽しみ」、充実感を感じているのである。

他方、高齢者は地域に存在するフォーマルな集団に参加し、その活動を通して満足感や充実感を獲得している。高齢者が日常生活の中で社会的活動に参加しようとすれば日常行動の可能な範囲である居住地域に限定されようが、地域には同じ目的を持つ住民が自主的に参加し、活動できるフォーマルな集団があり、そうした集団に高齢者が参加し、他の成員とともに協同的な集団活動を展開させていくところに義務と責任が生じ、新たな代替的役割が作り出されていくのである。と同時に協同的な集団活動の過程で成員間に親密性や信頼性が生まれ、高齢者は満足感や充実感を感じるようになる。前章（第七章）においてフォーマルな職能組織の中にインフォーマル・グループが形成される過程について述べたが、同じように地域のフォーマルな集団における協同的な集団活動を継続していく過程で成員間の相互協力的な関係が深まり、相互受容的な関係が形成され、インフォーマル化し、親密化して第一次関係を作り出していくのである。住民（ここでは高齢者）が、このような地域のフォーマルな集団に参加し、推進していく協同的な集団活動を社会参加活動という。

表8－19は高齢者の社会参加活動の参加状況を見たものである。社会参加活動は大別

すれば、活動成果が直接的に自己に充実感をもたらす「自己充実型」と、地域の利益や福祉のために無償でサービスを提供する「社会貢献型」に分類できる。①健康・スポーツ、②趣味、⑤生産・就業は「自己充実型」であり、③地域行事、④生活環境改善、⑦安全管理、⑧高齢者の支援、⑨子育て支援は「社会貢献型」である。ただ⑥教育・文化は両方の側面を含んでいる。学習会などは自己充実型だろうが、子供会活動や郷土芸能の伝承は社会貢献型に入るからである。

表に見るように、全体的には①健康・スポーツや②趣味といった自己充実型の活動への参加率が男女ともに高く、社会貢献型は③地域行事への参加率が高い。その他の活動への参加率は低いままに多様に分散している。これらの活動に高齢者の六〜七割が参加しているが、それは七十代前半までの前期高齢者までであり、七十五歳以上の後期高齢者になると参加率は低下する。後期高齢者になると健康が衰えてくるからである。ちなみに健康状態を「良い」、「普通」、「良くない」の三段階に分けてみると、社会参加活動への参加率は高齢者の健康状態に比例して、六〇・八％→四八・一％→三四・四％と健康の衰えとともに減少傾向を示し、不参加率は逆に三二％→四五％→五八・三％と増加傾向を示している。[18] 後期高齢者になると健康状態が社会参加活動への参加を左右する

①健康・スポーツ(体操、歩こう会、ゲートボール等)
②趣味(俳句、詩吟、陶芸等)
③地域行事(祭りなどの地域の催しものの世話等)
④生活環境改善(環境美化、緑化推進、まちづくり等)
⑤生産・就業(生きがいのための園芸・飼育、シルバー人材センター等)
⑥教育関連・文化啓発活動(学習会、子供会の育成、郷土芸能の伝承等)
⑦安全管理(交通安全、防犯・防災等)
⑧高齢者の支援(家事援助・移送等)
⑨子育て支援(保育への手伝い等)

(複数回答)(%)

		参加している活動										活動・参加したものはない
		①	②	③	④	⑤	⑥	⑦	⑧	⑨	計	
男性	60〜64歳 (228人)	32.5	14.9	25.9	10.1	9.2	8.8	10.1	4.4	3.1	61.8	38.2
	65〜69歳 (228人)	36.0	20.6	25.9	12.7	11.4	8.3	11.0	8.8	4.8	65.4	34.6
	70〜74歳 (206人)	40.8	17.5	19.9	12.1	13.1	7.8	11.7	5.8	4.9	64.6	35.4
	75歳以上 (265人)	32.5	20.8	16.2	6.8	4.2	6.4	7.2	6.0	2.6	57.4	42.6
	計 (927人)	35.2	18.6	21.8	10.2	9.2	7.8	9.8	6.3	3.8	62.0	38.0
女性	60〜64歳 (229人)	33.2	21.0	17.5	8.3	9.6	6.6	4.4	11.8	8.7	60.3	39.7
	65〜69歳 (273人)	38.1	29.7	19.4	9.5	8.1	7.7	5.5	7.7	8.4	70.0	30.0
	70〜74歳 (225人)	34.7	18.7	18.2	8.4	7.1	5.3	3.6	6.2	4.9	60.4	39.6
	75歳以上 (345人)	26.1	24.6	12.8	5.8	6.7	4.6	2.9	3.8	2.6	52.2	47.8
	計 (1,072人)	32.5	23.9	16.6	7.8	7.7	6.0	4.0	7.0	5.9	60.2	39.8
総数 (1,999人)		33.7	21.4	19.0	9.0	8.4	6.8	6.7	6.7	4.9	61.0	39.0

注1　「その他」は省略した。
注2　各活動の満足度を尋ね、回答のあったものを「参加している活動」としている。
出典　内閣府『高齢者の地域社会への参加に関する意識調査結果』(2014)クロス集計結果より抜粋。

表8-19　地域で参加している活動

ようになる。

（2）高齢者の社会参加活動と「生きがい」

表8‐20は高齢者が社会参加活動を通じて良かったと思うことを見たものである。この社会参加活動の効果は三つのカテゴリーにまとめることができる。成員が「④互いに助け合うことができた」はそれほどまでに深く、かつ親密な成員関係ができたということであるから「①新しい友人を得ることができた」とともに「（A）新たな社会関係の形成と深まり」のカテゴリーにまとめることができる。「⑤地域社会に貢献」と「⑥技術・経験をいかすことができた」は「（B）地域社会における役割」を果たすことができたということである。そして「③健康や体力に対する自信」と「⑦社会への見方の広がり」は活動自体が成員個人にもたらす「（C）個人的な直接的効果」ということになる。いま比率の高低によって効果を計れば社会参加活動は高齢者に「（A）新たな社会関係の形成と深まり」という大きな効果をもたらし、次いで「（C）個人的な直接的効果」、「（B）地域社会における役割」という効果をもたらしているといえる。

先に述べたように、高齢者が地域のフォーマルな集団に参加し、他の成員とともに協同的な集団活動を継続していけば、その過程で成員間に相互協力的な、相互受容的な関係が生まれ、その関係はインフォーマル化して友好的な、親密な関係、すなわち第一次関係へと発展し、「(A)新たな社会関係の形成と深まり」になっていく。また「③健康や体力」は高齢者自身の活動目的であるから活動を継続していけば一定の効果が現れて満足感を覚えるだろうし、社会参加活動の継続的な展開過程においてさまざまな経験を積めば、既存の考え方は強化・促進され、あるいは転換・修正されて新たな価値が付加されるが、そうとすれば高齢者は「⑦社会への見方」が広がったと自己を肯定的に評価し、満足感を覚える

（複数回答）（%）

		①新しい友人を得ることができた	②生活に充実感ができた	③健康や体力に自信がついた	④お互いに助け合うことができた	⑤地域社会に貢献できた	⑥技術・経験をいかすことができた	⑦社会への見方が広まった	特にない
男性	60～64歳（125人）	44.8	41.6	32.0	30.4	32.8	19.2	19.2	0.8
	65～69歳（130人）	49.2	40.0	41.5	33.8	38.5	22.3	16.9	0.8
	70～74歳（127人）	41.7	38.6	52.0	26.8	31.5	22.8	15.7	1.6
	75歳以上（138人）	42.8	46.4	41.3	29.0	28.3	22.5	14.5	0.7
	計（520人）	44.6	41.7	41.7	30.0	32.7	21.7	16.5	1.0
女性	60～64歳（125人）	44.8	50.4	43.2	44.9	27.2	22.4	18.4	0.8
	65～69歳（182人）	57.7	51.1	45.1	37.4	25.8	17.6	18.7	1.1
	70～74歳（128人）	54.7	46.9	49.2	32.0	21.1	19.5	16.4	0.8
	75歳以上（172人）	50.6	49.4	48.8	35.5	18.6	19.2	14.5	—
	計（607人）	52.4	49.6	46.6	37.2	23.1	19.4	17.0	0.7
総数	（1,127人）	48.8	46.0	44.4	33.9	27.5	20.5	16.8	0.8

注1　「その他」は省略した。
注2　対象者は表8-19の活動の参加者。
出典　内閣府『高齢者の地域社会への参加に関する意識調査結果』（2014）クロス集計結果より抜粋。

表8-20　社会参加活動を通じて良かったと思うこと

だろう。そして「(B) 地域社会における役割」を果たすというボランティア的な、利他的な活動は活動の対象になっている人々との共感や連帯となって結果するから当の高齢者は自己有用感を高め、自己満足感を味わうだろう。

こうして社会参加活動に打ち込んでいる高齢者は「(A) 新たな社会関係の形成と深まり」を強く感じ、また活動自体がもたらす「(C) 直接的な効果」によってその活動をポジティブに評価し、活動を推進していくことによって「(B) 地域社会への役割」を果たしたことに自己有用感と満足感を味わうが、こうした三つのカテゴリーの、それぞれの活動効果がさらなる結果としての「②生活の充実感」をもたらすのである。ちなみに社会参加活動への有無別に「生きがい」の程度を見ると参加している高齢者ほど生きがいを強く感じている（表8－21）。

地域のフォーマルな集団に参加し、集団活動（社会参加活動）を継続していこうとすれば経験豊富な高齢者であっても新たな知識・技能を備えなければならないし（認知性）、新たな集団規範を遵守していかなければならない（規範性）。そして協同的な集団活動を展開させていくところに新たな義務と責任が生じるから自律的に行動していかなければならない（自律性）。さらにそうした協同的な集団活動は先に述べたように他の成員との協調性を要求する（関係性）。高齢者であっても新たな社会参加活動に参加することによってこれまでとは異なった新たな資質を形成していくのである。とりわけ「（A）新たな社会関係の形成と深まり」という第一次関係の形成（関係性）は高齢者に「生きがい」や充実感、喜びという幸福感をもたらす。親しい友人・仲間がいるほど高齢者は「生きがい」を強く感じている（表8－21）。このような社会参加活動というフォーマルな集団の活動の中に形成される第一次関係、そして「①家族との団らん」や「③友人・知人との食事や雑談」、「⑦夫婦団らん」などのインフォーマルな関係、つまり第一次関係に高齢者は「生きがい」や充実感、喜びを感じているのである（表8－18）。ローウェとカーンがサクセスフル・エイジングの条件とし

（%）

			「生きがい」の程度			
			十分感じている	多少感じている	あまり感じていない	まったく感じていない
参加状況	（参加経験が）ある	（1,973人）	20.2	55.1	16.6	1.7
	（参加経験が）ない	（1,641人）	9.6	45.2	31.6	6.0
親しい友人・仲間の程度	たくさん持っている	（352人）	40.6	44.6	6.0	1.1
	普通に持っている	（1,782人）	19.5	56.9	15.3	1.6
	少し持っている	（1,238人）	7.8	50.2	31.3	4.2
	ほとんどいない	（381人）	3.9	30.7	47.8	9.2
	いない	（82人）	4.9	18.3	37.8	24.4
総　数		（3,893人）	15.7	49.8	23.2	3.7

注1　「わからない」、無回答は省略した。
注2　「親しい友人・仲間の程度」のそれぞれの項目の末尾の「と感じる」は省略した。
出典　内閣府『高齢者の日常生活に関する意識調査結果』（2015），P.15.

表8-21　社会参加活動への参加状況および親しい友人・仲間の程度と「生きがい」（喜びや楽しみ）との関係

て社会関係の保持を最も重視したゆえんである。サード・エイジは第三次社会化が進行する時期なのである。

文献

[1] 厚生労働省『令和元年「高年齢者の雇用状況」集計結果』二〇一九年、一一頁
[2] ただし、二〇一七年時点。厚生労働省『平成二十九年就労条件総合調査結果の概況』二〇一七年、一七―一九頁。
[3] 厚生労働省、前掲、二〇一九年、五頁。
[4] 内閣府『男女共同参画白書平成二十九年版』二〇一八年、七頁および総務省統計局、前掲、二〇二〇年、七頁。
[5] 総務省統計局『労働力調査』二〇二〇年、第六表より計算。
[6] ただし従業員三十一人以上の全企業。厚生労働省、前掲、二〇一九年、六―八頁。
[7] 厚生労働省『令和元年簡易生命表の概況』二〇二〇年、二頁
[8] Blood, R. O., Jr. 1967（田村健二監訳『現代の結婚』培風館、一九七八年、八四―八六頁）
[9] 二〇一九年調査。同年齢層の女性は「夫は外で働き、妻は家庭を守る」に賛成二六・二％、反対六八・一％。内閣府『男女共同参画社会に関する世論調査』二〇一九年、集計表12より。
[10] 内閣府『高齢者の住宅と生活環境に関する調査』二〇一九年、一七五―一七六頁
[11] 小田利勝『サクセスフル・エイジングの研究』学文社、二〇〇四年、二七頁
[12] Cockerham, W. C., 1997（中野進監修『高齢化社会をどうとらえるか』ミネルヴァ書房、二〇〇八年、五三―八三頁）
[13] Atchley, R. C. & Barusch, A. S., 2004（宮内康二編訳、ニッセイ基礎研究所ジェロントロジーフォーラム監訳『ジェロントロジー　加齢の価値と社会の力学』きんざい、二〇〇五年、一七七頁）

［14］Laslett, P., 1989, *A Fresh Map of Life; The Emergence of the Third Age.* Harvard University Press. (Press paperback ed., 1991). pp.152-158.

［15］Laslett, P., *Ibid.*, pp.144-154.

［16］内閣府『令和二年版　高齢社会白書』二〇二〇年、二八頁

［17］Rowe, J. W. & Kahn, R. L., 1997, Successful Aging. The Gerontologist. Vol. 37, No. 4, pp.433-440. Rowe, J. W. & Kahn, R. L., 1998（関根一彦訳『年齢の嘘』日経ＢＰ社、二〇〇〇年、六六－八七頁）

［18］内閣府『高齢者の日常生活に関する意識調査結果』二〇一五年、クロス集計結果。

◉第九章　老化・病気・死
人間の社会的終焉

人生のフォース・エイジ。加齢に伴って高齢者は体力や健康が衰退し、生理的機能が低下して老化していく。老化の過程において高齢者はさまざまな喪失を体験をする。職業生活の喪失と経済力の喪失、親役割の喪失、友人・知人との死別と社会的ネットワークの縮小、配偶者との死別と一人暮らし、自らの疾患と健康の喪失。老化による罹患はそのまま死にいたらしめる。老化による病気、そして死に至る過程をたどってみる。

1　社会的ネットワークの縮小化と孤立化

(1) フォース・エイジと社会的ネットワークの縮小

①フォース・エイジと生活の変化――サード・エイジからフォース・エイジへ

フォース・エイジはサード・エイジに続く人生の第四期である。サード・エイジは退職後の、高齢者が未だ健康で自立した生活が可能な自力生活期であるが、フォース・エイジは老化による衰えや病気のために他者の介助を要する介助生活期である。

老化は生物学的現象であり、自然な過程であるから食い止めることもできないし治療することもできない。老化によって身体機能や生理機能は低下し、おおよそ七十代後半から健康状態に何らかの障害が現れ始め、八十代になると自立的な行動が次第に困難になり、援助を必要とするようになる。図9-1は「加齢に伴う生活の変化」を見たものである。「基本的日常生活動作」とは日常生活を送る上で必要な最も基本的な生活機能（食事、排泄、着脱衣、移動、入浴など）であり、「手段的日常生活動作」とは日常生活に必要な生活機能であるが、基本的日常生活動作よりは複雑な機能（買い物・洗濯・掃除など家事全般、金銭管理や服薬管理、外出時に乗り物に乗ることなど）である。[1] 縦軸は生活の自立の程度（自立度）を示し、レベル3は「基本的日常生活動作」も「手段的日常生活動作」もすべて援助なしで自立生活が可能な「自立」している状態、レベル2は「基本的日常生活動作」は可能だが、「手段的日常生活動作」には援助を要する状態、レベル1は「手段的日常生活動作」にも「基本的日常生活動作」にも援助を要する状態であり、レベル0は「死亡」を意味する。レベルが下がるにしたがって自立度が下がり、援助が必要になることを示している。

　男性では六十歳以降の変化に三つのパターンがある。〔パターンⅠ〕一九％の男性は七十歳になる前に健康を損ねて病気になり、「手段的日常生活動作」に援助を必要とするようになるが、七十歳を過ぎると「基本的日常生活動作」においても援助を要するようになる。以後次第に重度になっていき、そうした状態が長く続いて八十代後半で死亡する。〔パターンⅡ〕七〇・一％の男性であり、七十代

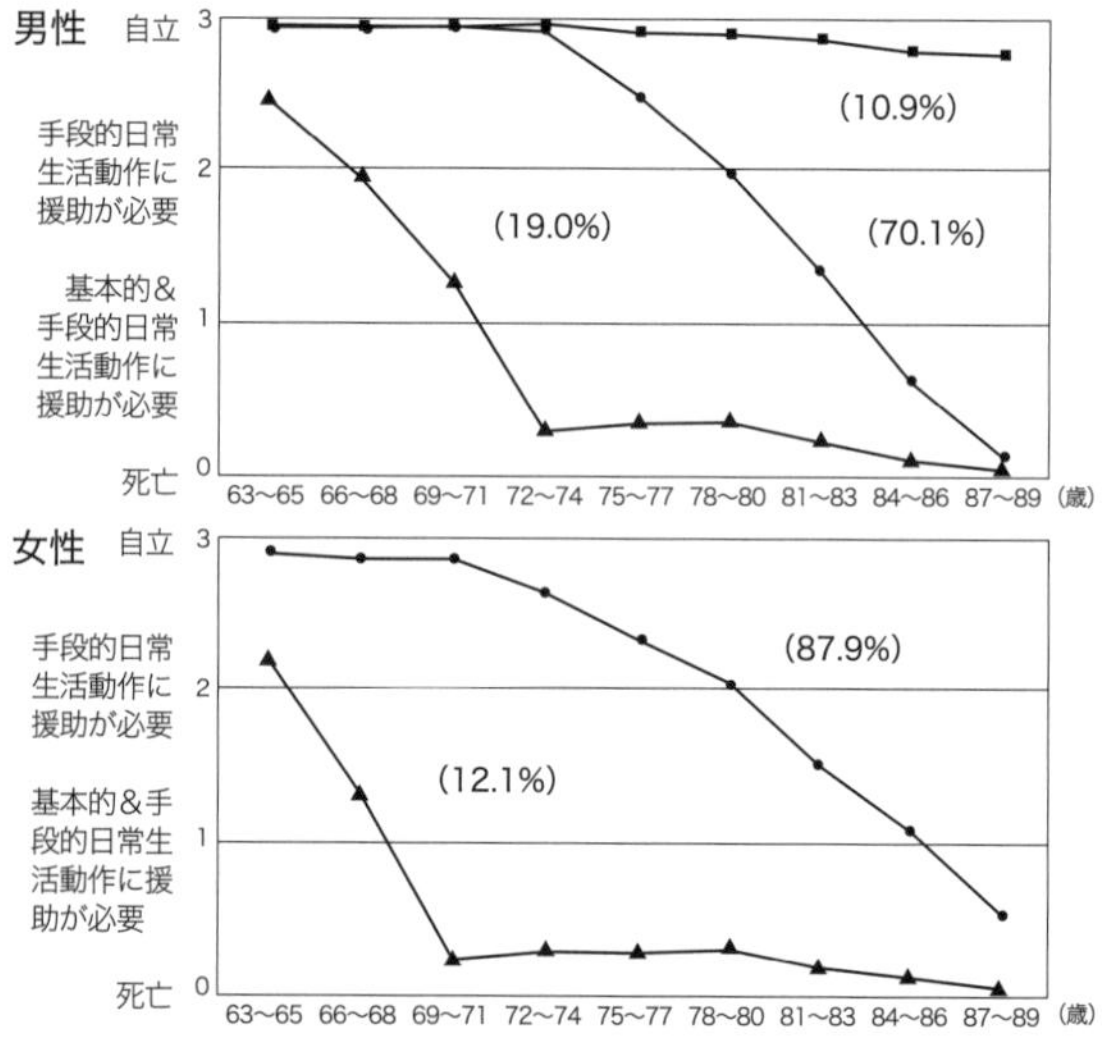

出典　大方潤一郎他「超高齢未来の課題」東京大学高齢社会総合研究機構（編著）『東大がつくった高齢社会の教科書』東京大学出版会（2017）

図9-1　健康度（≒自立度）の変化パターン：全国高齢者20年の追跡調査（総数＝5,715）

前半までは自立生活を送っているが、七十代後半から健康を損ねて徐々に自立度が低下し、八十歳になると「手段的日常生活動作」に援助を要するようになって、八十代後半からは「基本的日常生活動作」にも援助を必要とするようになる。〔パターンⅢ〕一〇・九％の男性であり、彼らは九十歳近くまで健康で自立度を高く維持したまま日常生活を送っている。

これに対して女性には二つのパターンがある。〔パターンⅠ〕一二・一％の女性は七十歳になる前に健康を損ね、「手段的日常生活動作」に援助を要するようになるが、七十歳を過ぎると「基本的日常生活動作」にも援助を要するようになる。以後、重度の援助を要する状態が長く続き、八十代後半で死亡する。〔パターンⅡ〕八七・九％の大多数の女性は七十歳を過ぎる頃から徐々に自立度が低下し、八十代前半では「手段的日常生活動作」に援助を必要とするようになり、八十代後半からは「基本的日常生活動作」にも援助を必要とするようになる。

このように平均的にいえば、男女ともにおおよそ七十代前半までの前期高齢期までは健康で自立生活が可能なサード・エイジの段階にあるが、七十代後半からの後期高齢期になると老化現象が現れ始め、徐々に健康を損ねて自立生活が困難なフォース・エイジの段階に入り、日常の生活行動にも援助を要するような介助生活を送るようになっていく。前章〔第八章〕において健康寿命は男性は七二・一四年、女性は七四・七九年〔二〇一六〔平成二十八〕年時点〕と述べたが、自立生活が可能な時期までを健康寿命とすれば、おおよそこの図の大勢の動向と一致する。

②社会的ネットワークの縮小化

老化が進んで身体機能や生理機能が低下していけば日常の行動範囲は狭くなり、それに伴って社会的ネットワークは縮小化していく。社会的ネットワークとは高齢者を軸とした場合の、日常的に接触機会のある人々との社会関係の全体をいう。個人の行動を個人の属性や集団内の地位・役割によって説明するのではなく、個人が取り結ぶ社会関係の質・量によって説明しようとする。高齢期の社会関係は組織や集団を通しての関係は少なくなり、自らの行動による選択的な関係に傾いていく。

個人を中心とした社会的ネットワークには、血縁を媒介とする家族関係、地理的近接性という地縁を契機とする近隣関係、同一の職場という職縁を契機として結びついた職場関係、共通の関心や感情の同質性という、いわば類縁によって結ばれた友人関係という四つの基本的な社会関係がある。

　このうち職場関係は個人のアイデンティティを規定する最も重要な要素であり、したがって定年退職や引退はアイデンティティの危機、あるいはアイデンティティの転換をもたらす重要な局面となる。図9−2は定年直前の五十代後半の男性に「自分に最もふさわしいアイデンティティ」について定年前（現状）と定年後（将来の理想）に区分して尋ねたものである。定年前は「仕事・職業人としての自分」という役割イメージが最も強いが（六五・五％）、それは男性がこれまで「仕事人間」として仕事を最優先し、家庭を顧みることもなく働いてきたことを意味している。しかし退職後は一転して「仕事・職業人としての自分」は大幅に減少し（八・五％）、代わって「夫としての自分」

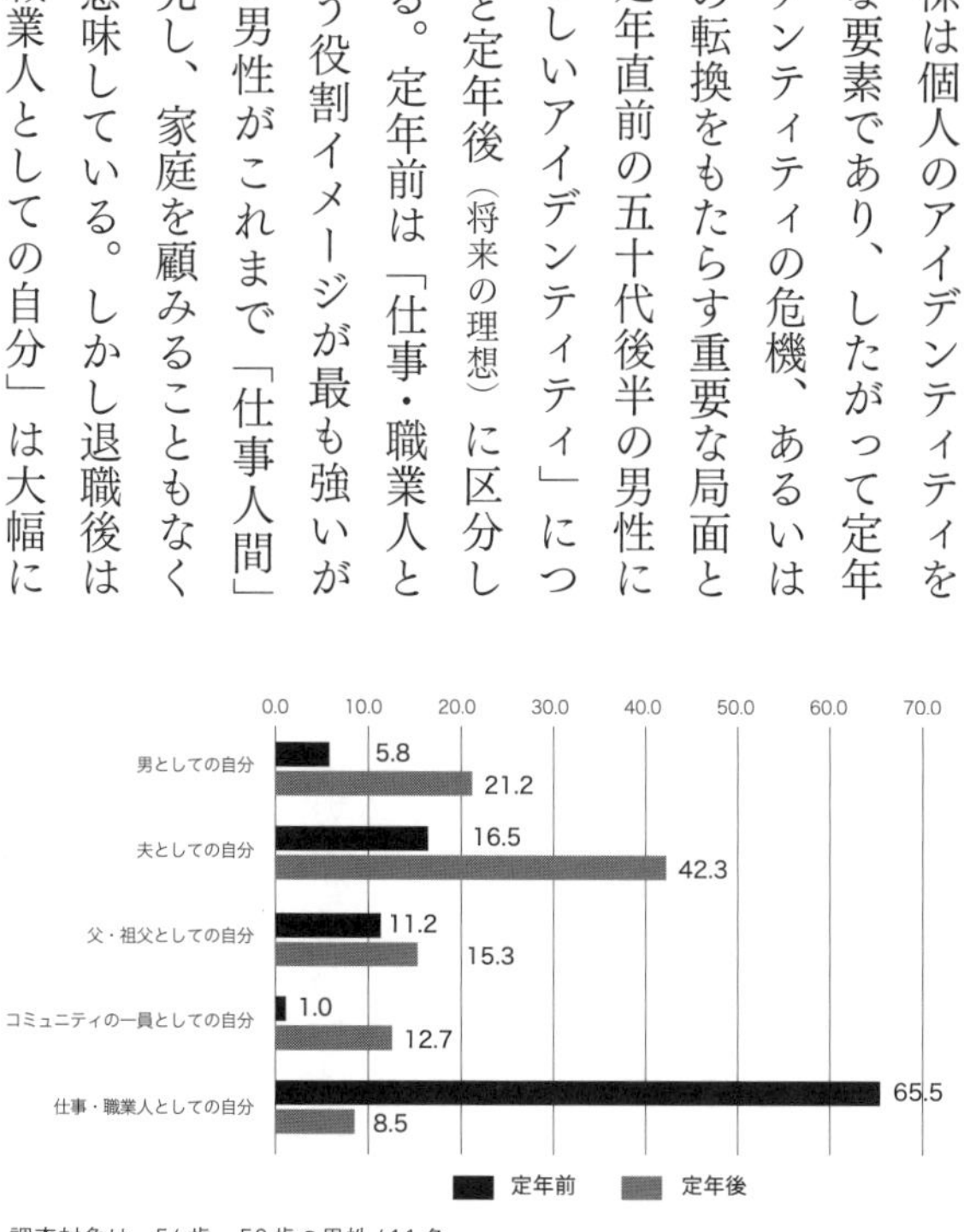

注　調査対象は、56歳～58歳の男性411名。
出典　博報堂エルダービジネス推進室「HOPEレポートXX　団塊男性～定年後に目指す『男のロマン』調査」(2006)

図9-2　自分に最もふわさしいアイデンティティ(%)

（四二・三％）、つまり家庭人としての役割イメージが急増している。定年退職や引退を転機として職場関係は著しく縮小するから、代わって家族関係の密度を深めようというわけである。職業生活中心から家族生活中心への移行である。だが、その移行のための努力を男性（夫）は怠ってきたために女性（妻）との伴侶性に大きなギャップが生じていることは前章で述べた（第八章）。

職場にも気の合った同僚との関係もあるが、定年退職や引退してからは職場関係としてではなく、親しい友人関係として継続していく。

友人関係は関心や感情の同質性（類縁）とそれに基づく選択性を特徴とするインフォーマルな関係であるが、選択的な関係であるだけに自らが積極的に働きかけ（訪問や連絡など）なければ維持していくことは難しい。だから老化によって身体機能や生理機能が低下すれば外出機会が少なくなって行動範囲が狭くなり、そうなれば高齢者の友人関係は次第にすぼまり、縮小化していくことになる。表9－1に見るように友人・仲間の量は健康状態と正確に比例している。健康状態が「良い」ほど友人・仲間は多く、健康状態が「良くない」ほど友人・仲間は少ない。なお類縁にはフォーマルな社会参加活動集団に参加することによって形成される友人関係も含まれるが、こうした集団に参加していない者の理由のうち最も多いのは「体力的に難しい」（三五・四％）であり、したがって前章でも述べたように、健康状態の「良くない」ものほど社会参加活動集団への不参加率は高くなる。健康状態が「良い」二一％→「普通」三五・一％→「不良」六九・一％となっている。[2] 先の表8－19（右欄）に見るように後期高齢者になると集団参加は大幅に減少する。社会参加活動集団を契機として形成される友人関係も健康状態に比例しているのである。

　近隣関係においても同様の傾向が見られる。近隣関係は地理的近接性と直接的接触性を特徴とする関係であるが、

（％）

			たくさん持っている	普通	少し持っている	親しい友人・仲間を持っている（計）
男 性	60～64歳	（131人）	24.4	54.2	15.3	93.9
	65～69歳	（223人）	21.5	49.3	23.3	94.2
	70～74歳	（197人）	20.3	47.2	24.9	92.4
	75歳以上	（319人）	26.6	41.7	23.2	91.5
	計	（870人）	23.6	46.8	22.4	92.8
女 性	60～64歳	（138人）	17.4	58.0	20.3	95.7
	65～69歳	（252人）	19.4	58.3	19.4	97.2
	70～74歳	（217人）	26.7	52.5	17.5	96.8
	75歳以上	（393人）	29.3	41.7	20.9	91.9
	計	（1,000人）	24.6	50.5	19.7	94.8
健康状態	良い	（1,006人）	30.5	50.0	15.7	96.2
	普通	（562人）	18.1	54.6	21.4	94.1
	良くない	（300人）	13.7	33.7	38.0	85.3
全 体		（1,870人）	24.1	48.8	21.0	93.9

注1　「友人・仲間は持っていない」、「わからない」は省略した。
注2　対象は60歳以上の男女。
出典　内閣府『高齢者の住宅と生活環境に関する調査」（2018），p.20.より抜粋。

表9-1　高齢者の親しくしている友人・仲間を持っている程度

表9－2のように近隣関係の程度も健康状態と比例し、健康状態が「良い」ほど近隣関係は親密である。健康状態が良ければ外出の機会も多くなり、近隣人との接触機会も多くなって親密性は高まっていく。ちなみに健康状態と外出頻度（散歩なども含む）との関係を見ると、表9－3のように健康状態が「良い」ほど外出頻度は多い。外出頻度の多寡は近隣関係にも影響する。

　そしてまた高齢期になれば家族関係も変化する。親の中高年期に子どもが就職・結婚して独立し、家を離れれば夫婦だけになり（いわゆる「空の巣」）、それがそのまま高齢期まで続いて高齢夫

（%）

		親しくつきあっている	あいさつ以外にも多少のつきあいがある	あいさつをする程度	つきあいはほとんどない
男性	60～64歳	32.1	16.0	48.1	3.8
	65～69歳	21.1	27.4	45.7	5.8
	70～74歳	21.3	28.9	41.1	8.1
	75歳以上	30.7	27.0	34.8	7.2
	計	26.3	25.9	41.0	6.6
女性	60～64歳	21.7	41.3	34.8	2.2
	65～69歳	27.8	34.5	35.3	2.4
	70～74歳	35.0	32.3	30.0	2.8
	75歳以上	39.7	26.7	25.7	7.6
	計	33.2	31.9	30.3	4.5
健康状態	良い	34.7	29.4	32.1	3.7
	普通	25.8	32.6	37.4	3.9
	良くない	21.7	21.7	42.3	14.3
全体　(1,870人)		30.0	29.1	35.3	5.5

注1　「わからない」は省略した。
注2　各年齢層および健康状態の対象者数は表9-1を参照。
出典　内閣府『高齢者の住宅と生活環境に関する調査（2018）, p.14.より抜粋。

表9-2　高齢者の近所の人とのつきあいの程度

婦となる。高齢夫婦のみの世帯（夫婦の両方または一方が六十五歳以上）の者は一九八六（昭和六十一）年では約二七八万人だったが二〇一九（令和元）年には約一、五二〇万人に増加している。[3]

しかし、「伴侶性」に富み、これまで苦楽をともにしてきた夫婦関係でさえ、高齢になれば配偶者の死によって終止符が打たれることになる。表9-4は高齢者の同居人について見たものであるが、「同居家族がいる」とする比率は加齢とともに徐々に減少していく。配偶者（あるいはパートナー）との死別である。男性よりも女性に同居の配偶者が少ないのは夫婦間に年齢差があり、多くは夫が年上[4]であるから夫の方が先に亡くなるか、あるいは夫婦が同年齢（二〇・八％）であっても女性の方が長生きするからである。仮に現時点（二〇一七年）でみると、夫の平均初婚年齢は三〇・六歳[5]、そして同時点での三十歳の男性の平均余命は五一・七三年[6]であるから、ほぼ五十二年に及ぶ夫婦関係が終焉することになる。

（%）

		ほとんど毎日	週に4 ～ 5日	週に2 ～ 3日	週に1日程度
現在の健康状態	良い	68.8	16.9	11.6	1.9
	普通	61.0	15.1	19.8	2.1
	良くない	37.3	16.3	30.0	7.7
全　体	（1,870人）	61.4	16.3	17.1	2.9

注1　「月に2～3日以下」、「わからない」は省略した。
注2　対象は60歳以上の男女。
出典　内閣府『高齢者の住宅と生活環境に関する調査」（2018），p.100.より抜粋。

表9-3　高齢者の外出（散歩なども含む）頻度

このようにフォース・エイジになると高齢者は加齢による老化とともに次第に身体機能や生理機能が衰え、健康に過ごすことが難しくなり、外出機会も少なくなって接触の機会も交流の機会も失い、社会関係の輪も徐々にすぼまって社会的ネットワークは縮小化していくのである。しかし加齢は平等でも老化の程度や健康状態には個人差があるから（第八章）、社会的ネットワークの縮小といっても必ずしも年齢には比例しない。

(2) 高齢者の孤立化と不安

①高齢者の孤立化

高齢者の社会的ネットワークが縮小し、最も親密な夫婦関係でさえ終焉するから高齢者の一人暮らしが増え、孤立化が進むことになる。表9−4のように七十五歳以上の高齢者、

(%)

		同居家族がいる		同居者はいない
			配偶者(あるいはパートナー)	
男 性	60 ～ 64歳	90.8	83.2	9.2
	65 ～ 69歳	88.8	82.5	11.2
	70 ～ 74歳	87.8	84.3	12.2
	75歳以上	87.1	77.4	12.9
	計	88.3	81.1	11.7
女 性	60 ～ 64歳	94.2	76.1	5.8
	65 ～ 69歳	86.5	68.3	13.5
	70 ～ 74歳	81.1	63.6	18.9
	75歳以上	79.9	48.3	20.1
	計	83.8	60.5	16.2
全 体 (1,870人)		85.9	70.1	14.1

注1　配偶者以外の親族(親、配偶者の親、子、子の配偶者、孫など)および「その他」は省略した。
注2　同居人については複数回答
出典　内閣府『高齢者の住宅と生活環境に関する調査』(2018), p.154.より抜粋。

表9-4　高齢者の同居人

特に高齢女性は配偶者と死別する比率が高く、一人暮らしが多いことを示している。六十五歳以上の高齢者の一人暮らしは全国的に見ても顕著であり、一九八〇（昭和五十五）年と二〇一五（平成二十七）年を比較すると、男性は約一九万人→約一九二万人、女性は約六九万人→約四〇〇万人と大幅に増え、一人暮らしの者の六十五歳以上人口に占める割合も男性は四・三％→一三・三％、女性は一一・二％→二一・一％と急増している。[7] この傾向はさらに続き二〇四〇（令和二十二）年では六十五歳上の一人暮らしの男性は三五五・九万人、女性は五四〇・四万人に増え、割合もそれぞれ二〇・八％、二四・五％に増加すると推定されている。高齢者の一人暮らしが増加してきた社会的背景には都市化や核家族化の進行、少子高齢化、子どもの就職や結婚による独り立ち、生活スタイルの変化、家族規範の変容、住宅事情、世帯の家計状況等があり、また近年の「五十歳時未婚割合」（生涯未婚率のこと）の上昇[8]ということもある。

しかしそれ以上に一人暮らし高齢者自身の自立志向・独立志向がある。表9-5は一人暮らしの高齢者の「同居の意向」（今後誰と一緒に暮らしたいか）と「生活満足」についての調査結果であるが、「今のまま一人暮らしがよい」とする高齢者が七割から八割近くもいる。一人暮らしの方が「何もかも自分の思い通りにできて大変満足」であり、「一人暮らしは自由で気楽」であり、「一人暮らしは好きなようにできるので快適」であり、「自分のことさえ気にしていればよく気苦労がない」のであり、「一人で気ままに自分の思うとおりに生きるのが一番」であり、「子どもと同居しても生活リズムが異なり気を遣う」からである。[9]「独居の最大の利点は自由度の高さにある」[10]。だから表9－5（右欄）のように「現在の一人暮らしの生活」におおむね満足しているのである。

高齢者の一人暮らしとか独居老人というと「孤立化」とか「孤独」という暗いイメージを思い浮かべがちだ

（%）

		同居の意向			生活に満足
		今のまま一人暮らしでよい	子ども	異性の友人	
性別	男性（489人）	75.7	9.0	6.5	69.9
	女性（991人）	76.6	15.5	0.3	83.0
年齢	65～69歳（347人）	77.5	8.9	4.6	75.2
	70～74歳（388人）	76.3	12.9	2.1	76.3
	75歳以上（745人）	75.7	15.7	1.5	81.6
身体的な健康状態	良い（691人）	77.9	13.6	2.6	88.4
	普通（400人）	75.0	12.5	2.8	78.0
	良くない（389人）	74.8	13.9	1.5	62.2
精神的な健康状態	良い（771人）	78.3	12.7	2.5	88.1
	普通（539人）	75.5	13.7	2.4	76.3
	良くない（170人）	69.4	15.3	1.8	44.1
会話の頻度	毎日（818人）	73.7	16.1	2.6	83.3
	1週間に1～3回（477人）	81.3	11.3	1.0	77.1
	1ヶ月に1・2回（93人）	72.0	10.8	5.4	61.3
	ほとんど話をしない（91人）	76.9	2.2	4.4	63.7
総　数	（1,480人）	76.3	13.4	2.4	78.7

注1　同居したい相手のうち総数で2%以下、および「わからない」は省略した。
注2　対象は65歳以上の一人暮らし男女。
出典　内閣府『一人暮らし高齢者に関する意識調査』（2015）クロス集計表より抜粋。

表9-5　今後の同居の意向と生活の満足（今後誰と一緒に暮らしたいか）

が、高齢者が一人で暮らすこと自体が孤立化や孤独を意味するわけではない。「孤立」とは日常的な交流やコミュニケーションといった社会関係が欠如している状態であり、「孤独感」とは他者に受容されず、他者との社会的絆から排斥されているという主観的感情を意味する。だから高齢者の一人暮らしといっても一括りにはできず、「自由」に「気楽」に「思い通りに」一人暮らしをしつつ家族や友人と日常的に交流し、コミュニケーションをとっている一人暮らしの高齢者もいるのである。高齢者の一人暮らしだからといって必ずしも孤立化しているわけでもないし、孤独感を抱いているわけではない。

しかし、高齢者の一人暮らしが孤立化し、孤独感を持ちやすいことは事実である。一人暮らしの高齢者の多くが「現在の一人暮らしの生活」におおむね満足しているといっても、「身体的な健康状態」や「精神的な健康状態」、また「人との接触の機会（会話の頻度）」の程度によって異なっている。身体的に健康だといっても、いつまでも維持できるものではないから、いずれは老化して健康を損ねるようになる。表9－5のように「身体的な健康状態」や「精神的な健康状態」を損ねるようになれば（「良くない」）、「今のまま一人暮らしがよい」とする比率は徐々に減少しているし、「生活の満足」の比率は大幅に低下している。また「会話の頻度」が少なくなるほど「生活の満足」も低下している。健康状態が「良い」ときは「人との接触の機会」があまりなくても一人暮らしは「自由」で「気楽」な生活だろうが、健康状態を損なうような状態に陥れば不安や恐れを持ち、あるいは身体的不自由に苛立ちや焦燥を感じ、しかしそのことについて話し合ったり相談する相手も傍にいなければ（「会話の頻度」が少ない）、孤立感を覚え、孤独感を深めていくようになるだろう。そうなれば「生活の満足」を感じることもない。とりわけ「精神的な健康状態」が「良くない」場合には「生活の満足」は大幅に低下している。一人暮らしによるさまざまな不安が高まれば（後述。表9−7）、そしてそうした不安は直ぐに解消できるような問題ではないから、抑鬱的な気分がいつまでも消えず、「精神的な健康」に影響を及ぼして「生活の満足」が大幅に低下していくのである。

　このように一人暮らし高齢者は老化による身体的・精神的な健康状態の衰えによって孤立化し、孤独感を深めていくようになるが、このことは社会関係の欠如の実態と孤独感について見た表9−6に端的に示されている。一人暮らし高齢者は「①心配事や悩み事」を相談する相手もおらず、「②健康や介護」などについて相談できるような相手もおらず、また「③喜びや悲しみを分かち合ったり」、「④一緒にいるとほっとする」ような相手もいない。互いに相談できるような信頼関係もなければ互いに感情的に共感できるような親密な関係もないし、あっても少ない。その少ない信頼関係や親密な関係も「身体的な健康」や「精神的な健康」の悪化とともに次第に薄れていく。そしてまた「身体的・精神的な健康」の悪化とともに「⑤無力感」を感じるようになり、「⑥自分の存在価値」を感じなくなって次第に「孤独感」を深めていくのである。さらに「身体的・精神的な健康」が悪

（%）

			社会関係の欠如				孤独感	
			① 心配事や悩み事を相談したい相手はいない	② 健康や介護などについて相談したい相手はいない	③ 喜びや悲しみを分かち合う相手はいない人	④ 一緒にいるとほっとする相手はいない	⑤ 自分が無力と感じることがよくある	⑥ 自分の現在の状態はまったく価値がないと感じる
性・年齢	男性	65～74歳（306人）	29.7	27.8	36.9	44.4	28.8	17.0
		75歳以上（183人）	24.6	20.8	30.1	30.1	33.3	14.8
	女性	65～74歳（429人）	13.3	13.1	11.4	17.2	23.8	6.8
		75歳以上（562人）	10.0	9.3	11.4	14.6	31.3	11.4
身体的な健康状態	良い		14.5	13.9	14.2	19.4	19.1	5.2
	普通		14.5	16.5	19.5	25.3	30.0	13.0
	良くない		23.4	17.7	27.0	28.8	45.0	21.6
精神的な健康状態	良い		13.7	13.2	13.9	20.0	19.3	6.2
	普通		17.3	15.6	19.5	24.9	33.4	13.7
	良くない		29.4	26.5	40.6	34.7	57.6	29.4
会話の頻度	毎日		13.4	13.1	14.2	17.6	24.2	7.5
	1週間に1～3回		14.7	13.4	19.3	25.4	33.5	15.3
	1ヶ月に1・2回		25.8	21.5	28.0	31.2	31.2	18.3
	ほとんど話をしない		48.4	42.9	51.6	58.2	44.0	23.1
総数		（1,480人）	16.8	15.6	19.0	23.4	28.9	11.6

出典　内閣府『一人暮らし高齢者に関する意識調査』（2015）クロス集計表より抜粋。

表9-6　社会関係の欠如と孤独感（一人暮らし高齢者）

化していけば人との交流や接触機会（会話の頻度）も次第に少なくなるが（表9―3）、特に日常的な会話が「ほとんどない」一人暮らしの高齢者の場合には、半数または過半数が信頼関係もなく（①四八・四％、②四二・九％）、親密な関係もなく（③五一・六％、④五八・二％）、社会関係が欠如して孤立化している。そして孤立化するほどに「⑤無力感」を感じたり（四四％）、「⑥自分の存在価値」を感じず（二三・一％）、孤独感を深めていく。

高齢者は、特に一人暮らしの高齢者は他の年齢層とは異なり、社会関係を一度失うと、その回復の機会はほとんどなく、したがって孤立化しやすく、そのまま孤独感へと繋がっていく。とりわけ男性の一人暮らし高齢者は表9―6に見るように女性に比すると社会関係の欠如が顕著である。

②高齢者の不安

身体的な健康や精神的な健康が悪化していけば、一人暮らし高齢者は日常的にさまざまな不安を感じるようになる。表9―7は日常生活の不安について見たものであるが、一人暮らし高齢者の不安は「①健康や病気」に対する不安と「②寝たきり状態になること」への不安が多くなっている。「身体的な健康」や「精神的な健康」が悪化すれば

①健康や病気のこと
②寝たきり等で介護が必要な状態になること
③自然災害(地震・洪水など)
④生活のための収入のこと
⑤頼れる人がいなくなること
⑥社会の仕組み(法律、社会保障、金融制度)が大きく変わってしまうこと
⑦だまされたり、犯罪に巻き込まれたりすること

(%)

		日常生活の不安								孤独死について身近に感じる
		①	②	③	④	⑤	⑥	⑦	不安に感じることはない	
性・年齢	男 性	61.3	38.9	20.9	20.9	14.3	14.9	8.0	19.8	45.8
	女 性	57.7	44.5	33.2	16.9	13.3	11.5	11.5	19.8	43.9
	65 ～ 69歳	57.3	39.5	32.6	22.8	15.3	14.1	11.0	19.0	48.7
	70 ～ 74歳	59.8	40.5	24.2	19.3	13.4	13.7	8.5	17.5	46.4
	75歳以上	59.2	45.2	30.1	15.4	13.0	11.4	11.0	21.3	41.6
身体的な健康状態	良い	46.0	32.6	26.2	12.9	9.4	10.1	7.8	27.6	37.8
	普通	62.0	48.0	30.0	18.5	14.5	15.8	12.5	16.3	45.5
	良くない	78.7	55.0	33.4	27.2	20.3	13.9	12.6	9.5	55.5
精神的な健康状態	良い	51.1	33.7	26.5	12.2	8.4	10.2	8.9	26.1	37.6
	普通	62.9	49.0	32.5	20.4	16.3	14.1	10.6	15.6	48.6
	良くない	81.8	62.9	30.6	38.2	28.8	18.8	15.9	4.7	62.9
会話の頻度	毎日	54.9	41.1	30.3	16.5	11.6	12.3	10.4	23.3	38.3
	1週間に1 ～ 3回	64.6	45.9	29.6	17.0	15.9	14.3	10.7	14.9	49.9
	1ヶ月に1・2回	62.4	39.8	19.4	25.8	17.2	6.5	9.7	15.1	63.4
	ほとんど話をしない	62.6	42.9	26.4	31.9	16.5	13.2	8.8	17.6	53.8
総 数	(1,480人)	58.9	42.6	29.1	18.2	13.6	12.6	10.3	19.8	44.5

注1　総数で10%以下の項目、および「わからない」は省略した。
注2　孤独死について身近に感じるは「感じる」+「とても感じる」。
出典　内閣府『一人暮らし高齢者に関する意識調査』(2015)クロス集計表より抜粋。

表9-7　日常生活の不安と孤独死について（一人暮らし高齢者）

（「良くない」状態）、八割が「①健康や病気」に不安を感じ、六割が「②寝たきり状態になること」に不安を感じている。だが、身体的・精神的な健康状態は「④生活収入」の問題にも関連し、また「⑤頼れる人」、信頼できる人がいなくなっていくこと（信頼関係の喪失）への心細さにも影響している。身体的・精神的な健康状態が悪化していけば「④生活収入」に不安や懸念が生じ、またその間に「⑤頼れる人」との死別あるいは他所への移動にも遭遇して孤独感を感じるのである。

一人暮らし高齢者にとって「健康や病気」、「介護や寝たきり」という不安も大きな問題だが、それとともにさらに大きな不安は誰にも看取られずに自宅で亡くなる孤独死（孤立死。まだ孤独死と孤立死の明確な定義はない）である。孤独死は心筋梗塞などの循環器障害や脳溢血などの脳疾患による発作が多いとされているが、その他さまざまな病気が原因である。だから表9－7に見るように「身体的な健康」や「精神的な健康」の悪化（健康状態が「良くない」）とともに「孤独死を身近に感じる」（表右欄）ようになる。健康状態が悪化している場合にはおおよそ六割が孤独死への不安を感じている。[11]一人暮らしであるがゆえに病気が重篤化しても助けを呼ぶことができないとなれば不安が先に立つだろう。さらに「⑤頼れる人・信頼できる人」が死別・離別（他所への移動）によっていなくなれば先の表9－6で見たように「心配事」や「健康」などについて相談する機会もなく、常に不安につきまとわれることになる。孤独死は、例えば東京都の場合、二〇〇九（平成二十一）年には都区内で二、一九四人（六十五歳以上の死亡者数）であったが、二〇一八（平成三十）年には三、八八二人に増加している。[12]

　このように高齢者は夫婦二人の生活を続けていても、配偶者の死によっていずれは一人暮らしにならざるを得ない。そして一人暮らし高齢者は、身体的な健康や精神的な健康を損ねるようになるにつれて「健康・病気」や「寝たきり・介護」といった問題に不安を募らせ、また孤独死への不安を高めていくのである。

2　老化と病気

(1) 老化と老年症候群

先の図9－1で見たように高齢者はおおよそ七十代後半を境に生活の自立度を緩やかに低下させ、サード・エイジからフォース・エイジへと移っていく。健康状態から要介護状態（身体機能障害）へと移行していくのであるが、この移行過程の中間に「フレイル（虚弱）」と呼ばれる段階がある。フレイルは脆弱性を意味し、まだ介助の状態には至っていないが、「心身機能の顕著な低下という虚弱な状態[13]」を意味する。加齢による老化によって生じる衰えの全般的症状である。筋力の衰えや握力低下、過度の疲労感、激しい意欲低下、歩行速度の低下、身体活動量の低下、意図しない体重減少などであり、これらの虚弱状態をそのままにしておくと身体的・精神的状態が容易に悪化し、要介護状態に陥っていく。そのためにフレイルは要介護状態への前段状態階として位置づけられ、予防を図る状態と見なされている。フレイルの程度は軽度のフレイルから非常に重度のフレイルまであり[14]、その程度にもよるが、適切に介入すれば機能が回復する（健康な状態）可能性もあるという可逆性を有していると見なされている。

しかし老化した高齢者が何事に対しても既に抵抗力が弱まっていることを考えれば、フレイルが移行過程の中間とはいえ、心身の機能低下という「虚弱な状態」に一時的にせよ陥れば機能回復したとしても、それは元の「完全なる健康状態」と全く同じレベルになるとは言いがたい。したがってサード・エイジ論からいえば、フレイルはフォース・エイジに入れてよい。高齢者は社会的ネットワークの縮小、さまざまな喪失体験、孤立化と孤独感、不安と懸念、そして心身の機能低下などによってフレイル状態になり、そうしたフレイルの段階を経て徐々に要介護状態に陥っていく。実際、フレイルは多面的であり、身体的フレイル（身体の虚弱）、精神・心理的フレイル（こころ・認知の虚弱）、社会的フレイル（社会性の虚弱）という三つの要素があるとされている。[15] 高齢者は健康で自立的なサード・エイジからいきなり要介護状態のフォース・エイジに入るのではなく、サード・エイジの終期から徐々にフレイル状態になり（プレフレイル＝フレイルには至らないが、その前段階）、生活機能障害を感じるようになってフォース・エイジに入っていく。高齢者が心身の機能低下や認知機能の低下、疲労感や歩行速度低下をリアルに感じるようになるとフレイル状態に入ったことになり、この段階からフォース・エイジは始まる。

生きがいを持ち、健康に留意し、スポーツに励み、楽しく愉快な生活を送ってサード・エイジを長く引き延ばしたとしても老化という自然な過程を免れることはできない。いずれはフォース・エイジに入ることになる。

老化は避けることのできない生物学的現象であり、普遍的な事実である。この老化の過程には大別して生理的老化と病的老化がある。[16] 生理的老化は加齢に伴う身体機能や生理機能の低下を意味し、誰にでも現れる心身の変化であり、普遍的である。白髪や脱毛、皺や染み、老眼や難聴、筋力低下、免疫力の低下や消化吸収力の低下、情動性衰退などである。これに対して病的老化は生理的老化が著しく加速され、病的状態を引き起こすに至る心身の変化であり、誰にでも起こるというわけではない。排尿障害や失禁、骨粗鬆症や関節痛、認知症などであり、また高血圧や糖尿病、動脈硬化が進行して生じる脳梗塞や心筋梗塞、心不全や腎不全などである。老化に伴って心身の機能が衰えてくると、生理的老化が現れ始め、その生理的老化が急速に進行して病的老化を引き起こす。このような心身の諸症状や疾患を総称して老年症候群という。ただし、病的老化は生理的老化が関わっているためにその境界は曖昧であり、どちらともいえない病態が混在して現れることもある。

高齢者は加齢とともに［健康な状態→フレイル（虚弱状態）→身体機能低下・要介護状態］という経路を辿りつつ、老年症候群の複数の症状や疾患を併せ持ち、同時進行していくようになっていく。ただし、先に述べたようにフレイルは可逆性を有するから逆方向への矢印もある。加齢という点から見れば、この経路に沿って老年症候群はサードエイジの終期から徐々に現れ始め、次第に増加して慢性疾患に関わる症状（糖尿病、高血圧、高脂血症など）を呈する（フレイル）ようになってフォース・エイジに進み、以後はその症状がさらに悪化して介助を要する病態（認知症、関節疾患、脳血管疾患〔脳卒中〕など）をさらすようになる。

加齢による老化とともに高齢者の身体機能は低下し、免疫力や抵抗力も低下して症状は慢性化し、あるいは次第に高じて、ついには自立的に行動できなくなって「寝たきり老人」になっていく。そしてそのまま人生の終焉を迎えることになる。先の図9－1の自立度の変化のパターンはこのような経路を示している。だから可能な限りフォース・エイジは短い方がよいと人々は望む。「ピンピンと健康で長生きし、最後は楽にコロリと逝く」というピンピンコロリ（ＰＰＫ）の人生を願って「ぴんころ地蔵」が長野県佐久市の成田山薬師寺の山門に建立され（二〇〇三〔平成十五〕年）健康長寿のシンボルとなっているし、「ぼけずにポックリ逝きたい。ボケたくない」との願いから「ぽっくり寺」が全国各地に在って健康体のまま天寿を全うできると信じられている。寝たきりになって亡くなるネンネンコロリ（ＮＮＫ）は絶対に避けたいのである。だが、ピンピンコロリとポックリ逝く病気は心筋梗塞、脳卒中、大動脈瘤破裂、致死性不整脈に限られる。[17]

（2）病気と生活習慣病

高齢者は幾つかの老年症候群を併せ持っている。複数の症状が混在し、慢性的に共存していることが老年症候群の特徴である。八十五歳では平均八個以上の老年症候群を持つ。[18]

先の図9－1の自立度の変化のパターンは大まかにいえば、男性では七割、女性では九割近くが七十代後半から徐々に衰え始めて（フレイル）、フォース・エイジの段階に入り、何らかの介助を必要とするようになることを示している。そして「介助が必要となったり死亡するのは男性では心臓病や脳卒中などの生活習慣病によってであり、女性ではもっぱら骨や筋力の衰えによる運動機能の低下による」[19]とされている。

生活習慣病は「生活習慣が発症、進行する一群の疾患の総称」[20]であり、食習慣、運動習慣、喫煙、飲酒、休養などの生活習慣要因によって発症する。糖尿病、高血圧、動脈硬化、脂質異常症、癌、循環器疾患、脳卒中などであるが、これらの疾患は老年症候群と深く関わり、とりわけ病的老化を進行させていく。言い換えれば老年症候群の多くは高齢者の生活習慣が原因である。また高齢者の生活習慣病はサルコペニア（加齢性筋肉減弱症）の原因ともなる。サルコペニアとは骨格筋の筋線維の減少と萎縮を意味し、筋肉量の低下、筋力の低下、身体能力の低下から構成されている。[21]加齢により筋肉量が減少し、筋力が低下し、運動機能が低下していく状態である。つまり図9－1に見た高齢女性の自立度の減少はサルコペニアのゆえであり、したがってつまるところ、男女ともに自立度の減少は生活習慣病に起因するところが大きい。

しかし生活習慣病も、疾患群とはいうものの病気であることに変わりはない。
「病気」とは健康という生物学的な自然状態（正常な状態）から逸脱した心身の状態（異常な状態）をいう。しかし個人が病気であると判断されるのは、①当の個人が心身の異常（苦痛、不調、不快など）を自覚し、②その心身の異常によって現に営まれている日常生活に何らかの支障が生じ、日常生活の営みが困難になっているか、あるいは③その心身の異常のために近い将来において日常生活に支障・困難をきたす可能性が予期される場合である。

病気は古くから多くが感染症によるものとされていた。病原菌が体内に侵入・定着し、繁殖して、それに抵抗できない場合に人々の健康状態に異常をきたし、日々の生活に支障をもたらすとされた。かつて日本でも国民病とまで言われた結核、世界的規模で流行したコレラ、そしていままさに（二〇二〇年十二月現在）世界中で猖獗を極めている新型コロナウイルス感染症はその典型である。高齢者に多く見られる感染症にはインフルエンザや肺炎、感染性胃腸炎（ノロウイルス感染症）、ＭＲＳＡ（メチシリン耐性黄色ブドウ球菌）、歯周感染症、褥瘡感染、尿路感染症、胆道感染、疥癬などがあるとされている。

感染症による病気は、以前は、①健康状態の異常の自覚が、そのまま②日常生活に支障をきたすものだった。［①異常の自覚＝②日常生活の支障・日常生活の困難］だったのである。老化に伴う病気の場合も同じで、老化に伴って心身の機能が低下し、そのために日常生活に支障をきたし、日常生活が困難になった。しかし老化は生物学的現象であるからその意味では心身の機能が低下し、健康状態に異常をきたして病気になるといっても、それは「自然な過程」だということになる。老化に伴う病気も「①異常の自覚＝②日常生活の支障・困難」なのである。ただ、それが自然な過程であるがゆえに老化以前の健康状態に回復することは不可能だという点で、他の年齢層の病気とは異なる。そして老化が進み死に至ることになるが、それも「自然な過程」なのである。

（3）生活習慣病と認知症

しかし、近年の医療技術の進展、衛生管理の向上、経済発展によって感染症による病気は大幅に減少した。日本では一九五〇（昭和二十五）年までは感染症による死亡が多かったが、一九五一（昭和二十六）年から死因第一位が結核から脳血管疾患にかわり、疾病全体に占める生活習慣病の割合が急速に増加した。[22]いまや悪性新生物、心疾患、脳血管疾患などの生活習慣病が死因の半数（五〇％）を占めるようになった。[23]疾病構造は感染症から生活習慣病へと大きく変化してきたのである。

生活習慣とは日々の生活の中での繰り返しによって獲得された個人の行動パターンであるから、生活習慣病は日々の「不健康な生活習慣」によって徐々に誘発され、疾患の初期、中期を経て、疾患確立期へと進行していく。しかし生活習慣病は何の痛みも苦痛も感じないために異常に気づくことがなく、患者は長い慢性期が続いた後に回復不可能な疾患に至って寝たきり状態になり、そのまま終末期を迎えることになる。一般の病気は、①心身の異常（苦痛、不調、不快など）を伴い、②日常生活に支障をきたすから直ちに治療を受け予防するが、生活習慣病は軽症の初期から疾患確立期に至るまでの長い間心身の異常を感じることもなく、日常生活の支障を自覚することもないために個人の危機感は少なく、そのままに放置されることが多い。まさに生活習慣病は「沈黙の病気[24]」なのである。生活習慣病の中でも特に肥満、糖尿病、高中性脂肪血症（高脂血症）、高血圧は併発しやすく、かつ互いに悪影響を及ぼして動脈硬化を進行させ冠動脈疾患を起こしやすいことから「死の四重奏」（一九八九年にアメリカの研究者カプラン〔Kaplan, N. M.〕が命名）と呼ばれている。

生活習慣病が病気だと判断されるのはもっぱら、③近い将来において日常生活に支障・困難をきたす可能性が予期されるからである。そしてこの可能性の予期は現代医学の発達によって高い確率で推定されるようになった。支障・困難の可能性を予期するのは専門家である医者である。だから個人がその可能性を回避するためには、心身の異常を感じることもなく日々の生活の支障・困難を自覚することもないにもかかわらず、医者の予期にしたがって予防という治療行為に入らなければならない。そしてその治療行為は自己の、現在の「不健康な生活習慣」を自らコントロールして「健康的な生活習慣」に向けて改善していくことである。したがって現代では「健康的な生活習慣」に向けて自己をコントロールすることができるかどうかということ、つまり健康に対する自己管理能力の有無が病気になるか否かを決定するようになった。健康は、そして不健康・病気は個人の自己責任なのである。不健康で病気になるのは自己の健康管理さえもできない無能力を証明していることなのである。病気を回避するためには「不健康な生活習慣」を個人自らの意志によって予防し、治療しなければならなくなった。

　しかし、例えば睡眠習慣は生活習慣病と深い関連がある。睡眠不足や睡眠負債はインスリンの働きを悪くし、そのために血糖が増えて糖尿病のリスクを高くするし、あるいは免疫システムを低下させて癌細胞を増殖させ、癌のリスクを高めるとされている。「良い睡眠は生活習慣病予防につながり、睡眠不足や不眠は生活習慣病の危険性を高める[25]」のである。だが、三十代から五十代の「働き盛り」世代の男性の睡眠の質を見ると、「特に問題はない」は三十代では二六・九％、四十代では三一・三％、五十代では三二・八％で約三割に過ぎず、ほぼ七割は何らかの睡眠妨害を感じている[26]。その理由でもっとも多いのは「仕事」であって、それぞれ三九・三％、四〇・五％、三二・二％であり、これに「通勤の所要時間」（九・九％、六・七％、七・五％）を加えると、それぞれ四九・二％、四七・二％、三九・七％となって仕事関連が睡眠妨害の半数近い理由となっている[27]。だから睡眠妨害を感じている「働き盛り」世代の男性にとって睡眠の質確保に必要なことは「就労時間の短縮」（それぞれ三八・七％、三四・六％、三一・三％が指摘している対策）なのである。つまり生活習慣病は個人の自己責任とはいうものの、実は自己責任を超えた社会問題なのである。

また生活習慣病は認知症とも深く関連している。高血圧は脳血管性認知症の発症の危険因子であり、糖尿病は脳血管性認知症やアルツハイマー病の発症の危険因子とされている[28]。認知症の定義は幾つかあるが、わかりやすくいえば「獲得した知的機能が後天的な脳の器質性障害によって持続的に低下し、日常生活や社会生活が営めなくなった状態[29]」である。老化によって脳の容積が減少し、萎縮して認知機能が低下し、認知症になる。認知症の有病率は高齢化の進展とともに年々上昇し、二〇一二（平成二十四）年は四六二万人で、六十五歳以上高齢者の一五％だったが、二〇二〇（令和二）には六三一万人で一七・五％、二〇二五（令和七）では七三〇万人になって六十五歳以上高齢者の二〇％と推定されている。[30]ただしこの推定は、二〇一二年以降も各年齢層の認知症有病率が糖尿病有病率の増加により上昇すると仮定した場合である。

　認知症は脳機能の低下によって生活支障をきたす状態とはいえ、その生活支障は「固定したものではなく」、「変動する」[31]。調子のいいときもあるし、そうでないときもある。だが、そこには自分というものを「連続している」[32]ものとして感じている。いいかえれば認知症であっても自我が自分を全体として一貫性を持った状態に統制しているときもあり、そしてそれが通常の社会成員なのであるが、しかし自我機能が低下して自分を統合的に保てないような状態になるときもある。認知症を病むと、この間を揺れ動きながら徐々にその振幅を狭めつつ自我機能の低下の方向に傾き、衰退していくのである。思考や言語、感情、判断、行動を関連づけて統合し、全体として一貫した状態に保っていく能力、いわば司令塔としての自我の機能が低下していくわけである。その自我機能が徐々に低下していく過程を認知症患者は意識して「自分は誰なのか、そして自分は誰になっていくのか[33]」と自問しつつ「自分がなくなってしまうという恐怖」、「自己喪失」の恐れにとらわれるのである。だが、認知症になっても「何もわからなくなるわけではない。自己が崩壊するわけでもない……自分は自分であり、何ら変わらない[34]」のである。認知症患者であるクリスティーンは自らの手記の中で「たとえ認知症であろうとも、人生の意味を見つけることによって新しくなっていくという感覚を築きながら失うことへの恐れを乗り越えられる[35]」と述べている。

しかし全体的にいえば、認知症は何事をも自己決定できないという「主観的な自己決定感[36]」の喪失、つまり自律性の喪失であり、言語・非言語コミュニケーションのズレや不成立による関係性の破綻、記憶障害や理解力・判断力の障害、失語による認知性の低下なのであり、そしてそれゆえの規範性の喪失であって、社会的人間としての資質が徐々に失われていく過程である。ただしそれらが一様に失われるのではなく、それぞれがそれぞれに徐々に衰弱していく。だが、認知症は老化過程の自然な普遍的な過程というわけではない。

3　死と死に至る過程

（1）死ぬ過程

人間の死はどの発達段階においても起こりうる事象である。だが、死を自然な生物学的な普遍的現象としてとらえられるのは高齢者の死についてのみである。いかに医療技術が発達して人間の寿命が延びたとしても、死を免れることはできない。死は老化の最終段階である。

死は、個人が死を意識してから死ぬまでの過程を意味する。回復の見込みがないと診断されてから実際に息を引き取るまでの期間である。[37] 死とは「死ぬ過程」なのである。

この「死ぬ過程」において個人は死に対してどのように意識・態度を変化させていくのか。臨死研究で著名な精神科医のキュブラー＝ロス（Kübler-Ross, E.）は臨床的な経験から死ぬ過程を五段階に分けている。[38] ①否認、②怒り、③取引、④抑鬱、⑤受容である。患者は末期の病気に罹っていることを知ると、まず自分が死ぬことを①否認する。「自分が死ぬなんて何かの間違いではないか」というわけである。そして否認に執着するあまり周囲から理解されず孤立するようになる。だが、どれだけ強く否認しても、それは一時的な自己防衛でしかない。末期の病気が事実とわかれば、次には②怒りの感情がわき上がる。何故自分だけが死ななければならないのか。その不条理に対する怒りを病院スタッフや家族にぶつけるようになる。しかし次にはそれを反省をして、避けられない死を少しでも引き延ばし命を長らえるべく③神に祈る。少しでも命を延ばしてもらえるなら「人生を神に捧げます」とか「教会に奉仕します」と神に祈り、神と約束（取引）するのである。だが、症状が現れ病気を否定できなくなると、④抑鬱状態になる。運命に対して無力感を感じ、大きな喪失感を味わう。訪問者を拒み、物思いに沈み、悲泣する（反応的抑鬱）。だが、永遠の別れのために心の準備

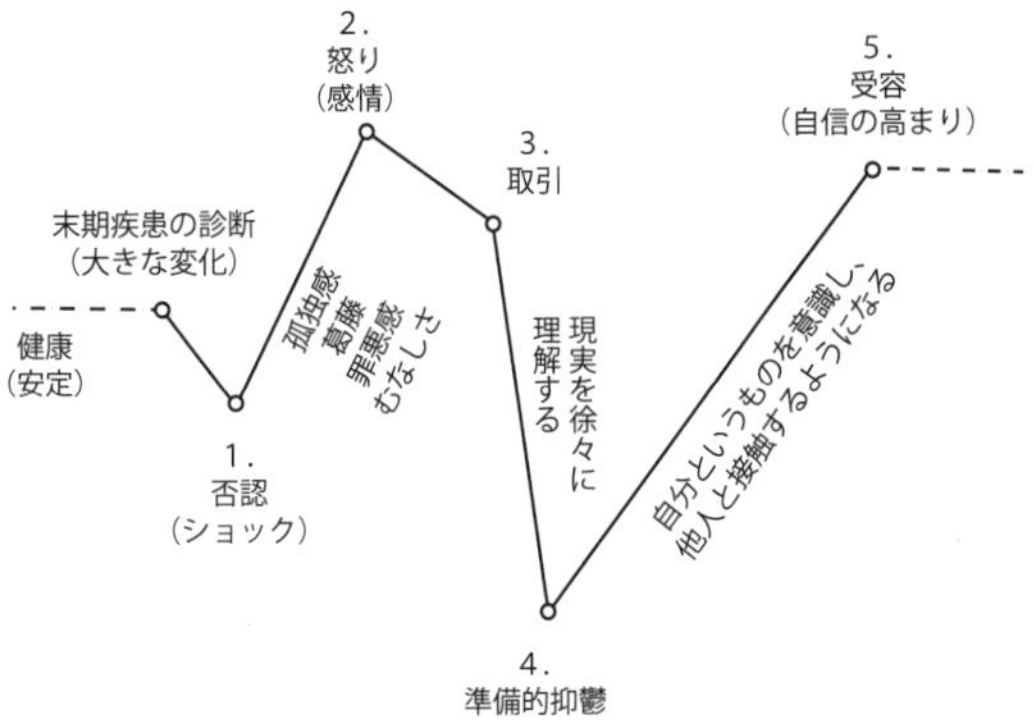

出典　Kübler-Ross, E., 1975, *Death: The Final Stage of Growth*（鈴木晶訳『死、それは成長の最終段階』中央公論新社, 2001, p.326.）

図9-3 「死ぬ過程」五段階の図

をしなくてはならない（準備的抑鬱）。それから⑤感情が欠落した状態になり、痛みが消え、苦闘が終わったように感じるようになって、死の受容の段階に至る。図9－3はこの五段階を図示したものである。[39] ただし、これらの段階は順序通りに現れるとは限らず、重なり合う場合もあり、また前進あるいは後進する場合もあるという。

（2）死の受容過程

今日では病院で死ぬことが多くなってきた。一九五五（昭和三十）年では自宅での死亡率が七六・九％、医療機関での死亡率は一五・四％（病院一二・三％、診療所三・一％）だったが、その後は医療機関での死亡率が大幅に増加し、二〇一八（平成三十）年では自宅での死亡率は一三・七％、医療機関での死亡率は七六・三％（病院七二・〇％、診療所一・七％、介護医療院・介護老人保健施設二・六％）、老人ホーム八・〇％になっている。[40] 大多数は医療機関で死亡している。

医療機関では末期の病気に罹った患者が死期が迫っていることを知り、「死ぬ過程」において病院スタッフとの間でさまざまな葛藤を繰り返すが、この葛藤の過程を分析した社会学者のグレイザー（Glaser, B. G.）とストラウス（Strauss, A. L.）は「認識文脈」という概念を用いて相互作用の視点から四段階に分類している。[41] 認識文脈とは患者と病院スタッフとの相互作用の特徴的な様式であり、患者の病気についての相互の認識の仕方のタイプのことである。それは時間の経過とともに、①閉鎖認識、②疑念認識、③相互虚偽認識、④オープン認識という四段階を辿るという。最初は、間近に迫った患者の死を医師や看護師などのスタッフは知っていても、患者はその事実を知らないという段階である。患者が死ぬのではないかという疑念を持たないように文脈を閉ざしてしまうのである（閉鎖認識）。しかし隠し通そうとするスタッフの表情や態度の端々から、患者は次第に疑念を持つようになり、さまざまな戦術を用いて情報を引き出し事実を知ろうとする。そうした患者の態度・行動から今度は医師や看護師のスタッフが患者は終末期であることを知ってしまったのではないかという疑念を持つ（疑念認識）。だが、結局は患者も自分が終末期である事実を知るようになり、スタッフも患者が事実を知ってしまったことを知るようになる。しかし双方ともに互いに死が近いことを知らない振りをする。患者が生き延びられるかのように双方が振る舞うわけである（相互虚偽認識）。だがそうした虚偽の振る舞いもいつまでも続けられはしない。そして一方が知らない振りをすることができなくなり、患者の死が避けられないことを双方が認めあうようになるのである（オープン認識）。このオープン認識の段階で患者は医師から終末期であることを告知される。

医者から死を告知された患者の反応プロセスには一定のパターンがあるとグレイザーとストラウスは述べている[42]。まず「抑鬱」の段階があり、次いで告知の「受容」か「否認」の段階がある。患者は死の告知を受容するか否認するか、いずれかを選択する。そしてその後の患者の行動はこの選択をより一層鮮明にしていくという。

死の「受容」には死への積極的準備と消極的準備がある。積極的準備とは死にゆくこと、死、自分の一生についての意味を見いだそうと努力する哲学的・宗教的準備とか、残される家族の将来に備えるための社会的・金銭的事柄の整理、あるいは安楽のための自殺などがある。死への消極的準備とは、患者が死の告知を冷静に受けとめること、毅然として死を迎えようとすることなど自らの運命を淡々と受け入れることである。また末期の病気の事実を受容した後に病気と闘おうとする場合も消極的準備に入る。

死が近いことを「否認」する形態には、都合のいい死期を作り上げる時間の操作、死の否認を確認するためにスタッフを間接的に試すこと、自分を例外視したり他の患者よりよく見ようとする比較照合、診断が間違っていることを証明するための過度の活動性、スタッフとは話をしないコミュニケーション拒否、末期症状である現在の事実を否認するための未来志向の話などがある。

　キュブラー＝ロスの死の五段階もグレイザーとストラウスの反応プロセスの段階も死に対する患者の態度としては同じ反応パターンである。ただキュブラー＝ロスの五段階は「否認」から「受容」へという時間的順序を示している、いわば縦の関係であるのに対して、グレイザーとストラウスの反応プロセスの段階は「受容」と「否認」が「抑鬱」の次に選択されるべき段階として並置されている、いわば横の関係であるといえるだろう。しかしキュブラー＝ロスも五段階は重なることもあり、前進・後進があると述べているし、グレイザーとストラウスも突然の死の告知は「否認」を誘発し、ケースによっては「否認」から「受容」への変化が見られると述べているから内容的にはほぼ同じだといってよい。

　こうした説を踏まえていえば、実際には末期の病気であることを告知された患者は、初めは心身の異常を感じないために実感の伴わない疑念を抱くが、症状が現れ、心身の異常を感じ始めると、「否認」と「受容」の間を揺れ動きながら何度も往復しつつ、次第にその振幅の幅を狭めて「受容」へと傾斜していくのである。医師という専門家によって告知された死は確実に行き着く運命の結末であり、それが不可避であることを患者自身も十分に認識し、承知している。しかしなお感情的には納得のできるものではないために「否認」するのである。理性では割り切っても感情では割り切れない。感情的な「否認」と理性としての「受容」の間を患者は揺れ動きつつ、行きつ戻りつしながら、次第に自覚していく心身の異常に比例させて感情的な「否認」の幅を縮小させていき、理性としての「受容」の幅を拡大させていくのである。その過程において患者は自身の生存と自身の活動・業績に意味を付与することによって、つまり意志のレベルで死を「受容」しつつ、感情的なレベルにおいても死を「受容」しようとする。自身が生きてきたこと、成し遂げてきたことに意味を与えることが自分の死に意味を与えることになるのであり、そのことを患者は自身に諭し、言い聞かせて、自らをコントロールし、感情的な「否認」を抑えて自身を納得させるのである。既に「死」という結末はわかっている。ならば、もはや「死」という状況に適応していく以外に為す術はない。社会学者のクローセン（Clausen, J. A.）のいうように「適応」とは自分が誰であるのか、自分の人生は何だったのかという視点を保ったまま、あるがままの状況を受け入れることであり、運命を甘受することなのである[43]。

　キュブラー＝ロスはいう。「人生の黄昏がきたとき、それまでを振り返って、こんなふうに言えたらどんなにいいだろう。『私の一生は価値ある一生だった。本当に生きてきたのだから[44]』」。

4　老年期の課題

社会的役割の縮小過程は人間が老化し、病気になり、死を迎える時期である。社会成員として必要な価値規範・思考・行動様式（文化）を習得していく過程、すなわち社会的役割の学習過程が上昇的変化の過程であるとすれば、この社会的役割の縮小過程は下降的変化の過程である。しかし下降的変化の過程だからと社会的役割から完全に離脱してしまうわけではない。社会的役割から退き、あるいは社会的役割から解放されてサード・エイジや、さらにはフォース・エイジに入ったといっても、それは実際の行動的次元においての引退であり解放であって、意識的次元においてはなおも社会的役割を保持している。フォース・エイジに入って社会的ネットワークが縮小し、実際の社会的活動が減少したとしても社会的役割が皆無になったわけではない。なお意識的次元においては自身の社会的役割を自覚しているのである。ただしそうした役割はその人間にとって最も中核的な役割である。その意味で社会的役割の縮小なのである。たとえていえば親役割から解放されたといっても（行動的次元）「いつまでたっても親は親」（意識的次元）なのである。「高齢者は自分自身が基本的に若い時の自分と同じ人間だと見なしているのであり」、「若い時の自我を保っているのである」[45]。

しかし社会的役割の縮小過程においても高齢者の置かれている社会的状況はさまざまに変化し、高齢者の立場も時とともに変化していく。だから高齢者はそうした社会的状況や立場に適応していかなければならない。発達論で著名なハヴィガースト（Havighurst. J. R.）は人間の生涯を幼児期、児童期、青年期、壮年期、中年期、老年期の六段階に分け、それぞれの発達課題について論じているが、老年期の発達課題として六項目をあげている[46]。①肉体的な力と健康の衰退に適応すること、②隠退と収入の減少に適応すること、③配偶者の死に適応すること、④自分の年ごろの人々と明るい親密な関係を結ぶこと、⑤社会的・市民的義務を引き受けること、⑥肉体的な生活を満足におくれるように準備すること。ハヴィガーストは一九三〇年代のアメリカの中流階層をモデルに考えたから現代とは年齢区分は異なるが、内容的には今日においても基本的には妥当する。老年期には老化に伴って喪失していく、このような諸側面に適応していかなければならないとハヴィガーストはいう。実際、②引退して収入が減少すれば、その収入内での生活を余儀なくされるから、例えば簡易質素な生活様式に変えていかなければならないし、①身体的老化に伴って身体的限界が明確になれば、あるいは身体的不自由になれば、その限界や不自由を補う手段や方法を考えて習慣化していかなければならない。老年期の発達課題は他の時期の発達段階とは異なり、「防衛的な戦術[47]」を要するのである。

しかしだからこそ「防衛的な戦術」が老年期特有の、新たな役割になる。老化による病気になっても高齢者はなおも活動性の回復、社会性の回復を目標に、あるいは病気の予防を目標に「主体的な努力」を継続していかなければならない。老化は生物学的な自然な過程であるから心身が衰弱して病気になっても、それは「自然な過程」である。しかしパーソンズのいうように「病気であることは望ましくないことであり、それゆえ病人は『よくなろう』と務める義務があり、この目的のために他の人々（取り分け家族——引用者）と協力する義務があることを病人は認めなければならない[48]」。病気の克服という困難な状況に直面しても高齢者はその困難な状況を乗り越えていく努力を続けていかなければならないし、その困難な状況に適応していく以外に為す術はない。だが、そうした回復・予防に向けて主体的に努力していくことが老年期に課せられた新たな役割なのであり、そのように行動することを周囲の人々、特に家族集団の成員は期待している。そうした周囲の人々（家族）の期待を柔軟に受け入れて、回復と予防に向けて主体的に努力していく過程において自律性、関係性、規範性が維持される。目標の内容や水準はともかく、自身の目標を定め、その目標に向けての主体的努力のなかに自律性がなおも維持され、そしてまた家族集団の成員の期待を受け入れることによって、自身の主体的努力という行為が承認され評価され、そのことによって自己確認をすることができる。親密な他者（家族）との社会的絆が維持され、関係性・規範性が維持されていくのである。だから高齢者であっても、そして老化による病気になっても自身の目標に向けて主体的に努力していくこと自体が社会への適応過程である。そして先にも述べたように、こうした主体的努力は既に自我意識と自己統制が確立されているからこそ可能なのである。

人間の生涯にわたる発達過程、すなわち社会化過程は以上述べてきたように、三つの段階に区分される。第一次社会化は未成熟な子どもが社会的役割の遂行能力を獲得していく過程（＝社会への適応）、すなわち社会的役割の学習過程であり、社会的人間への形成過程である。第二次社会化は社会的人間が社会的役割を実際に遂行していくために、その役割遂行に要請される文化を習得していく過程であり、第二次社会化によって社会的人間は社会的役割を社会の状況に適合させ、変容させつつ、つまり社会の状況に適応させつつ実現していくことができる。そして第三次社会化は個人が社会的地位から退いた後の生活変化、つまり新たな自己の生活状況に適応していくために社会的役割を選択し（＝縮小・放棄・代替＝適応）、その役割を発揮していくための文化を習得していく過程である。人間の生涯にわたる発達過程とは端的に広く社会への適応過程だといえる。

文献

[1]東京大学高齢社会総合研究機構編『東大がつくった高齢社会の教科書』東京大学出版会、二〇一七年、三四頁
[2]内閣府『高齢者の住宅と生活環境に関する調査二〇一八年度』二〇一九年、五〇頁
[3]厚生労働省『二〇一九年国民生活基礎調査の概況』二〇一九年、六頁
[4]夫年上五五％、妻年上二四・二％。ただし初婚夫婦の場合。厚生労働省『平成二十八年度人口動態統計特殊報告「婚姻に関する統計」の概況』二〇一七年、一七頁。
[5]初婚夫婦の場合。厚生労働省、前掲、二〇一七年、四頁。
[6]厚生労働省『平成二十九年簡易生命表の概況』二〇一七年
[7]内閣府『令和二年版　高齢社会白書』二〇二〇年、一〇頁
[8]二〇一五年時点で男性は二三・三七％、女性は一四・〇六％。国立社会保障・人口問題研究所『人口統計資料集』二〇二〇年。

[9] 六十歳以上の一人暮らし四六〇人を対象に質問紙調査。辻川覚志『老後はひとり暮らしが幸せ』水曜社、二〇一三年、一一－四五頁。
[10] 同書、三六頁
[11]「身体的な健康状態が良くない」場合五五・五％、「精神的な健康状態が良くない」場合六二・九％。
[12] 内閣府『令和二年度高齢社会白書』二〇二〇年、五二頁
[13] 飯島勝矢他「老化の理解とヘルスプロモーション」東京大学高齢社会総合研究機構編、前掲、一六八頁
[14] 清水哲朗「最期の日々を自分らしく」東京大学高齢社会総合研究機構編、前掲、一九六－一九七頁
[15] 飯島勝矢他、前掲、一六八頁
[16] 秋下雅弘「老化の概念」秋下雅弘編『老化と老年病』東京大学出版会、二〇二〇年、四頁
[17] 石蔵文信「病と老化」山中浩司・石蔵文信編『病む』大阪大学出版会、二〇二〇年、一九一九頁
[18] 鳥羽研二「老年症候群と総合的機能評価」『日本内科学会雑誌』二〇〇九年、第九八巻第三号、一〇一頁
[19] 大方潤一郎・秋山弘子他「超高齢未来の課題」東京大学高齢社会総合研究機構編、前掲、三四頁
[20] 香川靖雄『生活習慣病を防ぐ』岩波書店、二〇〇〇年、八頁
[21] 飯島勝矢他、前掲、一六九頁
[22] 詫摩佳代『人類と病』中央公論新社、二〇二〇年、一四八頁
[23] 厚生労働省『令和元年（二〇一九）人口動態統計月報年計（概数）の概況』二〇一九年、一〇頁
[24] 香川靖雄、前掲、一三頁
[25] 厚生労働省『健康づくりのための睡眠指針２０１４』二〇一四年、第三条
[26] 厚生労働省『平成二十七年国民健康・栄養調査報告』二〇一五年、二〇三頁
[27] 同報告書、二〇六頁
[28] 小原知之「生活習慣病と認知症　久山町研究」『老年期認知症研究会誌』二〇一二年、第一九巻第三号、五四－五七頁
[29] 小澤勲『認知症とは何か』岩波書店、二〇〇五年、二一－二三頁
[30] 内閣府『平成二十九年版高齢社会白書』二一一頁

[31] 長谷川和夫『ボクはやっと認知症のことがわかった』KADOKAWA、二〇一九年、六六–六七頁
[32] 同書、六六頁
[33] Christine, B., 2005（馬籠久美子他訳『私は私になっていく』クリエイツかもがわ、二〇一二年、二〇八–二一三頁）
[34] 佐藤雅彦『認知症になった私が伝えたいこと』大月書店、二〇一四年、一二一–一二二頁
[35] 同書、一二五頁
[36] 佐藤眞一『認知症の人の心の中はどうなっているのか？』光文社、二〇一八頁、一八六–一九六頁
[37] Atchley, R. C. & Barusch, Amanda S., 2004（宮内康二編訳、ニッセイ基礎研究所ジェロントロジーフォーラム監訳『ジェロントロジー　加齢の価値と社会の力学』きんざい、二〇〇五年、一五七頁）
[38] Kübler-Ross, E., 1969（鈴木晶訳『死ぬ瞬間』中央公論新社、二〇〇一年、六七–一三〇頁）、Kübler-Ross, E. & Kessler, D., 2005（上野圭一訳『永遠の別れ』日本教文社、二〇〇七年、二八–六二頁）
[39] Kübler-Ross, E., 1975（鈴木晶訳『死、それは成長の最終段階』中央公論新社、二〇〇一年、三二六頁）
[40] 厚生労働省『厚生統計要覧（令和元年度）』二〇二〇年
[41] Barney G. G. & Strauss, A. L., 1965（木下康仁訳『死のアウェアネス理論と看護』医学書院、一九八八年、二九–一〇九頁）
[42] Barney G. G. & Strauss, A. L., 1965（前掲訳、一二四–一三九頁）
[43] Clausen, J. A., 1986, *The Life Course : A Sociological Perspective*. p.182.（佐藤慶幸他訳『ライフコースの社会学』早稲田大学出版部、一九八七年、二七二頁、一部訳を変更した）
[44] Kübler-Ross, E., 1975（前掲訳、二六二頁）
[45] Cockerham,W. C., 1997（中野進監修『高齢化社会をどうとらえるか』ミネルヴァ書房、二〇〇八年、一四二–一四七頁）
[46] Havighurst, J. R., 1953（庄司雅子監訳『人間の発達課題と教育』玉川大学出版部、一九九五年、二七八–二八四頁）
[47] Havighurst, J. R., 1953（前掲訳、二七八頁）
[48] Parsons, T., 1964（武田良三監訳『社会構造とパーソナリティ』新泉社、一九七三年、三六二頁）

あとがき

本書は、放送大学大学院人間発達科学プログラムの授業科目『人間発達論』（二〇〇九年開設）と『人間発達論特論』（二〇一五年開設）の講義をベースに新たに書き下ろしたものである。

一人の人間がこの日本の社会のなかで生まれてから、どのように発達していくか、その過程においてどのような問題に直面し、それをどのように受け止め、どのようにその現実を切り抜けていくかを考えてみたいというのが、この講義の趣旨だった。

放送大学は広く一般の人々を対象とした生涯学習機関である。私はちょうど六十歳の時に異動してきたのだが、その年度の大学院に既に八十歳を過ぎた高齢の方が入学され、また翌年には七十代後半の高齢の方が入学された。お二人とも研究意欲旺盛で、資料収集のために遠方にもかかわらず何度も現地に赴いたり、ネットから外国文献（主としてアメリカの文献）の資料を収集して分析を進めたりして精力的に研究に取り組んでおられた。その他にも七十歳代や六十歳代の、定年退職した方々も数多くいらしたし、五十歳代や四十歳代の現役の方々も多く、仕事をしつつ研究を着々と進められていた。まさに「生涯にわたって学ぶ意欲を有する学習者」（放送大学大学院学則第二条）の人たちだった。こうした年配の大学院生の方々からゼミの間にいろいろな話を伺うのは未体験の世界のことでもあり、なかなか面白いことだった。人間発達科学プログラムは教育学と心理学から構成されていることもあって大学院生には教育関係者が多かったが、しかし職業は類似的でも仕事内容はそれぞれに異なり、また経歴が異なり、生活が異なり、居住地域も異なり、大学院への入学動機も研究テーマもさまざまで、多様な生き方の見本、「人生いろいろ」の例を見るようだった。そうしたなかで「人間の生涯」とか「人の生き方」ということに興味を感じるようになり、また私自身も高齢になりつつあったから、機会があれば本格的に取り上げてみたいと思うようになった。幸いなことに異動して四年目に授業科目改訂の機会が訪れたので「人間は生涯発達する」ことをテーマにした講義を考えた。

しかし、人間の生涯を一人で講じることはなかなかに難しく、私はこれまで子ども期の社会学的研究（子ども社会学）に焦点を当ててきたので成人期や老人期には疎かったし、またちょうどこの頃、女性の生き方やライフスタイルが話題を集めていた時でもあったので、いずれの科目作成にも田中理絵・西南学院大学教授（当時、山口大学准教授）に協力をお願いした。そして『人間発達論』、その後継科目としての『人間発達論特論』の放送科目を作成した。

今回の叢書化に際して私が単独で執筆することを快く承諾してくれた田中理絵教授に謝意を表したい。また編集をしてくださった左右社の東辻浩太郎氏の行き届いた対応に深く謝意を表したい。東辻氏からは適切なアドバイスをたびたびいただいた。東辻氏と出版の打ち合わせを最初にしたのは二〇一八年十二月初めだったが、このときは教材をベースに執筆を進めていけば、そんなに時間はかからないだろうと思っていたので「来年（二〇一九年）の秋の終わり頃までには書き上げます」などと大口を叩いたけれども、いざ書き始めるとあれこれ調べたり、文献を読み直したり、新たな資料の収集などに相当の時間をとられ、その間に急ぎの仕事が入ったとは言え、結局は二年余りもかかってしまった。原稿を書き上げたのはこの一月末である。その間に東辻氏から「もう締切は過ぎましたよ」などと諦めの最後通告でもされはせぬかと案じたりしたが、そのような最後通告もなく、ともかくも書き終えることができた。東辻氏には辛抱強く待っていただき、ご迷惑をおかけした。
そしてまたこのような執筆の機会を与えてくださった放送大学および左右社にも謝意を表したい。

二〇二一年六月六日　住田正樹

創刊の辞

この叢書は、これまでに放送大学の授業で用いられた印刷教材つまりテキストの一部を、再録する形で作成されたものである。一旦作成されたテキストは、これを用いて同時に放映されるテレビ、ラジオ（一部インターネット）の放送教材が一般に四年間で閉講される関係で、やはり四年間でその使命を終える仕組みになっている。使命を終えたテキストは、それ以後世の中に登場することはない。これでは、あまりにもったいないという声が、近年、大学の内外で起こってきた。というのも放送大学のテキストは、関係する教員がその優れた研究業績を基に時間とエネルギーをかけ、文字通り精魂をこめ執筆したものだからである。これらのテキストの中には、世間で出版業界によって刊行されている新書、叢書の類と比較して遜色のない、否それを凌駕する内容のものが数多あると自負している。本叢書が豊かな文化的教養の書として、多数の読者に迎えられることを切望してやまない。

二〇〇九年二月

放送大学学長　石弘光

放送大学

学びたい人すべてに開かれた
遠隔教育の大学

〒261-8586 千葉市美浜区若葉2-11
Tel: 043-276-5111　Fax: 043-297-2781　www.ouj.ac.jp

住田正樹（すみだ・まさき）

放送大学名誉教授、九州大学名誉教授。博士（教育学）。教育社会学、発達社会学。
1944年兵庫県に生まれる。慶應義塾大学文学部卒業（社会学専攻）、東京大学大学院教育学研究科博士課程退学（教育社会学専攻）。香川大学助手、講師、助教授を経て、1982年九州大学助教授（教育学部）、1991年同大学教授（教育学部）、2000年九州大学大学院教授（人間環境学研究院）、2005年放送大学教授（教養学部）。

主要著編書・訳書
『子どもの仲間集団と地域社会』（1985）、『子どもの仲間集団の研究』（1995）、『地域社会と教育』（2001）、『子ども社会学の現在』（2014）、『子どもたちの「居場所」と対人的世界の現在』（共編著、2003）、『教育社会学』（共編訳、2005）、『リトルリーグの社会学』（監訳、2009）、『ピア・パワー』（監訳、2017）。以上いずれも九州大学出版会。他に『子どもへの現代的視点』（共編著、北樹出版、2006）、『子どもと家族』（編著、学文社、2010）、『子どもと地域社会』（編著、学文社、2010）、『子どもの発達社会学』（共編著、北樹出版、2011）、『家庭教育論』（編著、放送大学教育振興会、2012）、『変動社会と子どもの発達』（共編著、北樹出版、2015）など。

人間発達論

2021年12月20日　第一刷発行

著者　住田正樹

発行者　小柳学

発行所　左右社
〒151-0051 東京都渋谷区千駄ヶ谷 3-55-12 ヴィラパルテノン B1
Tel: 03-5786-6030　Fax: 03-5786-6032
http://www.sayusha.com

装幀　松田行正＋杉本聖士

印刷・製本　創栄図書印刷株式会社

Printed in Japan　ISBN978-4-86528-057-9